九色鹿

译

唐

译

宋

唐代女道士的
生—命—之—旅

The Journey of Daoist Priestesses in Tang China

贾晋华 著 译

社会科学文献出版社
SOCIAL SCIENCES ACADEMIC PRESS (CHINA)

本书从 Jinhua Jia, *Gender, Power, and Talent: The Journey of Daoist Priestesses in Tang China* (Columbia University Press, 2018) 一书译出

目录

导　论

　　近几十年来，有关中国道教历史的研究硕果累累，但是对于道教女性至今为止仍然只有十分有限的关注。为了填补这一学术空白，本书对唐代（618～907）女道士这一独特的、性别化的社会和宗教群体展开完整全面的研究。通过运用性别批评的方法，并结合宗教、哲学、历史和文学研究，本书发掘出许多先前被忽略或研究不足的原始资料，用来描述身处道教传统鼎盛时期的唐代女道士的生命历程。书中着重探究唐代女道士如何出家成为女道士，度过道教神职的生涯，并通过有意义的宗教、社会、文化活动，实现她们的个体价值。随着道教传统与唐代社会的共同繁盛发展，女道士通过与各种宗教的、社会的力量和规则的互动和协调，活跃于众多领域，取得了丰富多样的成就，既体现于宗教领导、理论和实践上，也包括政治、文学和艺术诸方面。

　　女道士作为一个独特的社会和宗教群体在唐代崛起，这在中国妇女史上前所未见。这一特殊现象由唐代复杂的社会历史环境促成，其中最基本的因素是朝廷政策、宗教格局和性别关系的变化。

　　李唐皇室从一开始便追溯其祖先至老子——传统上所归属的道教创始者。虽然最初这一说法主要是用来表明君权神授的合法性，而不是宗教的偏好，但是唐朝历代皇帝却逐渐发展出对道教的真诚兴趣，并最终将道教传统转化成皇室信仰和国家宗教。就其本身而言，道教运动出现于二世纪汉代晚期，在接下来的几个世纪里发展出各种组织及各种经典和仪式的派系。在五、六世纪的南北朝时期（420～589），道教开始形成一种身份认同，著名的道士致力于经典化和系统化其典籍、仪式和派系。到了唐代，皇室与道教领袖有效地协作，完成整合道教派系及将道教制度化的事业。朝廷制定一系列重要政策，包括均田制，颁布管理律令，制度化道教的戒度体系，并建立专门的机构赞助和管理道观及道士。道教传统本身也强化对其主要构成要素和派系的整合和制度化，构建出整体统一的道教形象。这些努力的结果，是建立起高度成熟的宫观制度，并整合此前主要派系的经典、戒律和道箓传授的等级法位制度。① 正是在这一蓬勃发展的政治和宗教背景之下，唐代女性能够为她们自己构建作为女道士的新身份和角色，在女道观里过着集体生活，形成自己的独立社群。

两性关系模式的变化是女道士崛起的另一个重要因素，而女道士群体的出现也反过来改变了唐代社会的性别化权力结构。虽然唐朝政府维持着传统的性别体制，但也提供足够的空间，允许两性间的社会关系经历重要的变化。与此同时，社会、宗教和文化维度的其他势力及发展状况也鼓励着性别模式进一步变化。武则天（684～705 年在位）作为中国历史上唯一登上皇位的女性统治者的出现，表明这些新性别模式的成效，而她的强力统治也反过来影响了性别权力结构的重塑。唐代女性书写群体的涌现，如收于《瑶池新咏集》中的宫廷女官和其他各种身份的女诗人，也标志和促进性别模式的重要变化。

---

① 关于唐代皇室对道教的扶持、道教系统的整合，以及道教宫观制度传统的建立的详细讨论，见本书第一章。

对于重构唐代性别关系的另一重要影响力，是为各种宗教、文化、文学和社会所推动而滋长蔓延的浪漫文化。道教传统久已发展出一种宗教性的实践，包括身体的和精神的两方面，以达到长生和成仙的目标。这一实践在唐代继续发展。此外，与感官诱惑、色情欲望和浪漫激情相联系的女神崇拜持续流行，也浓化了浪漫氛围。文人诗歌和叙事作品所描绘的浪漫化世俗爱情故事，则是促进浪漫文化滋长的第三个因素。进士与妓女或亲密或浪漫关系的出现，使都城长安的进士文化也为感性风尚增添了色彩。①

在道教创建的早期，从汉末到南北朝时期，女性在道教各个派系中一直非常活跃，不论是作为宗教实践者还是领导者。然而，只有在唐代，女道士才形成具有自己性别化身份的社会和宗教群体，在上述的历史环境中崭露头角。根据一份开元年间（713～741）的官方统计数据，在1687座道观之中，有550座（32.6%）是女道观，这表明大概1/3的道籍为女道士所构成。道教的法位制度为她们设计专门的服饰，她们被特别地称为女官、女冠或女道士。文人和乐师甚至专门谱写《女冠子》一类词调赞颂她们。此外，唐代文献也经常将女道士与其他三类宗教群体道士、僧人和尼姑区分开来。

受惠于唐朝政府的均田制和公私捐助，女道观在经济上获得独立。由于独立经济的支持，大多数女道士过着群体生活，形成她们自己的社群，享有她们自己的自治空间。她们还帮助社会大众，向他们宣讲教义，表演道教仪式，并成为各阶层人物的"道师"。此外，一些女道士还承担其他社会角色，诸如政治人物、诗人或艺术家。度为女道士的皇家公主在当时的宗教和政治事务上产生了相当的影响，才华横溢

---

① 　关于这些性别关系变化的详细讨论，见本书第一章。

的女道士诗人代表中国女性诗歌发展的新阶段，女道士艺术
家创作出优秀的书法作品。此外，性感女神的流行信仰也延
伸至女道士，她们被看成是"半神"或"女仙"。道教女诗
人也有意识地将自己比拟为女神或仙人，赋予自身类似神仙
的特征。所有这些宗教和社会的角色提供了机会，使女道士
能够逾越传统礼教的两大支柱，即"三从"（未嫁从父、出
嫁从夫、夫死从子）和"内外之别"（内部私人家庭空间与
外部公共空间的分隔），从而使得她们自己成为社会和宗教
运转体系中一股相当重要的力量。①

　　作为第一部专门关注唐代女道士的著作，我的研究主要
建基于性别批评的框架。虽然传统社会的制度结构大体上是
边缘化女性的，但是在一定的历史条件下，社会文化环境有
可能促进女性的能动作用。这在宗教方面尤其如此，因为在
特定的历史和文化环境里，宗教信仰和实践往往成为激发和
赋予女性力量的来源。② 性别身份作为文化、社会和话语构
成的观念，同时也意味着解放性重塑身份的可能性。③ 此外，
"性别批评转向"也促使历史学家检视性别身份被实质性地
建构的方式，以及将他们的发现关联到一定范围的活动、社
会组织和文化表征。④ 性别研究涵盖两种范式，其一是描述
性和历史导向的女性研究，其二是基于理论和批评导向的女

① 关于女道士性别化群体的形成的详细讨论，见本书第一章。
② Susan Calef, "Charting New Territory: Religion and 'the Gender-Critical Turn'," *Journal of Religion & Society* 5 (2009): 2. Calef 也指出，我们当然也应该记取涉及女性的宗教传统的黑暗面。
③ Michel Foucault, "An Aesthetics of Existence," in Lawrence D. Kritzman, ed., *Politics, Philosophy, Culture: Interviews and Other Writings, 1977 - 1984* (New York: Routledge, 1988), p. 50; Judith Butler, *Excitable Speech: A Politics of the Performative* (New York: Routledge, 1997), p. 16.
④ Joan W. Scott, "Gender: A Useful Category of Historical Analysis," *The American Historical Review* 91, No. 5 (Dec. 1986): 1053 - 75, esp. 1068.

性主义研究。① 因此，对于研究女道士及其与宗教的、文化的
和社会的机制的关系，性别批评的框架是更全面有效的方法。

近几十年来，那种将中国传统女性描述成纯粹受害者的
现代倾向，受到了很多女性主义历史学家的质疑。他们将性
别作为分析的范畴，比较传统的性别规范和与之形成对比的
女性社会活动的证据，探索女性所扮演的社会角色及其对社
会运作所做出的贡献。虽然家庭和亲属关系是此类研究的中
心关注点，但在女儿、妻子和母亲身份之外的女性活动和角
色也得到讨论，包括经济生产者、妓女、教师、作家、医
者、宗教人士，甚至社会改革者。② 这些学者构建了一幅历
史图景，展示不同社会阶层和时期的传统女性如何与社会文

---

① Ursula King, "General Introduction: Gender-Critical Turns in the Study of
Religion," Ursula King and Tina Beattie, eds., *Gender, Religion and Di-
versity: Cross-Cultural Perspectives* (London and New York: Continuum,
2005), pp. 1 – 12.

② 主要见 Catherine Despeux, *Immortelles de la Chine ancienne: Taoïsme et al-
chimie feminine* (Paris: Pardés, 1990); Patricia B. Ebrey, *The Inner Quar-
ters: Marriage and the Lives of Chinese Women in the Sung Period* (Berkeley,
CA: University of California Press, 1993); Dorothy Ko, *Teachers of the Inner
Chambers: Women and Culture in Seventeenth-Century China* (Stanford, CA:
Stanford University Press, 1994); Susan Mann, *Precious Records: Women in
China's Long Eighteenth Century* (Stanford: Stanford University Press,
1997); Charlotte Furth, *A Flourishing Yin: Gender in China's Medical Histo-
ry, 960 – 1665* (Berkeley: University of California Press, 1998); Catherine
Despeux and Livia Kohn, *Women in Daoism* (Cambridge: Three Pines,
2003); Ko, *Cinderella's Sisters: A Revisionist History of Footbinding* (Berke-
ley: University of California Press, 2005); Mann, *The Talented Women of
the Zhang Family* (Berkeley: University of California Press, 2007); Joan
Judge, *The Precious Raft of History: The Past, the West, and the Woman
Question in China* (Stanford: Stanford University Press, 2008); Weijing
Lu, *True to Her Word: The Faithful Maiden Cult in Late Imperial China*
(Stanford: Stanford University Press, 2008); Beata Grant, *Eminent Nuns:
Women Chan Masters of Seventeenth-Century China* (Honolulu: University of
Hawaii Press, 2009); and Nanxiu Qian, *Politics, Poetics, and Gender in
Late Qing China: Xue Shaohui and the Era of Reform* (Stanford: Stanford U-
niversity Press, 2015)。

化的规范和势力周旋，在对她们不利的社会结构中进行有意义的活动。这些研究成果为本书的撰写提供了极其宝贵的方法论启示。

不少学者已经关注唐代女道士的研究。戴思博（Catherine Despeux）和孔丽维（Livia Kohn）在其关于道教女性的专著中，有一章关于唐代女道士生活经历的开拓性描述。① 不少论著和学位论文主要集中研究唐代女道士诗人和入道公主，而其他类型的女道士也得到一定程度的研究。② 一些研究者以杜

---

① Despeux and Kohn, *Women in Daoism*, pp. 118 - 27.

② 主要见陈文华校注：《唐女诗人集三种》，上海古籍出版社，1984；Charles Benn, *The Cavern-Mystery Transmission: A Taoist Ordination of A. D. 711* (Honolulu: University of Hawaii Press, 1991), pp. 5 - 20; J. Russell Kirkland, "Huang Ling-wei: A Taoist Priestess in T'ang China," *Journal of Chinese Religions* 19 (1991): 47 - 73; Kang-i Sun Chang and Haun Saussy, eds., *Women Writers of Traditional China: An Anthology of Poetry and Criticism* (Stanford: Stanford University Press, 1999), pp. 56 - 59, 66 - 76; Suzanne E. Cahill, "Resenting the Silk Robes that Hide Their Poems: Female Voices in the Poetry of Tang Dynasty Taoist Nuns," 邓小南主编：《唐宋女性与社会》，上海辞书出版社，2003，第 519~566 页; Cahill, "Material Culture and the Dao: Textiles, Boats, and Zithers in the Poetry of Yu Xuanji (844 - 868)," in Livia Kohn and Harold D. Roth, eds., *Daoist Identity: History, Lineage, and Ritual* (Honolulu: University of Hawaii Press, 2002), pp. 102 - 26; 刘宁：《试析唐代娼妓诗与女冠诗的差异》，《中国典籍与文化》2003 年第 4 期，第 49~57 页; Wilt Idema and Beata Grant, *The Red Brush: Writing Women in Imperial China* (Cambridge: Harvard University Asia Center, 2004), pp. 176 - 82, 189 - 95; Jinhua Chen, "A Daoist Princess and a Buddhist Temple: A New Theory on the Causes of the Canon-Delivering Mission Originally Proposed by Princess Jinxian (689 - 732) in 730," *Bulletin of the School of Oriental and African Studies* 69, No. 2 (2006): 267 - 92; Ping Yao, "Contested Virtue: The Daoist Investiture of Princesses Jinxian and Yuzhen and the Journey of Tang Imperial Daughters," *T'ang Studies* 22 (2007): 1 - 41; Stephen R. Bokenkamp, "Transmissions of a Female Daoist: Xie Ziran (767 - 795)," in Florian C. Reiter, ed., *Affiliation and Transmission in Daoism: A Berlin Symposium* (Wiesbaden: Harrassowitz Verlag, 2012), pp. 109 - 22; Bokenkamp, "Sisters of the Blood: The Lives behind the Xie Ziran Biography," *Daoism: Religion, History and Society* 8 （转下页注）

光庭（850～933）的《墉城集仙录》（以下简称《集仙录》）中所存十七篇唐代道教女性的圣传为基础，探索女道士的宗教经历。然而，对这些女道士圣传的仔细考察，却揭示出杜光庭实际上大幅度修改或重写了较早的资料，这主要为他自己重塑道教女性理想形象的目的服务。例如，王奉仙在杜光庭的圣传中被描述为道教圣女，但事实上根据众多史书记载，她冷血地指使叛将杀害节度使高骈（？～887）及其亲属数百人。因而，如果同一些研究那样，采用杜光庭的圣传重建女道士的宗教经历，并褒扬她们为道教"圣女"，是很成问题的。①

　　研究唐代女道士的另一个重要问题是关于她们的性别化身份。在整个唐代，女道士的身份从未受到质疑，包括那些撰写了很多爱情诗歌的女道士诗人。然而，从宋代（960～1279）至清代（1644～1911），一些传统学者重新定义唐代女道士为"娼妓"，贬低她们的社会活动、性别关系中相对的自由及其爱情诗歌为"淫荡"，即便她们的行为和诗歌中并未包含任何色情或淫荡的性质。② 许多现代学者依然因循

　　　（接上页注②）（2016）：7－33；Jinhua Jia，"*Yaochi ji* and Three Daoist Priestess-Poets in Tang China，" *Nan Nü：Men，Women and Gender in China* 13，No. 2（2011）：205－43；Jia，"Unsold Peony：Life and Poetry of the Daoist Priestess-Poet Yu Xuanji in Tang China（618－907），" *Tulsa Studies in Women's Literature* 35，No. 1（2016）：25－57。以上这些及更多著作将在本书接下来的章节中引用和讨论。

① 有关《集仙录》所收唐代道教女性圣传的逐篇分析研究，杜光庭编撰《集仙录》的目的，以及使用这些圣传可能带来的问题，见 Jinhua Jia，"Du Guangting and the Hagiographies of Tang Female Daoists，" *Taiwan Journal of Religious Studies* 1（2011）：81－121；及本书附录。佛教徒撰写的尼姑圣传，也往往根据他们的目的描绘理想形象，见 Bret Hinsch，"Confucian Filial Piety and the Construction of Ideal Chinese Buddhist Women，" *Journal of Chinese Religions* 30（2002）：49－75。

② 例如，孙光宪（？～968）：《北梦琐言》卷九，上海古籍出版社，1981，第71～72页；陈振孙（？～1261?）：《直斋书录解题》卷一九，武英殿聚珍本，第29页 b；胡震亨（1569～1645）：《唐音癸签》卷八，上海古籍出版社，1981，第83页；钱谦益（1582～1664）：《绛云楼书目》，《丛书集成初编》本，商务印书馆，1935，第75页。

这种偏颇的批评，[1] 其结果构造出一种惯常的叙述模式，在很大程度上阻碍对女道士的成就进行深层、公平和全面的评价。

在本书中，我寻求通过对唐代女道士进行历史的、全面的研究而纠正这些问题。由于杜光庭《集仙录》中的圣传并不是研究唐代女道士的实际生平和宗教实践的可靠资料，我转而寻求搜集其他类型的文献，由此发现许多之前忽略的资料。这些资料主要由三个来源组成。

第一组资料包括为唐代女道士所撰写的或与之相关的墓志铭和道观碑铭。柯锐思（Russell Kirkland）研究颜真卿（709～785）撰写的两篇有关女道士黄灵微（642? ～721）的碑文；姚平简要概述 13 篇为女道士撰写的墓志铭；焦杰在姚平目录的基础上又增加三篇。[2] 在此基础上，我收集到更多的墓志铭文，包括传世的和新出土的文本，总数达到 40篇。虽然为宗教人物撰写的墓志铭也可以看作一种圣传，但是一般说来它们包含较多的实际生平叙写和细节较为丰富的描述，因为它们通常遵循为世俗人物撰写的墓志铭的叙事模式。正如《剑桥中国史》唐宋卷的著者所指出的，墓志铭是史书之外的重要资料之一，因为此类资料"提供可与史书记录相印证的信息，成为独立于历史过程之外的证据。当此种

[1] 例如，张采田（1862～1945）：《玉溪生年谱会笺》卷一、卷四，上海古籍出版社，1983，第 27、206 页；谢无量（1884～1964）：《中国妇女文学史》（1926 年），上海书店出版社，1990 年重印，第 27 页；黄世中：《论全唐诗中所反映的女冠半娼式恋情》，《许昌师专学报》1996 年第 2 期，第 39～43 页。

[2] Kirkland, "Huang Ling-wei: A Taoist Priestess in T'ang China," *Journal of Chinese Religions* 19（1991）：47～73；姚平：《唐代妇女的生命历程》，上海古籍出版社，2004，第 246～256 页；焦杰：《唐代道教女信徒的宗教活动及其生活——以墓志材料为中心》，《陕西师范大学学报》2013 年第 2 期，第 124～129 页。不过，在姚平和焦杰的目录中，一些墓志铭的主人其实并未真正被度为女道士。

情况出现，墓志铭几乎一致地证明史书的记载是符合实际和可靠的"。① 赵超进一步对有关墓志铭进行全面考察，表明墓志铭已经被有效地运用于历史研究，极大地推动许多领域的研究，并在其书中专章讨论唐代墓志铭中所包含的史实。② 研究中国女性的历史学家也发现为女性撰写的墓志传记对他们的研究很有帮助。③ 当然，不同的情境下可能会有相当大的变数，我们应该透过审慎的视角对墓志铭进行仔细考察，以辨识那些相对规范性的价值观、陈套性的基本性格描述，以及作者由于各种可能的目的而做出的过分夸大的评判。

　　我所运用的第二组资料是出自敦煌的写本、正史中的记录、文人的诗文、笔记杂录、地方志、道观志等。一些学者对收于《全唐文》的文章的可靠性有所怀疑，理由是这部总集迟至清朝（1644~1911）才出现。但是，正如许多学者所揭示的，《全唐文》的编纂者都是严肃的学者，他们所收集的绝大多数文章在较早的版本中已经出现。例如，许多墓志铭包括《全唐文》中的墓志铭可能出自皇家图书馆保存的原始拓片，因此比其他资料来源的版本更好。④ 对文学作品的使用也并非如不熟悉中国文学的研究者所想象的那么稚拙。实际上，中国的诗文通常被作为记录作者人生经历的工具，甚至可以说是一种日记，往往记述在特定时空中真实发生的事情。在二十世纪，陈寅恪（1890~1969）建立了使用文学

① Denis C. Twitchett, "Introduction," in Twitchett, ed., *The Cambridge History of China*, *Volume 3*, *Sui and T'ang China*, *589 - 906*, *Part 1* (Cambridge: Cambridge University Press, 1979), p. 46.
② 赵超：《古代墓志通论》，紫禁城出版社，2002，第 169~178、285~299 页。
③ 例如，Patricia B. Ebrey, "The Women in Liu Kezhuang's Life," *Modern China* 10, No. 4 (1984): 415 - 40; Ebrey, *Inner Quarters*, pp. 14 - 16; Mann, *Precious Records*, pp. 1 - 4; and Lu, *True to Her Word*, pp. 16 - 17.
④ 陈尚君辑校：《全唐文补编》，中华书局，2005，前言，第 1~4 页。

材料研究历史的典范。① 宇文所安（Stephen Owen）亦指出，在中国，诗歌是"作为描绘历史诗人所面对的历史时刻和场景来阅读的"，以及"没有人会觉得从诗歌中建构诗人的年谱或运用诗歌作为文化史的直接素材有何不妥"。② 虽然笔记杂录常常基于轶事传言，但中国历史的研究者认识到，轶事传言并非没有一定的历史意义。③ 地方志虽然大多出现于其后的时代，几乎没有唐代的文本幸存，但是地方志往往参考历代累积的地方资料，在一定程度上是可靠和有用的。

我使用的第三组资料是女道士自己撰写的诗歌、文章、书籍，甚至包括从敦煌写本及其他新出土文献中重新发现的艺术作品。有关传统中国诗歌基本上是非虚构作品的观念，对于阅读和阐释女道士诗人的作品和理解其主观经验来说，也是非常重要的。因为中国独特的文化传统和政治体制，传统诗人将诗歌看作使同时代和后代读者认识自己的工具。这样的诗歌对传统和现代批评家了解诗人亦非常有用。④ 例如，中国妇女史的学者已经成功地运用女性自己的诗歌来探索她们的情感体验。⑤ 因此，我们可以运用女道士的作品来获得对她们更深入的理解，虽然我们还应该细心地以批评的眼光来分析其作品，寻找可能隐含的有意识或无意识的动机。

此前的研究成果忽略上述资料中的大部分，我在此书中运用这些资料，从而得以将有关女道士生命历程的研究置于

① 陈寅恪：《寒柳堂集》，上海古籍出版社，1980，第94页。

② Stephen Owen, "Transparencies: Reading the T'ang Lyric," *Harvard Journal of Asiatic Studies* 39 (1979): 233 – 34.

③ 例如伊沛霞（Ebrey）对笔记轶事的运用，见其 *Inner Quarters*, pp. 12 – 17。

④ Owen, "Transparencies: Reading the T'ang Lyric," pp. 233 – 34, 248 – 51.

⑤ Dorothy Ko, *Teachers of the Inner Chambers*; Susan Mann, *Precious Records*; Weijing Lu, *True to Her Word*; Nanxiu Qian, *Politics, Poetics, and Gender in Late Qing China*.

较为坚实的历史场景中，描述她们的生活状况，并深入地考察她们的内心情感。以前述中国女性研究优秀著作为榜样，我运用性别批评的方法，结合宗教、哲学、历史和文学研究，尝试解决下述问题：女道士的性别化身份如何在与社会组织和文化现象的关系中实际地建立起来？宗教景观和性别模式的改变，如何影响这些女道士看待自身的方式以及被她们同时代人看待的方式？她们如何把握这些变化带给她们的机会，与社会及宗教组织互动协商，从而使她们自己成为唐代社会运作中充满活力的角色？她们如何为道教的思想理论和宗教实践以及中国的文学艺术做出贡献？杜光庭在《集仙录》中对女道士的描述与她们的实际经历之间的差别在哪里？为什么说贬称她们为"淫荡的娼妓"是一种偏见？这一将性别批评和宗教、哲学、历史、文学研究相结合的方法和探索，有可能对女道士的宗教和社会活动、思想理论和文学艺术作品及其整体成就做出较为令人满意的综合分析和评估。

本书首章通过还原历史情境，细致地描述女道士作为宗教和社会群体的崛起过程。接下来一章，我转向对入道皇家女性的专门研究，因为唐朝约有 28 位公主及其他许多皇室女性和宫女被度为女道士。虽然这种前所未有的现象可以简单地解释为由唐代皇室认老子为圣祖及将道教接受为家族宗教所导致，然而实际的情况则要复杂得多。运用 10 篇最近出土的墓志铭以及其他史料，我首先提供一幅有关这些宫廷女性度为道士的整体图景，讨论她们进入道观的种种原因和效果。接着集中讨论两位最重要的公主女道士金仙（689～732）和玉真（691～762），详细论述她们在宗教、政治和文化领域的权力关系、功绩和影响。第三章着眼于普通的女道士，运用 30 篇墓志铭和其他资料，考察她们的宗教经历和所承担的角色，以大量的细节描述这些女道士如何建立和管理她们自己的道观道院，以及她们如何将这些场所作为自主自治的女性空间和与社会各阶层人士互动的公共平台。该章还进一步讨论她们如何充当合格的道师，向皇帝、高级官员或普通人布道，以及她们如何实践道教的长生之术和自我修炼，如何表演道教仪式，等等。

在第四章和第五章，分别讨论柳默然（773～840）和胡愔（848 年在世），两位卓越的女道士理论家。柳默然传承甚至可能撰写了碑刻铭文《坐忘论》，一篇有关道教冥想和内修的文本，传统上归属于道教著名宗师司马承祯（647～735），讨论此文本及另一篇同样题为《坐忘论》并同样归属于司马承祯的文本的作者问题，并且分析与柳默然相关的前一文本的内容；接着考察另一篇可以确定为柳默然所写的铭文，文中颂扬女道士薛元君，并表达与《坐忘论》铭文相似的观念。胡愔则是活跃在九世纪前半叶的道教医学理论家。她撰有一部题为《黄庭内景五脏六腑补泻图》的著作，书中配有图像，以传统宇宙论的五行说为理论框架，阐发道教经典《黄庭内景经》，描述身体脏腑的神灵、生理机能、病理机制、治疗方法，并结合道教的内炼技术和医学养护知识，创建一套综合而系统的季节性养生方案。这部著作对道教的内丹理论和实践以及传统中医的养生学和方法的发展，都产生重要的影响。

最后两章，转向女道士诗人和她们的作品。虽然前面所提到的《瑶池新咏集》早已失传，幸运的是，一些残卷于敦煌写本中被重新发现，现在保存于俄罗斯圣彼得堡的俄藏敦煌文献中。残卷的内容主要包括三位女道士诗人的作品，此三位为李季兰（？～784）、元淳（？～779?）和崔仲容（约活跃于八世纪后半叶）。第六章考证这部诗集的编集、内容和可能包含的诗人，并运用传世和重新发现的诗歌作品研究此三位女道士诗人。第七章首先重构唐代最杰出的女诗人鱼玄机（843？ ～868）的传记，然后通过细读她的一些代表作，揭示其情感历程、自尊意识及性别觉醒，对女性声音和形象的改造，以及诗歌风格和成就。

　　最后的结论，总结本书的发现，扼要地勾画出一幅唐代女道士的非凡宗教生涯的总图景，以此有力地驳斥将她们称作"淫荡的娼妓"的偏颇叙事。我将此幅图景对照本书附录中所考证的杜光庭《集仙录》圣传中所创造的理想形象。比较的结果表明，对于性别关系和道教女性的性别化主体的看法，在唐宋转换之际发生剧烈的变化，道教女性的生命之旅也由此而展开新的篇章。

第一章
性别化的社会宗教群体：
唐代女道士的崛起

在唐代的历史环境中，女道士作为一个具有鲜明身份的、性别化的社会和宗教群体而出现。如同导论中所指出的，在导致这一独特现象的众多复杂原因中，最基本的要素是李唐皇室的宗教政策、道教传统的发展，以及性别关系的传统模式的变化。本章在汲取学界研究成果的基础上，进一步以有力的证据和丰富的细节描述这些变化的历史背景，以及女道士群体的崛起过程。文中首先勾勒李唐皇室如何在唐代前半期逐渐扶持并提升道教的地位；接着描述道教传统如何在与政府的有效互动和协调中，完成整合其众多派系和建立其宫观制度的事业；其后从政治、宗教、文化和社会等角度审视性别关系的变化模式。在整体的背景叙写之后，本章最后讨论女道士如何从这些"权力场域"中崛起，在中国妇女史上前所未有地形成属于她们自己的性别化群体。

一 唐代皇室对道教的扶持

唐代是道教发展的辉煌时代。许多学术论著已经研究过唐代皇室和道教传统之间的关系。从开创之初，李唐皇室即收认老子为其圣祖，因为传统上记载老子名李耳，与皇室的家姓相同。虽然学界的研究表明，唐高祖（618～627年在位）这一行动是出自政治策略而不是对道教的崇敬，但这种"归宗认祖"依然有助于神圣化、合法化新帝国的建立，并深远地影响皇室和道教在其后所发展的亲密关系。[①]

第二位皇帝唐太宗（627～650年在位）开始时对道教也比较冷漠，但是在其统治后期，佛教徒对老子和皇室起源的毁谤，促使他加强对老子的尊崇，并将道教传统转化为皇室宗教。[②] 此政策被唐高宗（650～684年在位）以极大的热情延续下来，而在其统治期间大力利用佛教的武后，也为道教发展提供重要的支持。[③] 至唐睿宗（684～690年及710～712年在位）和唐玄宗（712～756年在位）统治时期，皇室成员已经发展出对道教的虔诚个人信仰，特别是睿宗及其儿子玄宗和两位女儿金仙、玉真。[④] 玄宗本人从741年至755年进行了一系列政治和宗教的建设，道教达致国家宗教的地位。[⑤]

① 主要见 Stephen R. Bokenkamp, "Time after Time: Taoist Apocalyptic History and the Founding of the T'ang Dynasty," *Asia Major*, 3rd s., 7 (1994): 59 – 88; Timothy Barrett, *Taoism under the T'ang: Religion & Empire during the Golden Age of Chinese History* (London: Wellsweep Press, 1996), pp. 20 – 28; 丁煌：《汉唐道教论集》，中华书局，2009，第54～55、63～68页；白照杰：《整合及制度化：唐前期道教研究》，格致出版社，2018，第26～50页。

② 主要见孙克宽：《唐代道教与政治》，《史记考证：秦汉中古史研究论集》，大陆杂志社，1981，第494页；Timothy Barrett, *Taoism under the T'ang*, pp. 22 – 28；白照杰：《整合及制度化：唐前期道教研究》，第35～50页。

③ 主要见饶宗颐：《从石刻论武后之宗教信仰》，*Bulletin of the Institute of History and Philology* 45 (1974): 397 – 412；孙克宽：《唐代道教与政治》，《史记考证：秦汉中古史研究论集》，第495～497页；Barrett, *Taoism under the T'ang*, pp. 29 – 45；卿希泰主编：《中国道教史》第二卷，四川人民出版社，1996，第55～65页。

④ 有关唐睿宗及其子女的道教信仰的详细讨论，见本书第二章。

⑤ 主要见 Charles Benn, "Religious Aspects of Emperor Hsüan-tsung's Taoist Ideology," in David W. Chappell, ed., *Buddhist and Taoist Practice in Medieval Chinese Society* (Honolulu: University of Hawaii Press, （转下页注）

接下来的安禄山之乱削弱唐朝统治的权威和道教的优势地位，但是道教仍然获得后来皇帝或多或少的支持，得以从损毁中恢复，并继续繁荣发展，虽然已经整合的传统此时又重新开始分裂，新的宗教趋势和派系也开始涌现。①

正如许多学者已经详细讨论的，除了从社会、经济、法律和宗教政策等方面大力支持、促进道教传统的制度化和整合化（详见下述），唐代统治者还向道士提供高于佛教徒的优先权，下令组织道教经典的编撰，在皇室宗庙中举行道教崇拜，修改官方礼仪以适合道教，并延请道士表演宫廷典礼仪式。他们还进一步在各州设立道教学校崇玄学，在科举制度中加入考试道教经典的道举，并在一段时间内将所有道士划归宗正寺管理，使他们享有如同皇室亲属般的官方待遇。此外，统治者还将许多著名道士邀请进宫，如潘师正（585~682）、李荣（活跃于 658~663 年）、成玄英（活跃于 632~650 年）、司马承祯（647~735）、李含光（683~769）、吴

（接上页注⑤）1987），pp. 127 – 46；Barrett, *Taoism under the T'ang*, pp. 46 – 73；任继愈主编：《中国道教史》，中国社会科学出版社，2001，第 288~299 页；白照杰：《整合及制度化：唐前期道教研究》，第 35~63 页。

① 主要见 Edward H. Schafer, "Tu Kuang-t'ing," in William Nienhauser, ed., *The Indiana Companion to Traditional Chinese Literature* (Bloomington: Indiana University Press, 1986), pp. 821 – 24；Franciscus Verellen, *Du Guangting (850 – 933): Taoïste de cour à la fin de la Chine médiévale* (Paris: Collège de France, Institut des hautes études chinoises, 1989); Verellen, "Evidential Miracles in Support of Taoism: The Inversion of a Buddhist Apologetic Tradition on Late Tang China," *T'oung Pao* 78 (1992): 217 – 63；Verellen, "A Forgotten T'ang Restoration: The Taoist Dispensation after Huang Ch'ao," *Asia Major*, 3rd s., 7 (1994): 107 – 53；Barrett, *Taoism under the T'ang*, pp. 74 – 101；李平：《宫观之外的长生与成仙：晚唐五代道教修道变迁研究》，中央编译出版社，2014，第 66~295 页。

筠（？～778）、杜光庭（850～933）等,[1] 并召集相当数量的女道士在宫廷女道观玉晨观侍奉。[2]

二　道教的整合和宫观制度的建立

唐代统治者和道教领袖的众多努力和成就之一，是道教的整合和制度化的最终完成，建立起道教宫观制度及统一此前主要派系的经典、戒律和道箓传授的等级法位制度。道教运动从二世纪开始崛起，在接下来的几个世纪里不断形成各种组织的、社团的、经法的或仪式的派系，诸如天师派、上清派和灵宝派。在五、六世纪时，至迟从南北朝中叶开始，道教发展出身份认同感和宗教的自我认识，道教领袖开始使

---

① 主要见 Paul W. Kroll，"Szu-ma Ch'eng-chen in T'ang Verse，" *Society for the Study of Chinese Religions Bulletin* 6（1978）：16－30；Kroll，"Notes on Three Taoist Figures of the T'ang Dynasty，" *Society for the Study of Chinese Religions Bulletin* 9（1981）：19－41；丁煌：《唐代道教太清宫制度考》，《历史学报》第 6 期，1979 年，第 275～314 页；第 7 期，1980 年，第 177～220 页；Russell Kirkland，"The Last Taoist Grand Master at the T'ang Imperial Court：Li Han-kuang and T'ang Hsuan-tsung，" *T'ang Studies* 4（1986）：43－67；Kirkland，"Ssu-ma Ch'eng-chen and the Role of Taoism in the Medieval Chinese Polity，" *Journal of Asian History* 31，No. 2（1997）：105－38；Charles D. Benn，"Religious Aspects of Emperor Hsüan-tsung's Taoist Ideology，" in David W. Chappell，ed.，*Buddhist and Taoist Practice in Medieval Chinese Society*（Honolulu：University of Hawaii Press，1987），pp. 127－46；李刚：《唐玄宗崇道编年考》，《道教学探索》1992 年第 6 期，第 323～324 页；Victor Xiong，"Ritual Innovations and Taoism under T'ang Xuanzong，" *T'oung Pao* 82（1996）：258－316；Isabelle Robinet，*Taoism：Growth of a Religion*，trans. Phyllis Brooks（Stanford：Stanford University Press，1997），pp. 184－211；Livia Kohn and Russell Kirkland，"Daoism in the Tang（618－907），" in Kohn，ed.，*Daoism Handbook*，pp. 339－83。

② 见 Jinhua Jia，"Religious and Other Experiences of Daoist Priestesses in Tang China，" *T'oung Pao：International Journal of Chinese Studies* 102，No. 4－5（2016）：355－56；及本书第三章。

他们的典籍、仪式、戒律、修行和派系经典化和系统化。①
所有这些活动体现出"整合的持续努力，不仅是名义上的整
合，而且是基于道即是一的内在理念"。②

  在唐朝的前半叶（618～755），皇室和道教传统的有效
互动和协调，使得整合的工程得以完成。朝廷以制定重要政
策和法律规则的方式，赞助和规范道观和道士个体，支持和
帮助道教的整合和制度化。在唐代早期，政府就开始编订有
关佛教、道教组织及寺观的法律条文，其后编纂成法典《道
僧格》。这一法典虽然早已失传，但其中大部分条文已被现
代学者修复。③ 政府还在宫廷内和整个帝国建立官方赞助的

① 关于早期中古道教运动的研究，主要见陈国符：《道藏源流考》，中华
书局，1963，第 1～104、308～369 页；吉冈义丰：《道教经典史论》，
道教刊行会，1966，第 5～90 页；Michel Strickmann, *Le Taoïsme du Mao
Chan*, *chronique d'une révélation* (Paris: Collège de France, Institut des
hautes études chinoises, 1981); Isabelle Robinet, *La révélation du Shan-
qing dans l'histoire du daôisme* (Paris: École française d'Extrême-Orient,
1984)；小林正美：《六朝道教史研究》，创文社，1990；大渊忍尔：
《道教とその经典》，创文社，1997，第 3～506 页；Stephen R. Boken-
kamp, *Early Daoist Scriptures* (Berkeley: University of California Press,
1997); Bokenkamp, "The Early Lingbao Scriptures and the Origins of Dao-
ist Monasticism," in Stephen F. Teiser and Franciscus Verellen, eds., *Bud-
dhism, Daoism, and Chinese Religion* (Honolulu: University of Hawaii
Press, 2003), pp. 95 - 126；吕鹏志：《唐前道教仪式史纲》，中华书
局，2009；Wang Chengwen, "The Revelation and Classification of Daoist
Scripture," in John Lagerwey and Lü Pengzhi, eds., *Early Chinese Reli-
gion*, part 2: *The Period of Division* (220 - 589 A. D.) (Leiden: Brill,
2010), pp. 775 - 890; Gil Raz, *The Emergence of Daoism: Creation of
Tradition* (New York: Routledge, 2012); Terry Kleeman, *Celestial Mas-
ters: History and Ritual in Early Daoist Communities* (Cambridge, Mass.:
Harvard Asia Center, 2016)。
② Gil Raz, *The Emergence of Daoism*, p. 6.
③ 主要见诸户立雄：《中国仏教制度史の研究》，平河出版社，1990，第
7～214 页；郑显文：《唐代道僧格研究》，《历史研究》2004 年第 4
期，第 38～54、190 页；赵晶：《唐代〈道僧格〉再探——兼论〈天
圣令·狱官令〉"僧道科法"条》，《华东政法大学学报》2013 年第 6
期，第 127～149 页。

道观，要求道士正式入道受度，并建立政府机构和安排官员管理道观。这些拥有道观管理职权的部门和官职包括崇玄署、太清宫使、太微宫使、道门威仪使和三纲等。①

此外，在唐代前半叶，政府分配 30 亩田地给每位道士，20 亩给每位女道士，规定这些男女道士必须能够诵读《道德经》并隶属某一道观或女道观。② 由于土地实际上是分配给道观，而不是给男女道士个人，均田制使得田产经营成为道观的基本经济模式，而这一模式反过来为道教宫观制度的建立奠定了坚实的财务基础。③ 此外，通过将土地分配给道士个体所入籍道观的政策，政府强化了受度道士必须出家过宫观生活的规定。皇帝也常常赐与额外的土地、财产、农人

① 主要见陈国符：《道藏源流考》，第 259~266 页；丁煌：《唐代道教太清宫制度考》，《历史学报》第 6 期，1979 年，第 275~314 页；第 7 期，1980 年，第 177~220 页；孙昌武：《唐代长安道观及其社会文化活动》，《道教与唐代文学》，人民文学出版社，2001，第 409~469 页；樊光春：《长安道教与道观》，西安出版社，2002，第 70~89 页；Livia Kohn, *Monastic Life in Medieval Daoism: A Cross-Cultural Perspective* (Honolulu: University of Hawaii Press, 2003)；林西朗：《唐代道教管理制度研究》，巴蜀书社，2006，第 67~106、164~171 页。

② 见李林甫（683~753）等：《唐六典》卷三，陈仲夫点校，中华书局，1992，第 74 页；白居易（772~846）、孔传（活跃于 1131~1162 年）：《白孔六帖》（《四库全书》本）卷八九，第 10 页 a；天一阁博物馆、中国社会科学院历史研究所天圣令整理课题组校证：《天一阁藏明钞本天圣令校证》，中华书局，2006，第 38 页。在贞观时期（627~649），最初要求所通经文为《三皇经》，但此经在 648 年被禁，后来以《道德经》代替。见诸户立雄：《中国仏教制度史の研究》，第 368~370 页；仁井田陞、池田温：《唐令拾遗补：附唐日两令对照一览》，东京大学出版社，1997，第 194~196 页；戴建国：《唐〈开元二十五年令·田令〉研究》，《历史研究》2000 年第 2 期，第 36~50 页。

③ 见滋野井恬：《唐代の僧道给田制に就いて》，《大谷学报》第 4 卷第 37 期，1957 年，第 55~64 页；白文固：《唐代僧尼道士受田问题的辨析》，《社会科学》1982 年第 3 期，第 54~58 页；韩国磐：《北朝隋唐的均田制度》，上海人民出版社，1984，第 128~247 页；王永平：《道教与唐代社会》，首都师范大学出版社，2002，第 203~217 页。亦见铃木俊等：《唐代均田制研究选译》，姜镇庆等译，甘肃教育出版社，1992；池田温：《唐史论考：氏族制と均田制》，汲古书院，2014。

和仆隶给官方的重要宫观、女道观或著名道士所经营的道观，以加强其经济实力。①

与此同时，道教自身也进一步加强其主要成分的整合化，包括来自各种派系的典籍、仪式、戒律和道箓。道教传统因此汇聚合流，弥合各个派系之间的沟壑，将它们包装为整体的道教形象，以等级化的法位制度的最终建立为标志。在此之前，上清派已经发展了不同的经法应以特定的顺序依次传授的观念，灵宝派和其他派系则进一步将经书分类和等级化，归入三洞四辅的系统。② 其后，在南北朝末期至唐初（六至七世纪），一个可能托名"金明七真"的道教组织制定出一种法位系统，松散地容纳和等级化此前所有派系的经籍、仪式、戒律和法箓。③ 在唐代的前半叶，道教的专家进

① 王永平：《道教与唐代社会》，第 211～212 页；林西朗：《唐代道教管理制度研究》，第 272～273 页。

② 主要见陈国符：《三洞四辅经之渊源及传授》，《道藏源流考》，第 1～104 页；吉冈义丰：《道教经典史论》，第 5～90 页；大渊忍尔：《道教とその经典》，第 3～556 页；Stephen R. Bokenkamp, "Lu Xiujing, Buddhism, and the First Daoist Canon," in Scott Pearce, Audrey Spiro, and Patrica Ebrey, eds., *Culture and Power in the Reconstruction of the Chinese Realm 200 – 600* (Cambridge, Mass.: Harvard University Asian Center, 2001), pp. 191 – 99; Gil Raz, *The Emergence of Daoism*, pp. 210 – 56。

③ 金明七真：《洞玄灵宝三洞奉道科戒营始》，《道藏》第 1125 号（本书《道藏》编号，皆据 Kristofer Schipper and Franciscus Verellen, eds., *The Taoist Canon: A Historical Companion to the Daozang*, Chicago: University of Chicago Press, 2004），文物出版社、上海书店出版社、天津古籍出版社，1988，第 1125 页；金明七真：《三洞奉道科诫仪范》，《中华道藏》本，华夏出版社，2004。以上两个文本，后者是在敦煌重新发现的四个写本的合集，并有可能是前者的残卷。有关这个文本的历史、作者、日期的讨论和翻译，见吉冈义丰：《道教と佛教》卷三，日本学术振兴会，1959，第 77～159 页；柳存仁：《三洞奉道科诫仪范卷五——P 二三三七中金明七真一词之推测》，《汉学研究》第 4 卷第 2 期，1986 年，第 509～532 页；Florian C. Reiter, *The Aspirations and Standards of Taoist Priests in the Early T'ang Period* (Wiesbaden: Otto Harrassowitz, 1998); Reiter and Ursula-Angelika Cedzich, "Dongxuan lingbao sandong fengdao kejie yingshi," in *Taoist Canon*, pp. 451 – 53; Livia Koln, *The Daoist Monastic Manual: A Translation of the Fengdao Kejie* (Oxford: Oxford University Press, 2004)。

一步修订和完善金明七真的构想，最终建立起一套被广泛接受的法位制度，容纳此前所有组织的、社会的、经法的和科仪的派系。①

这个系统由几个入门阶次和七个主要的法位阶次组成，这些阶次在不同的文本记载中有一些细微的差异。从最低到最高的法位阶次如下所示：

（1）正一（正一经法的受学）；

（2）高玄（《道德经》及相关经法的受学）；

（3）洞神（三皇经文，与洞渊神咒经法相结合的受学）；

（4）升玄（以升玄经为基础的经法受学）；

（5）洞玄（灵宝经法受学）；

（6）洞真（上清经法受学）；

（7）毕道，也称为大洞或三洞（更多上清经法的受学）。②

---

① 主要的文献包括朱法满：《要修科仪戒律钞》，《道藏》第 463 号；《道门经法相承次序》，《道藏》第 1128 号；史崇玄（？~731）等：《一切道经音义妙门由起》，《道藏》第 1123 号；张万福：《传授三洞经戒法箓略说》，《道藏》第 1241 号；张万福：《三洞众戒文》，《道藏》第 178 号；张万福：《三洞法服科戒文》，《道藏》第 788 号；张万福：《洞玄灵宝三师名讳形状居观方所文》，《道藏》第 445 号；《受箓次第法信仪》，《道藏》第 1244 号；刘若拙（活跃于 882~972 年）、孙夷中：《三洞修道仪》，《道藏》第 1237 号。

② 主要见 Kristofer M. Schipper, "Taoist Ordination Ranks in the Tun-huang Manuscripts," in Gert Naundorf, Karl-Heinz Pohl, and Hans-Hermann Schmidt, eds., *Religion und Philosophie in Ostasien: Festschrift für Hans Steininger zum 65 Geburtstag* (Würzburg: Königshausen and Neumann, 1985), pp. 127 – 43; Charles Benn, *The Cavern-Mystery Transmission: A Taoist Ordination of A. D. 711*, pp. 72 – 95; Florian C. Reiter, *The Aspirations and Standards of Taoist Priests in the Early T'ang Period*, pp. 133 – 64; Benn, "Daoist Ordination and Zhai Rituals," in *Daoism Handbook*, pp. 311 – 22；小林正美：《唐代の道教と天师道》，知泉书馆，2003，（转下页注）

根据许多墓志铭和宫观的碑铭，达成洞真等级的道士往往被称为"三洞弟子/道士"，因为他们已经获得三洞经法的受学。达成最高等级的道士则被称为"大洞三景弟子"或"无上三洞法师"。

然而，在实践中，七阶的法位体系似乎经常被大致合并或简化为三阶的主要受学。例如，根据为女道士王虚明（792~859）所撰的墓志铭，她首先跟从洛阳玄元观道士韩贞璀受学正一经箓，然后跟从嵩山太一观的道士邢归一受学洞神和洞玄经箓，最终跟从麻姑山道士邓延康受学上清经箓，由此达成大洞三景的最高法位。① 金仙公主和玉真公主也经历大致相似的三阶次受学。②

简言之，唐王朝和道教领袖系统性地协作，将道教整合和制度化为一个统一的传统。通过建立道教的宫观制度，制定囊括此前各种派系的经籍、戒律和法箓传授的等级法位体系，他们完成了这一事业。

三 变化中的性别关系模式

虽然唐王朝继承延续传统的性别体制和礼教规则，但也使其具有灵活性和流动性，允许性别关系模式的各种新变化。而社会、宗教和文化维度的各种势力及其发展，也促进了性别模式的进一步变化。

（接上页注②）第 13~63 页；林西朗：《唐代道教管理制度研究》，第 213~239 页；白照杰：《整合及制度化：唐前期道教研究》，第 274~328 页。由于有关法位体系的记载在道教典籍中有细节上的差异，学者拟出不同的列表，此处所列法位阶次与其他学者所述有所不同。

① 崔格：《故东都安国观大洞王炼师墓铭并序》，乔栋、李献奇、史家珍编：《洛阳新获墓志续编》，科学出版社，2008，第 252 页。

② 见本书第二章的详细讨论。

如同学者已经普遍注意到的，李唐皇室出自西北贵族，由混合的族群构成，其生活习俗受到非汉族的影响。因此，其女性成员"远比传统中国社会的妇女独立和有权力"。[①] 后来，当理学家从收紧了传统性别关系的宋代回顾唐代，他们对唐代女性摇头叹气："唐源流出于夷狄，故闺门失礼之事不以为异！"[②] 例如，唐律允许双方协议离婚，并对妇女再婚没有限制。有许多离婚案例由妻子提出要求，并且在离婚过程中，妻子并不被认为是有错的唯一一方。而离婚或者守寡的妇女再婚的情况也很普遍，有几位公主甚至结过三次婚。[③] 不少记载和故事表明，许多精英或普通家庭允许他们的女儿自由选择夫婿。[④] 有趣的是，唐代笔记杂录有关"妒妇"和"悍妇"的记载，远远多于其他时代。[⑤] 对唐代妇女而言，外出旅游或观光、骑马、游猎甚至打马球，都是平常的活动；在社交集会或扩展的家族聚会上，与其他男女交际

① Denis Twitchett, "Introduction," *The Cambridge History of China*, Volume 3, *Sui and T'ang China*, *589 – 906, Part 1*, p. 4.

② 朱熹（1130 ~ 1200）著，黎靖德编：《朱子语类》卷一三六，中华书局，1988，第 3245 页。

③ 主要见 Howard S. Levy, "T'ang Courtesans, Ladies and Concubines," *Orient/West* 8 (1962)：60；王寿南：《唐代公主的婚姻》，《历史与中国社会变迁（中国社会史）研讨会论文集》，中研院，1982，第 151 ~ 191 页；高世瑜：《唐代妇女》，三秦出版社，1988，第 149 ~ 156 页；向淑云：《唐代婚姻法与婚姻实态》，台湾商务印书馆，1991，第 190 ~ 210 页；段塔丽：《唐代妇女地位研究》，人民出版社，2000，第 106 ~ 116 页；高世瑜：《中国妇女通史·隋唐五代卷》，杭州出版社，2010，第 169 ~ 180 页；Yue Hong, "Divorce Practice in Late Medieval Dunhuang: Reading 'Documents on Setting the Wife Free'," *T'ang Studies* 34, No. 1 (2016)：12 – 39。

④ 高世瑜：《唐代妇女》，第 143 ~ 145 页；段塔丽：《唐代妇女地位研究》，第 104 ~ 106 页；妹尾达彦：《才子与佳人：九世纪中国新的男女认识的形成》，邓小南主编：《唐宋女性与社会》，第 695 – 722 页。

⑤ 岑仲勉：《隋唐五代史》，上海古籍出版社，1984，第 24 页；高世瑜：《唐代妇女》，第 156 ~ 158 页。

也不成问题。① 妇女拥有结社的自由,她们可以通过社团在很多方面互相帮助;事实上,在敦煌遗书中发现大约 15 份女人社的写本,时间为六至十世纪。② 所有这些例子都说明,唐代女性在社会的、家庭的和性别的关系中,享有相对其他时期来说较高的地位和较宽松的社会环境。

作为中国历史上唯一登上皇位的女性统治者,武则天的崛起是许多势力互相作用的结果,但是其中一个重要因素是新性别模式的影响。③ 作为一个强大的女性统治者,武则天的权势体现性别的逆转和性别权力结构的重大变化,这些反

① 高世瑜:《唐代妇女》,第 128 ~ 137 页;Patricia E. Karetzky, "The Representation of Women in Medieval China: Recent Archaeological Evidence," *T'ang Studies* 17 (1999): 213 - 71;段塔丽:《唐代妇女地位研究》,第 86 ~ 93 页;Stephen Owen, *The Late Tang: Chinese Poetry of the Mid-Ninth Century* (*827 - 860*) (Cambridge, Mass.: Harvard University Asia Center, Harvard University Press, 2006), p. 262;高世瑜:《中国妇女通史·隋唐五代卷》,第 352 ~ 359 页。

② 主要见 Denis Twitchett, "Chinese Social History from the Seventh to the Tenth Centuries: The Tunhuang Documents and Their Implications," in *Past & Present* 35 (1966): 28 - 53, esp. 51 - 52;Kenneth Chen, *The Chinese Transformation of Buddhism* (Princeton, NJ: Princeton University Press, 1973), pp. 288 - 89;郝春文:《再论北朝至隋唐五代宋初的女人结社》,《敦煌研究》2006 年第 6 期,第 103 ~ 108 页。

③ 主要见 Richard W. L. Guisso, *Wu Tse-t'ien and the Politics of Legitimization in Tang China* (Bellingham: Western Washington University Press, 1978);Denis Twitchett and Howard Wechsler, "Kao Tsung and the Empress Wu: The Inheritor and the Usurper," *The Cambridge History of China*, 3, No. 1: 242 - 89;Guisso, "The Reigns of the Empress Wu, Chung-tsung and Jui-tsung (684 - 712)," *The Cambridge History of China*, 3, No. 1: 290 - 321;Jo-shui Chen, "Empress Wu and Proto-Feminist Sentiments in T'ang China," in Frederick P. Brandauer and Chun-chieh Huang, eds., *Imperial Rulership and Cultural Change in Traditional China* (Seattle: University of Washington Press, 1994), pp. 77 - 116;气贺泽保规:《则天武后》,白帝社,1995;Norman H. Rothschild, *Wu Zhao: China's Only Woman Emperor* (New York: Pearson Longman, 2008);王洪军:《武则天评传》,山东大学出版社,2010;Rebecca Doran, *Transgressive Typologies: Constructions of Gender and Power in Early Tang China* (Cambridge, MA: Harvard University Press, 2017)。

过来又极大地影响性别关系的重塑。其影响不仅引出其他七世纪末至八世纪初大权在握的宫廷女性，如太平公主（665？～713）、韦后（666～710）、安乐公主（684～710）及上官婉儿（664～710），也改变一些深层的伦理规范。例如，武则天颁布法令，规定为母亲而举行的丁忧期也是三年。这一新规有效地将孝道的要求平等地施加于父母双方，其结果是母亲地位的提升。[①] 虽然对这些有权有势的女性统治者的批评和话语鞭挞，从她们失势之时便已经开始，[②] 但她们对变化中的性别观念的影响在有唐一代持久不散。

　　女性书写群体的出现，也标志着唐代性别模式的显著变化。根据史书记载和墓志铭，精英家庭的女儿普遍受到良好的教育，而当她们成为母亲之后，会接着教育其子女。[③] 一些普通人家的女儿，如鱼玄机（843？～868），也受到很好的教育。[④] 在唐代的前半期，女性作者主要来自皇家宫廷或贵族家庭。上官婉儿就是出色的范例，她先是作为"秘书"为武后服务，内掌诏命，协助起草文件和颁布法令；其后在武后的儿子中宗和睿宗执政期间，她不仅继续作为他们的"秘书"和政治顾问，而且还成为宫廷文学活动的领袖人物，由她决定诗歌创作的主题，并评判最具盛名的宫廷诗人作品

---

① Norman Rothschild, "Beyond Filial Piety: Biographies of Exemplary Women and Wu Zhao's New Paradigm of Political Authority," *T'ang Studies* 23 – 24 (2005): 149 – 68.

② Rebecca Doran, *Transgressive Typologies*, pp. 1 – 22.

③ 见高世瑜：《唐代妇女》，第 140～142 页；段塔丽：《唐代妇女地位研究》，第 93～98 页；高世瑜：《中国妇女通史·隋唐五代卷》，第 280～282 页；及本书第三章。

④ 见段塔丽：《唐代妇女地位研究》，第 98～103 页；Jinhua Jia, "Unsold Peony: Life and Poetry of the Daoist Priestess-Poet Yu Xuanji in Tang China (618 – 907)," *Tulsa Studies in Women's Literature* 35. 1（2016）：30, 45 – 46；及本书第七章。

的优劣。① 上官的才能和领导权同样也体现权力结构中性别的逆转和变化。

其后，从中唐至晚唐，许多女性作者从普通家庭中涌现。例如，宋氏五姐妹是普通儒士的女儿，由于渊博的儒学知识和文学才能而获得盛名。她们发誓不婚，以便实现个体价值和光耀门庭。788 年，唐德宗（779～805 年在位）召她们入宫。其中宋若莘（？～820?）、宋若昭（761～828）和宋若宪（？～835）先后在宫中供职为尚宫和内学士，成为皇子和公主的教师，参加宫廷文学活动，在集会时与皇帝及其他男性臣子一起创作诗歌。宋若莘撰有《女论语》，宋若昭为其作注释。虽然原著已佚，今天看到的《女论语》并不是原作，但是根据宋代书目，我们知道宋若莘仿照《论语》的模式，将前秦（350～394）时期的《周礼》女专家宋氏（283～？，亦称宣文君）置于与孔子相同的位置，而将中国第一位女性历史学家班昭（45～116）和其他一些女性历史人物置于孔子学生的位置。这一模式将富有学识智慧的女性提升到圣人和贤人的地位，使得后来的理学家大为惊诧和

---

① 根据最新出土的上官婉儿墓志铭，她也是高宗和中宗册封的妃子。见《大唐故婕妤上官氏墓志铭并序》，李明、耿庆刚：《〈唐昭容上官氏墓志〉笺释——兼谈唐昭容上官氏墓相关问题》，《考古与文物》2013 年第 6 期，第 111～144 页。关于上官婉儿的研究，主要见贾晋华：《唐代集会总集与诗人群研究》，北京大学出版社，2001；第 2 版，2015，第 40～72 页；Ronald Egan, "Preface to Shangguan Wan'er, *Shangguan Zhaorong wenji*," in Sun Chang and Saussy, eds., *Women Writers of Traditional China*, pp. 723 - 25；郑雅如：《重探上官婉儿的死亡、平反与当代评价》，《早期中国史研究》第 4 卷第 1 期，2012 年，第 111～145 页；Norman Rothschild, " 'Her Influence Geat, Her Merit Beyond Measure': A Translation and Initial Investigation of the Epitaph of Shangguan Wan'er," *Studies in Chinese Religions* 1, No. 2 (2015): 131 - 48; Jie Wu, "Vitality and Cohesiveness in the Poetry of Shangguan Wan'er (664 - 710)," *T'ang Studies* 34, No. 1 (2016): 40 - 72。

不满。①

　　与宋氏五姐妹相同，贞元年间（785～805）鲍君徽（字文姬）也因文学才能而闻名，在 798 年被德宗征召入宫，并同样参加宫廷诗歌创作。不过，在入宫大约百日之后，她以奉养老母为由，上疏乞归。② 此外，蔡省风（活跃于九世纪）编纂的《瑶池新咏集》（以下简称《瑶池集》），是现存第一部中国女性文学总集。此集包括来自不同社会阶层的 23 位女性诗人的诗歌，其中有三位是女道士。③ 再者，从中唐时期开始，诗歌选集经常既包括男性诗人也包括女性诗人，例如高仲武编纂的《中兴间气集》，韦庄（836？～910）编纂的《又玄集》，韦縠（活跃于 947 年）编纂的《才调集》。这些女性作者的写作成就，以及她们与皇帝、官员、文人等的交往和对他们的影响，反过来也促进性别关系的重塑。

　　唐代浪漫情绪的滋长、蔓延并形成一种文化，也对性别关系的重塑产生了重要的影响。这种浪漫文化由各种因素发展而来，其中之一是道教的性修行。早期的道教传统已经实行性的宗教仪式和修行，包括身体的、精神的、神启的和象征的活动，以祈获得长生和成仙。学者已注意到，在早期天

---

① 见宋申锡：《大唐内学士广平宋氏墓志铭并序》，赵力光、王庆卫：《新见唐代内学士尚宫宋若昭墓志考释》，《考古与文物》2014 年第 5 期，第 102～108 页；高世瑜：《唐代妇女》，第 103～104 页；"宋若伦""宋若荀""宋若昭""宋若宪""宋若荂"，周祖譔主编：《中国文学家大辞典·唐五代卷》，中华书局，1992，第 398～400 页。

② 鲍君徽有四首诗与一篇文传世。见彭定求（1645～1719）等编：《全唐诗》卷七，中华书局，1960，第 68～69 页；董诰（1740～1818）等编：《全唐文》卷九四五，中华书局，第 3 页 a～b。关于鲍君徽的讨论，主要见"鲍君徽"，周祖譔主编：《中国文学家大辞典·唐五代卷》，第 779 页；Kang-i Sun Chang and Haun Saussy, *Women Writers of Traditional China: An Anthology of Poetry and Criticism*, pp. 54～56.

③ 关于《瑶池集》的详细讨论，见 Jinhua Jia, "*Yaochi ji*," pp. 205～43；及本书第六章。

师派活动中有一种相当于成年启示礼的"过度仪",其中含有称为"合气"的性修行仪式。道教讨论这种仪式和修行的文本被称为"黄书",可能于四世纪左右编订或重新编写。[①]早期天师派还吸收古代关注性事和长生技巧的"房中术",并将其转化为宗教仪式和修行。虽然学者关于如何解释"过度仪"有不同的看法,但也在一些内容方面达成大体的一致。在此仪式的表演过程中,被启示的男女在一位资深道师的指导下,举行存思、练气、祈祷、诵咒、舞蹈、按摩及仪式化的性事等活动。[②] 从四世纪开始,这种仪式受到佛教徒

---

① 主要见 Michel Strickmann, *Le Taoïsme du Mao Chan: Chronique d'une révélation* (Paris: Collège de France, Institut des hautes études chinoises, 1981), pp. 36, 69; 小林正美:《六朝道教史研究》,第 357 ~ 366 页; 王卡:《黄书源》,《世界宗教研究》1997 年第 2 期,第 65 ~ 73 页; 朱越利:《黄书考》,《中国哲学》第 19 辑,岳麓书社,1998,第 167 ~ 188 页; Schipper and Verellen, *Taoist Canon*, pp. 129 - 130。

② 关于此种仪式和性修行的研究,主要见 Henri Maspero, *Taoism and Chinese Religion*, trans. Frank Kierman (Amherst: University of Massachusetts Press, 1981), pp. 445 - 554; 陈国符:《道藏源流考》,第 365 ~ 369 页; 杨联陞:《老君音诵诫经校释——略论南北朝时代的道教清整运动》,《中央研究院历史语言研究所集刊》第 28 卷第 1 期,1956 年,第 17 ~ 54 页; R. H. van Gulik, *Sexual Life in Ancient China: A Preliminary Survey of Chinese Sex and Society from ca. 1500 B. C. till 1644 A. D.* (Leiden: Brill, 2003), pp. 72 - 90; Rolf A. Stein, "Remarques sur les mouvements du taoïsme politico-religieux au IIe siècle ap. J. - C," *T'oung Pao* 50 (1963): 1 - 78; Kristofer M. Schipper, *Taoist Body*, trans. Karen C. Duval (Berkeley: University of California Press, 1993), pp. 150 - 52; Marc Kalinowski, "La transmission du dispositive des Neuf Palais sous les Six dynasties," in Michel Stricmann, ed. , *Tantric and Taoist Studies* (Brussels: Institut Belge des Hauters Etudes Chinoises, 1985), Vol. 3, pp. 773 - 811; 李零:《东汉魏晋南北朝房中经典流派考》,《中国文化》1997 年第 15 ~ 16 期,第 141 ~ 158 页; 严善炤:《初期道教と黄赤混气房中术》,《东方宗教》第 97 期,2001,第 1 ~ 10 页; 林富士:《略论早期道教与房中术的关系》,《中央研究院历史语言研究所集刊》第 72 卷第 2 期,2001 年,第 241 ~ 248 页。

和道教改革者两方面的严厉批评。① 但是，道教改革者的目标只是去掉过度仪式，仍然保留久已接受的性修行。例如，在严厉批评过度仪式之后，道教改革者寇谦之（365～468）继续建议其追随者练习规范化的性修行。②

　　在佛教的影响下，上清派传统开始提倡独身禁欲，但它依然以新形式延续早期天师派的性修行。例如，与夫妻关系或男女伴侣的关系不同，上清宗师创造神圣婚姻的新母题，讲述美丽的神女从天而降与选中的男子遇合的故事。神女创作诗歌，表达她们对这些男子的爱恋，主动与他们缔结婚姻，向他们解释神圣的经文，指导他们进行各种道教修炼，并最终执子之手一起升天成仙。③ 上清派的存思修行亦以神女作为冥思的对象。修行者存想一位特定的神女，想象与她进行各种亲密的接触。表面上，神圣婚姻和存想神女都运用

---

① 道安（312～385）：《二教论》，道宣（596～667）编：《广弘明集》卷八，高楠顺次郎、渡边海旭编：《大正新修大藏经》第2103号，大正一切经刊行会，1924～1932；新文丰出版公司，1983～1985，第140页c；甄鸾（535～566）：《笑道论》，道宣编：《广弘明集》卷九，第152页a；寇谦之（365～448）：《老君音诵诫经》，《道藏》第785号，第211～216页；陶弘景：《真诰》，《道藏》第1016号，第516～526、497页；《太上灵宝威仪洞玄真一自然经诀》卷四，敦煌手稿，伯2403，《中华道藏》本，第98页a～b。

② 寇谦之：《老君音诵诫经》，《道藏》第785号，第17～19页。

③ 主要见 Michel Strickmann, "A Taoist Confirmation of Liang Wu - ti's Suppression of Taoism," *Journal of the American Oriental Society* 98, No. 4 (1978)：471；Isabelle Robinet, *La révélation du Shangqing dans l'histoire du taoïsme*；Robinet, "Sexualité et taoïsme," in Marcel, ed., Bernos *Sexualité et religion* (Paris：Editions du Cerf, 1988), pp. 51 - 71；李丰楙：《魏晋神女传说与道教神女降真传说》《西王母五女传说的形成及其演变》，《误入与谪降：六朝隋唐道教文学论集》，台湾学生书局，1996，第143～187、215～245页；Paul Kroll, "Daoist Verse and the Quest of the Divine," in John Lagerwey and Lü Pengzhi, eds., *Early Chinese Religion*, part 2：*The Period of Division* (220 - 589 A. D.) (Leiden：Brill, 2010), pp. 953 - 87；Kroll, "A Poetry Debate of the Perfected of Highest Clarity," *Journal of the American Oriental Society* 132 (2012)：577 - 86。

精神的、象征的词语描述，但是在上清派的文本中，有关精神修炼的描述包含强烈的色情成分和涉及所有感官的亲密暗示。[①] 在此类神婚和存想中，神女以她们的性吸引力、宗教知识和神圣力量压倒男性道人，因此也在一定程度上体现宗教传统中的两性关系和权力结构的观念变化。

所有这些身体的、精神的、神圣的、象征的性修行都延续到唐朝。最低等级道士初学者（如正一法位）不但被允许结婚或保持婚姻状态，而且还在性关系上受到指导："其有夫妇者，令选时日，顺阴阳，行交接。即所育男女，免感悖戾淫浊之气。"[②] 根据《三洞修道仪》，第二级法位以上的道士被要求禁欲独身，已婚者被要求与配偶分居。[③] 然而，这条规定并未被严格遵守，而且也不代表正一以外的道士不能进行性修行。例如，玉真公主虽然获得最高的法位，但是她却一直保持婚姻状态并育有至少二子。[④] 唐代道医孙思邈（？~682）所编写的《备急千金要方》，其中的《房中补益》包括关于性修行的广泛讨论。[⑤] 即使是提倡静坐冥思和清修

① Edward Schafer, "The Jade Woman of Greatest Mystery," *History of Religions* 17 (1978): 387 - 97；李丰楙：《魏晋神女传说与道教神女降真传说》，《误入与谪降：六朝隋唐道教文学论集》，第 173 ~ 180 页。

② 见刘若拙、孙夷中：《三洞修道仪》，《道藏》第 1237 号，第 166 页 c ~ 167 页 b、168 页 c。

③ 《三洞修道仪》，《道藏》第 1237 号，第 167 页 b。

④ 张冏：《唐故九华观书□师藏形记》，周绍良、赵超主编：《唐代墓志汇编续集》，上海古籍出版社，2001，第 795 页。

⑤ 孙思邈：《备急千金要方》，《道藏》第 1163 号，第 544 页 c ~ 546 页 a。关于孙思邈涉及两性修炼的讨论，见 Van Gulik, *Sexual Life in Ancient China*, pp. 193 - 97；Catherine Despeux, *Prescriptions d'acuponcture valant mille onces d'or: traité d'acuponcture de Sun Simiao du VIIe siècle* (Paris: Trédaniel, 1987)；and Paul U. Unschuld, "Der chinesische 'Arzneikönig' Sun Simiao: Geschichte-Legende-Ikonographie," *Monumenta Serica* 42 (1994): 217 - 57。虽然没有关于孙思邈的法位的早期记录，但根据其著作中所述炼丹实验及其他提示，一些学者假定孙思邈是（转下页注）

的道教宗师杜光庭，也并未禁止此类修行，而只是将之贬低为小修行，并指出如果不能正确进行就可能会十分危险。[①]因此，作为获得长生和成仙的途径，唐代道教传统延续了性修行，同时还允许在一定情况下保持婚姻状况。

促进浪漫文化滋长和新性别关系发展的第二个因素，是女神崇拜传统在唐代的延续和流行。在中国古代神话和传说中，许多神女与繁殖力、神媒、巫的神灵感通、难以抗拒的感官吸引力及性欲等都有关联。神女与人类遇合时，不管对方是帝王还是普通男子，她们总是采取性主动的姿态，扮演诱引的美女角色。[②]最著名的遇合传说是巫山神女和楚王的故事，[③]这个故事其后成为无数流传故事和文学作品中描述人神遇合的母题。[④]随着古老的房中术在汉代（前206～220）的发展和房中术手册的大量出现，性感的神女成为性艺术的专家和性手册中的主角。她们专门为黄帝和其他传说中的君王服务，成为他们的性顾问和教师，教导他们如何运用性技巧获得长生和成仙。[⑤]

（接上页注⑤）一位天师等级的受度道士。见 Nathan Sivin, *Chinese Alchemy: Preliminary Studies* (Cambridge, Mass.: Harvard University Press, 1968), pp. 81 – 144; Livia Kohn, *The Daoist Monastic Manual: A Translation of the Fengdao Kejie* (New York: Oxford University Press, 2004), p. 16。

① 杜光庭：《墉城集仙录》，《道藏》第783号，第197页 c～199页 a。

② 例如，闻一多：《神话研究》，巴蜀书社，2002，第1～39页；Alan K. L. Chan, "Goddesses in Chinese Religion," in Larry W. Hurtado, ed., *Goddesses in Religions and Modern Debate* (Atlanta, GA: Scholars, 1990), pp. 9 – 25.

③ 见宋玉（约活跃于公元前四世纪）：《高唐赋》，萧统（501～531）编：《文选》卷一九，中华书局，1977，第1页 b～6页 b。

④ 见李定广、徐可超：《论中国文人的巫山神女情结》，《复旦学报》2002年第5期，第112～117页。

⑤ 主要见 Van Gulik, *Sexual Life in Ancient China*, pp. 73 – 90；李零：《中国方术续考》，中华书局，2006，第267～280页；Paul R. Goldin, "The Cultural and Religious Background of Sexual Vampirism in Ancient （转下页注）

道教传统反过来将所有古老的神女，连同神圣姻缘的母题和上清传统的存思神女，一并收入其神仙殿堂。神圣姻缘整合古老神女的一切特征和专长，包括神圣的激情、不可阻挡的感官魅力、媒人的角色、诱人的美女、称心如意的妻子、性爱教师（想象的或心理的）及成仙的指导者。在这些之外，道教的上清神女还增加两项专长，即秘密经文的启示和美妙诗歌的创作。

唐代文人为这些神女所深深着迷，向她们题献无数的诗篇，表达他们"追求超越的愿望和对完美爱情的渴望"。① 这些神女包括西王母、巫山神女、湘水和洛水的女神、嫦娥、刘晨和阮肇故事中的两位仙人妻子、上清宗师的神仙新娘萼绿华、星神织女等。② 于是，神女崇拜的力量亦助成性别关系的重塑。

世俗爱情故事、文人诗歌中表现的多愁善感情绪、传奇故事和笔记杂录是促成浪漫文化滋长的第三个因素。在中晚

（接上页注⑤）China," *Theology & Sexuality* 12, No. 3 (2006): 285 - 308. 这些汉代房中书的残本和其他的一些文本，保存在日本医师丹波康赖（912~995）982 年所编纂的《医心方》（30 卷）中，李零收入其《中国方术正考》，中华书局，2006，第 396~416 页；英文翻译见 Douglas Wile, *Art of the Bedchamber: The Chinese Sexual Yoga Classics Including Women's Solo Meditation Texts* (Albany: State University of New York, 1992), pp. 83 - 113。

① Suzanne Cahill, *Transcendence and Divine Passion: The Queen Mother of the West in Medieval China* (Stanford, CA: Stanford University Press, 1993), pp. 190 - 212.

② 关于这些神女的讨论，主要见 Edward Schafer, *The Divine Women: Dragon Ladies and Rain Maidens in Tang Literature* (Berkeley: University of California Press, 1973); Schafer, "Three Divine Women of South China," *Chinese Literature: Essays, Articles, Reviews* 1 (1979): 31 - 42; Schafer, "Cantos on 'One Bit of Cloud at Shamanka Mountain'," *Asiatische Studien* 36 (1983): 102 - 24; Suzanne Cahill, "Sex and the Supernatural in Medieval China: Cantos on the Transcendent Who Presides Over the River," *Journal of American Oriental Society* 105, No. 2 (1985): 197 - 220; Cahill, *Transcendence and Divine Passion*, pp. 108 - 89。

唐时期，唐玄宗和杨贵妃（719~756）的爱情故事通过著名诗人白居易（772~846）所创作的脍炙人口的《长恨歌》及其他叙事作品的流传，激发了男女之间的浪漫想象和情感。① 都城长安的进士文化亦促进此类情绪的发展。年轻的文士在追求科举考试的成功时往往卷入与伎女或亲密或浪漫的关系，而年长的官员则沉迷于其宅院中的妾侍。② 这些经历被他们写进自己的诗歌，或者在他们创作的传奇故事里细致展开。其结果也进一步加强和传播了浪漫情绪，促成性别模式的变化。

四　女道士作为性别化群体的崛起

在唐代之前，女性在道教传统中已经十分活跃，不管是作为个体的宗教修炼者，还是仪式和行政权力方面的管理者。③ 然而，如已经讨论过的，只有到了唐代，在皇室扶持道教、道教传统的整合和其宫观制度的最终建立及性别关系模式转变的背景下，女道士才崛起为具有其自己的独特身份、性别化的宗教和社会群体。这一性别化的群体反过来也影响性别关

---

① 主要见 Paul W. Kroll, "Po Chü - i's 'Song of Lasting Regret': A New Translation," *T'ang Studies* 8 - 9（1990 - 1991）: 97 - 104; Stephen Owen, "What Did Liuzhi Hear? The 'Yan Terrace Poems' and the Culture of Romance," *T'ang Studies* 13（1995）: 81 - 118; Manling Luo, *Literati Storytelling in Late Medieval China*（Seattle: University of Washington Press, 2015）, pp. 26 - 34。

② 主要见 Stephen Owen, *The End of the Chinese "Middle Ages": Essays in Mid-Tang Literary Culture*（Stanford: Stanford University Press, 1996）, pp. 130 - 76; Anna M. Shield, "Defining Experience: The 'Poems of Seductive Allure'（*Yanshi*）of the Mid-Tang Poet Yuan Zhen（779 - 831）," *Journal of the American Oriental Society* 122, No. 1（2002）: 61 - 78; Yue Hong, "The Discourse of Romantic Love in Ninth Century Tang China"（PhD diss., Harvard University, 2010）; Luo, *Literati Storytelling in Late Medieval China*, pp. 99 - 135。

③ Catherine Despeux and Livia Kohn, *Women in Daoism*, pp. 104 - 18.

系的重塑、宗教的景观、女道士与各种社会机制互动和协调下的社会运行、她们在宗教实践中的身份和权力及她们的文学、艺术和政治活动。[1]

在唐代皇帝热情扶持并将道教提升为皇室宗教或国家宗教的情况下，约28位皇家公主及无数的其他皇族女性和宫女受度成为女道士，这在中国历史上是空前绝后的。[2] 在相当程度上，这些皇室女性为其他社会阶层的女性提供追随的榜样。随着道教制度化及其宫观传统的建立完善，女道观在全国各地涌现，其中有一些是女道士自己创建的。根据开元年间（713～741）的一份官方记录，大约1/3的道观为女道观，[3] 这表明大约1/3的道教神职由女性构成。

大多数女道士在女道观中过着群体生活，虽然在一些特殊情况下，受度后的女道士也可以留在家里。道教的法位系统为她们设计特别的道服，通常包括裙、袍、霞帔和冠饰。比如，在《洞玄灵主三洞奉道科戒营始》一书中，我们可以看到为大洞女冠和凡常女冠（图1-1、1-2）分别设计的道服，这些道服比佛教尼姑的法衣保留更多的女性特征。[4]

---

[1] Stephan P. Bumbacher 定义女巫为女祭司（Priestess），与天师道传统相关的女性为女道人（female Daoist），而与上清道传统相关的女性为修女（nun）。见 Bumbacher, *The Fragments of the Daoxue Zhuan: Critical Edition, Translation, and Analysis of a Medieval Collection of Daoist Biographies* (Frankfurt: Peter Lang, 2000), pp. 494 – 524。这种区别可能对七世纪之前的道教女性相对适用。然而，正如此前所讨论的，唐代宫观制度在唐代得以完善，道教的各种派系宽松地整合进入法位制度，道士普遍都进行内修实践和参与仪式活动。因此，我跟随普遍的做法，将入道的男性修道者统称为男道士，将入道的女性修道者统称为女道士（Daoist priestess）。

[2] 关于入道的公主和其他宫廷女性的详细讨论，见本书第二章。

[3] 李林甫等：《唐六典》卷四，第125页。

[4] 金明七真：《洞玄灵主三洞奉道科戒营始》，《道藏》第1125号，第760～762页。关于中古时期道士道服的讨论，见 Livia Kohn, *Monastic Life in Medieval Daoism*, pp. 147 – 59。

女性道士被称为女官、女冠或女道士。① 曲调名《女冠子》等便是特别为称颂她们而创制的，② 许多诗人用这些曲调撰写大量热情洋溢的歌词。此外，唐代的官方文件，从皇帝的圣旨到法律格式和官员的折奏，都将女道士和其他三种宗教群体区分开来及相提并论。比如：

> 道士、僧、尼、女冠等有犯，望准道（僧）格处分。③
> 前令道士、女道士、僧、尼有犯依俗法者，宜停。④
> 凡道士给田三十亩，女冠二十亩。僧尼亦如之。⑤

从这些文件中，我们可以看到，道士、女道士、僧人和尼姑被看作四个明显区分的性别化宗教群体。此外，在蔡省风的《瑶池集》、韦庄的《又玄集》和韦縠的《才调集》这

---

① "冠"字面上指"帽子""皇冠""头饰"等。薛爱华（Edward Schafer）用"Capeline"一词译"冠"，意谓"带有软边的女士帽子"。见 Schafer, "The Capeline Cantos: Verses on the Divine Loves of Taoist Priestesses," *Asiatische Studien* 32 (1978): 11。但是，女道士的"冠"可能来源于西王母所戴的称为"胜"的头饰。见袁珂校译：《山海经校译》，上海古籍出版社，1985，第 31 页；Suzanne Cahill, *Transcendence and Divine Passion*, pp. 15 - 17。"女官"之名在早期道教团体中就已经和"男官"的名称一起出现，分别指男女道教祭司（officiants）。"女冠"之名在唐代出现，可能是以女道士头上的冠饰为名，而且"女官"的"官"和冠饰的"冠"发音相同。薛爱华认为这是因为，在唐代皇宫中任职的女性被称为"女冠"或"女官"，因此"女冠"被用以称呼女道士。见 Schafer, "The Capeline Cantos," 9 - 11。但是在早期道教中，担任职务的女道士已经被称为女官，而女道士的冠饰如上所述，可能源自西王母，因此薛爱华的这一推论未必成立。

② 《女冠子》这一词牌收于唐玄宗在八世纪创立的唐教坊的曲调中。关于现存唐五代诗人为此曲调所作歌词的详细研究，见 Schafer, "The Capeline Cantos," 5 - 65。

③ 此为齐澣（？~750）在 741 年所递呈的奏折。见王溥（922~982）：《唐会要》卷五〇，中华书局，1955，第 865 页。

④ 唐高宗：《停敕僧道犯罪同俗法推勘敕》，《全唐文》卷一四，第 1 页 b ~ 2 页 a。

⑤ 李林甫等：《唐六典》卷三，第 74 页。

三部编纂于九至十世纪的诗集中，编纂者都选入唐代女诗人的作品，并冠以诸如"夫人"、"女郎"、"倡妓"和"女道士"之类的身份名称。三部诗集不约而同地称所入选的女道士诗人为"女道士"。[①]

图 1-1　大洞女冠　　　图 1-2　凡常女冠

资料来源：金明七真：《洞玄灵主三洞奉道科戒营始》，《道藏》第 1125 号。

在很大程度上，政府的均田制使得女道观在经济上获得独立。如前所述，唐律规定分田 30 亩给道士，20 亩给女道士，这一区别可能是出于男女体能不同和需求有别的考虑，而非性别歧视。显然，与世俗女性除了寡妇以外分不到任何土地的情况相比，[②] 女道士是被作为一个特殊的性别化社会群体来对待的。这一政策施行的结果，是许多女道观在 780

---

① 见傅璇琮、陈尚君、徐俊编：《唐人选唐诗新编》（增订本），中华书局，2014，第 883～912、868～870、879、1192～1203 页；Jinhua Jia, "*Yaochi ji*," pp. 211 - 14；Jia, "The Identity of Tang Daoist Priestesses," in Jinhua Jia, Xiaofei Kang, and Ping Yao, eds., *Gendering Chinese Religion: Subject, Identity, and Body* (Albany: State University of New York Press, 2014), pp. 121 - 22；及本书第六章的讨论。

② 李林甫等：《唐六典》卷三，第 74 页。

年"两税法"实行之前，已经通过政府的分田和赐予、私人捐献和管理等方式获取大量的土地。① 的确，一些女道观甚至非常壮观，如女道士鱼玄机居住的咸宜观，是咸宜公主在762年入道时捐献，由一组富丽堂皇的建筑群构成。长安城官员家庭中的女性成员入道后，通常入住这一女道观。② 由于鱼玄机在成为女道士之前是官员李亿的妾，所以她得以进入这个贵族女道观，甚至在道观的建筑群中拥有属于自己的房间和庭院。③

　　由于有独立经济的支持，居住在道观中的女道士形成她们自己的社群，享有她们自己的自治空间。她们有效地管理道观，在许多方面取得了成就。此外，女道士并不拘束于道院之内，而且活跃于此前主要为男性所主导的公共空间。她们公开宣讲道教教义，表演宗教仪式，帮助本地民众，甚至成为皇帝的宗教导师。④ 她们被允许在全国各地游历，与不同社会阶层的男性人士交往。因此，道观是她们和公众之间保持联系的通道，并使她们与男性之间保持有力的互动关系。

　　在唐代，女道士和男道士在受学经箓和获得法位的程序方面基本上是平等的，并能获得相同的地位和权力，许多女道士达到三洞或大洞的最高法位。由于所有法位都要求学习和接受晦涩的经文，女道士所获得的各级法位说明她们具有相当高的教育和智力水平。大多数女道士承担领导者、修行者和理论家等宗教角色，另一些女道士则承担其他社会角

---

① 主要见韩国磐：《北朝隋唐的均田制度》，第128~247页；王永平：《道教与唐代社会》，第203~217页。

② 钱易（968~1026）：《南部新书》，中华书局，1958，第50页；徐松（1781~1848）：《唐两京城坊考》卷三，中华书局，1985，第60页。

③ 见皇甫枚：《三水小牍》，转引自李昉（925~996）等编：《太平广记》卷一三〇，中华书局，1961，第922~923页。

④ 关于这些宗教活动的讨论，见 Jinhua Jia, "Religious and other Experiences of Daoist Priestesses," pp. 321–57；及本书第三章。

色，诸如政治家、诗人和艺术家。因为她们独特的皇室背景，公主女道士得以影响当时的宗教和政治事务。而在唐代最著名的三位女诗人中，有两位是撰有优美爱情诗的女道士。女道士艺术家也创作出精湛的书法作品，其中有五幅作品已经被重新发现。这些宗教和社会角色为女道士提供了活跃地参与宗教生活和社会事务的机会。①

前述有关唐代性别模式的重新塑造，包括两性关系的灵活性、女性地位的提升、道教的性修行、神女崇拜、浪漫文化及性别化权力结构的变化等，在很大程度上使得女道士的公共活动及其与男性友人的关系合法化。除了参与公共宗教活动之外，她们还出入世俗社交场合，与不同阶层的男性人士聚会，包括道士、佛教僧人、诗人、官员和隐者等，并常常与他们诗歌唱和。② 事实上，女道士与男道士或士大夫之间的爱情故事甚至被公开赞颂。例如，初唐诗人骆宾王（627？～684？）撰有一首长诗，颂扬女道士王灵妃（活跃于656～683 年）和著名道士李荣之间的爱情。③ 晚唐诗人崔致远（857～928？）多年在中国南方任底层官职，后来唐僖宗（873～888 年在位）允许他返回故国新罗。临别之际，他撰写一首题为《留别女道士》的诗：

　　　每恨尘中厄宦涂，数年深喜识麻姑。

---

① 见本书第二章、第三章、第六章和第七章的讨论。
② 例如，在皎然（约720～约793）的诗篇《与王录事会张征君姊妹炼师院玩雪兼怀清会上人》（《全唐诗》卷八一七，第 9206 页）中，我们可以看到一位僧人（皎然）、一位官员（王录事）和两位女道士（姊妹炼师）一起在女道士的道院中举行社交活动，玩赏雪景和赋诗，并怀念另一位无缘与会的僧人。
③ 骆宾王：《代女道士王灵妃赠道士李荣》，《全唐诗》卷七七，第 838～839 页。关于此诗的详细分析，见贾晋华：《唐诗中有关女道士的恋情诗考辨》，《道家文化研究》第 24 辑，三联书店，2009，第 128～132 页。

临行与为真心说，海水何时得尽枯？①

"厄"指崔致远在中国南方长期担任低职。麻姑是一位著名的女神，此处代指所留别的女道士。在十多年郁郁寡欢的仕宦生涯中，和此位女道士的爱情给予了崔致远极大的安慰。他发誓，如同海水一般，他对她的爱永远不会枯竭。

应该指出，在唐代，作诗从来都不是一件私密的事情。诗歌常常公开创作于公共场合，如宫廷、地方官府及其他各种社交场合的集会，通常采用相同的诗题和韵部，并往往在各种类型的读者中广为流传。比如，白居易的诗篇曾被到处铭刻和抄写，包括旅馆酒肆、亭台楼阁的墙壁，甚至还被老妇幼孺所记诵。② 因此，诗歌中对女道士和男道士或士大夫之间关系的描述，显然并不被认为是不正常的、变态的，或是对道教戒律和唐代律法的违犯。实际上，在阅读了女道士李季兰包含许多爱情诗的作品后，唐德宗在 783 年召她入宫，之后她任职于宫廷女道观玉真观，这对于一位女道士来说是莫大的荣耀。③ 德宗显然并不认为她的诗歌或生活方式有任何不得当之处。

此外，唐代对性感神女的崇拜还扩展到女道士，女道士被看成是"女仙"或"半神"。她们成为文人诗歌和叙事中的流行人物，从实际的和想象的两方面被描绘。她们被类比为仙人及人神之间的媒介，她们的美丽容貌和服饰被性感地称赞，她们被描述为激情的爱人，常常在求爱中拥有主动

① 陈尚君辑校：《全唐诗补编》卷一九，中华书局，1992，第313页。

② 白居易：《与元九书》，朱金城笺校：《白居易集笺校》卷四五，上海古籍出版社，1988，第2789～2806页；《全唐文》卷六七五，第1页a～9页a。

③ 关于李季兰的详细讨论，见 Jinhua Jia, "Yaochi ji," pp. 216 – 233；及本书第六章。

权。[①] 与此同时，女道士反过来也将自己比拟为神女，赋予自己相似的特性。[②] 这一由男性士大夫和女道士自身所共同建构的"半神""女仙"形象，也加强女道士在性别化的权力结构和话语中的力量。

传统的儒家性别伦理建立起所谓的"三从"和"内外之别"这两大支柱，[③] 然而在唐代，道教的宫观制度和新的性别模式使得女道士能够比其他女性较为彻底地逾越这两大支柱，并反过来为重构新的性别关系做出贡献。我们已经看到，唐人普遍承认和颂扬女道士的性别化身份，并将她们看成一个独特的宗教和社会群体。在接下来的章节中，这一群体富有意义的生命之旅将逐渐地、完整地展现出来。

---

① 见 Schafer, "The Capeline Cantos," 5–65; Jinhua Jia, "Identity of Tang Daoist Priestesses," pp. 113–16.

② 见 Jinhua Jia, "Identity of Tang Daoist Priestesses," pp. 114–16; 及本书第六、七章关于此方面的详细讨论。

③ 关于这两大支柱的讨论，见 Dorothy Ko, *Teachers of the Inner Chambers*, p. 12。

第二章
唐代皇室入道女性的命运和权力

有唐一代，约有 28 位公主入道成为女道士，但没有资料显示任何一位公主度为比丘尼。除公主外，还有众多其他皇室女子及大量宫女入道。这一现象在中国其他任何朝代都不曾出现，一个简单化的解释是李唐皇室认老子为圣祖，并将道教视为家族宗教甚至国家宗教，然而实际情况却要远为复杂多样。在命运的轨辙之下隐藏着变化不居的政治形势、性别关系、宗教实践，以及个人的动机、欲求和抱负。事实上，一些公主女道士在宗教、政治和文化领域里获得相当大的权力和成就。

这些入道公主和皇室女子已经引起了现代学者的一些兴趣。贝恩（Charles D. Benn）在 1991 年出版的专著《洞玄传授：公元 711 年的道教授法仪式》，[①] 至今仍是有关金仙公主和玉真公主的最重要研究。郁贤皓研究了玉真公主与大诗人李白（701 ~ 762）之间的关系。[②] 李丰楙探讨了 16 位入道公主及众多入道宫女的情况，对她们的入道动机、所住道观

---

① Benn, *The Cavern-Mystery Transmission: A Taoist Ordination Rite of A. D. 711.*

② 郁贤皓：《李白两入长安及有关交游考辨》，《南京师范大学学报》1978 年第 4 期，第 62 ~ 71 页；郁贤皓：《李白与玉真公主过从新探》，《文学遗产》1994 年第 1 期，第 34 ~ 40 页。

及其与唐代诗人的关系展开讨论。^① 姚平研究了围绕建造金
仙观和玉真观引起的论争。^② 冢本善隆、气贺泽保规、陈金
华等人考察了金仙公主对房山石刻佛经的扶持和贡献。^③ 其
他一些论著也或多或少地论及唐代入道公主和宫女。但整体
来看，有关这一主题完整深入的研究尚付之阙如，许多近年
来新发现的资料也未获得充分利用。

在吸收既往研究的基础上，本章搜集包括十通新出土墓
志和数种敦煌写本在内的众多可资利用的资料，对入道公主
及其他皇室和宫廷女性展开全面深入的考察。首先整体描述
她们的入道情况，对各种入道原因和动机加以分析。然后聚
焦于金仙和玉真这两位最具影响力的公主女道士，全面细致
地研究她们的生平经历、宗教实践及政治活动和成就。

一　命中注定抑或自主选择：入道公主及其他
皇室和宫廷女性

1. 公主的入道

我们从考察有关 28 位皇家公主入道的一些基本问题入

①　李丰楙：《唐代公主入道与送宫人入道诗》，《幽与游：六朝隋唐游仙诗论
集》，台湾学生书局，1996，第 293～336 页。焦杰也考述了 17 位度为女道
士的公主及其入道原因，与李丰楙的研究大致相同。焦杰：《论唐代公主入
道原因与道观生活》，《世界宗教研究》2013 年第 2 期，第 72～81 页。

②　Ping Yao, "Contested Virtue: The Daoist Investiture of Princesses Jinxian
and Yuzhen and the Journey of Tang Imperial Daughters," *T'ang Studies* 22
(2007): 1–41.

③　冢本善隆：《房山云居寺の石刻大藏经》，《冢本善隆著作集》第五卷，
大东出版社，1974～1976，第 293～610 页；气贺泽保规：《金仙公主
和房山云居寺石经》，中国唐代学会编辑委员会编：《第三届中国唐代
文化学术研讨会论文集》，乐学书局，1997，第 292～310 页；Jinhua
Chen, "A Daoist Princess and a Buddhist Temple: A New Theory on the
Causes of the Canon-Delivering Mission Originally Proposed by Princess Jinx-
ian (689 – 732) in 730," *Bulletin of the School of Oriental and African
Studies* 69, No. 2 (2006): 267 – 92。

手：她们在生命中的哪个阶段受度？受度后居住在哪里？她们的婚姻状况如何？以及最重要的问题——她们入道受度的原因是什么？表 2 - 1 提供了入道公主的名单，其中给出的基本信息可以帮助回答这些问题。

从表 2 - 1 及其他相关资料中，我们可以观察到一些一般情况。其一，有关资料显示，公主们可能在生命历程中的任何阶段入道或受度：12 位公主在年少时入道，9 位在中年至老年时得度，还有 7 位入道时年龄不详。其二，除 6 位早夭公主外，公主们在受度后一般会离开宫殿或婚姻家庭，住进京城长安的女道观。① 在早期例子中，皇后或皇帝曾使用朝廷经费和民力为自己的女儿建造宏伟的道观，例如太平观、金仙观和玉真观。然而，后两座道观的建造曾遭到朝中官员的激烈反对。自此之后，皇帝未曾再为入道的女儿建造道观，公主们或住进现有的道观，或将自己的府邸改造成道观。② 这些舍宅改建的道观包括蔡国公主的九华观、永穆公主的永穆观③、唐昌公主的唐昌观、新昌公主的新昌观、咸宜公主的咸宜观等。捐献私人宅舍改建为宗教场所起源于佛教的实践，此类行为被认为是可以带来福报、累积善业的功德。这五位公主的舍宅为观行为，展现出她们在追求道教信仰方面的真挚和虔诚。

其三，从表 2 - 1 可知，9 位公主曾经婚配，8 位未婚，还有 11 位的婚姻状况不明。由于两部唐代正史都没有记录

---

① 少数公主如金仙和玉真在东都洛阳和都城外的地方设有居住的道观，见下文讨论。
② 华阳观于 778 年建立，为华阳公主死后追福，是唯一的例外。然而这个道观由郭英乂宅地改建，并没有耗费太多国家财储。见《唐会要》卷五〇，第 878 页。
③ 《唐会要》记载此道观名为"华封"，但依据京洛的研究，应为"永穆"。见京洛：《唐长安城太平公主宅第究竟有几处》，《中国历史地理论丛》1999 年第 1 期，第 181 ~ 183 页。

表2-1 唐代入道公主

公主	父/母	入道时间	入道原因	所在道观	是否婚配	资料来源
太平 (665?~713)	高宗(649~683年在位)和武后(690~704年在位)	约8岁	为已故祖母积累功德,及拒绝与吐蕃王子的婚姻	太平	是	《旧唐书》卷183,第4738~4740页;《新唐书》卷83,第3650~3652页
金仙 (689~732)	睿宗(684~690年及710~712年在位)	18岁	为已故祖父母积累功德	金仙	不详	《新唐书》卷83,第3656页
玉真 (691~762)	睿宗	16岁	为已故祖父母积累功德	玉真	是	《新唐书》卷83,第3656页
蔡国	睿宗	中年至老年	可能在第二任丈夫世后入道	九华	是	《唐会要》卷6,第64页;卷50,第877页;《新唐书》卷83,第3656页;《全唐诗》卷317,第3568页
永穆	玄宗(712~756年在位)	中年(748)	748年丈夫去世后入道	永穆	是	《唐会要》卷6,第69页;卷50,第877页;《新唐书》卷83,第3657页
唐昌	玄宗	27岁	737年丈夫去世后入道	唐昌	是	《新唐书》卷83,第3657页;唐昌墓志①
万安	玄宗	青年(714)	为已故祖父积累功德	万安	不详	《唐会要》卷6,第69页;卷83,第3658页

续表

公主	父/母	入道时间	入道原因	所住道观	是否婚配	资料来源
上仙	玄宗	青年	因疾病入道	宫中	否	《新唐书》卷83，第3658页；《唐文拾遗》卷289，第11a页；《唐文》卷37，第8b页
怀思②	玄宗	青年	因疾病入道	宫中	否	《新唐书》卷83，第3658页
新昌	玄宗	中年至老年	丈夫去世后入道	新昌	是	《唐会要》卷50，第877页；《新唐书》卷83，第3658页
楚国（道号上善）	玄宗	中年至老年（784）	可能在丈夫去世后入道		是	《新唐书》卷83，第3659页
咸宜（?～784）	玄宗	中年（762）	可能在丈夫去世后入道	咸宜	是	《新唐书》卷83，第3659页
玉虚（灵仙）	代宗（762～779年在位）	青年	可能因疾病入道		否	《新唐书》卷83，第3662页；《全唐文》卷46，第506页
真定	代宗	青年	可能因疾病入道	宫中	否	《新唐书》卷83，第3662页
华阳（琼华真人，?～774）	代宗	青年	因疾病入道	宫中	否	《唐会要》卷6，第65页；《唐会要》卷83，第3663页
玉清	代宗	青年	可能因疾病入道	宫中	否	《新唐书》卷83，第3662页

续表

公主	父/母	入道时间	入道原因	所住道观	是否婚配	资料来源
文安 (793~828)	顺宗	青年			否	《唐代墓志汇编》，第887页
浔阳	德宗 (779~804年在位)	中年 (829)			不详	《唐会要》卷6，第65页；《新唐书》卷83，第3666~3667页
平恩	德宗	中年 (829)			不详	《唐会要》卷6，第65页；《新唐书》卷83，第3666~3667页
邵阳	德宗	中年 (829)			不详	《唐会要》卷6，第65页；《新唐书》卷83，第3666页
永嘉	宪宗				不详	《新唐书》卷83，第3667页
永安	宪宗	青年 (821)	与回鹘保义可汗订婚，但可汗在婚前去世		否	《唐会要》卷6，第66页；《新唐书》卷83，第3668页
义昌	穆宗 (820~824年在位)				不详	《新唐书》卷83，第3670页
安康③	穆宗		可能在丈夫去世后入道		是	《新唐书》卷83，第3670页
永兴 (活跃于877年)	敬宗 (824~826年在位)				不详	《新唐书》卷83，第3670页

续表

公主	父母	入道时间	入道原因	所住道观	是否婚配	资料来源
天长（活跃于877年）	敬宗				不详	《新唐书》卷83，第3670页
宁国（？～880？）	敬宗				不详	《新唐书》卷83，第3670页
兴唐（活跃于877年）	文宗（826～840年）在位				不详	《新唐书》卷83，第3670～3071页

注：

①马默：《唐故唐昌公主墓志铭并序》，转引自张全民：《唐昌公主墓志铭考释》，《唐研究》第20卷，北京大学出版社，2014，第265～280页。

②怀思和玉虚、真定、玉清四位公主均早夭。她们的名字或称号皆含有道教意义，因此可能都是因疾病原因而入道受度。

③《新唐书》（卷八三，第3670页）记载，877年，因安康、永兴、天长、宁国、兴唐五位公主在外地礼，唐僖宗令其迁回宫中。《新唐书》仅记载安康公主是女道士，但由于未婚公主需居住宫内，已婚公主则需与家人同居，只有入道公主才能住在宫外，享受相对自由的生活方式，因此，其余四位公主应当也是女道士。

这 11 位公主的婚事，故元代学者马端临（1254~1323）推测她们全部未曾婚嫁。① 然而，由于唐代道教传统允许入道者在一些情况下维持婚姻状况不变，这些受度的公主在维持其女道士的身份时可能会选择非正式的婚姻关系，故不能简单地确定这些公主未曾结婚。② 例如，新、旧《唐书》的玉真公主传均称她未曾婚配，但根据最近出土的其儿媳裴尚简（730~805）的墓志所述，玉真公主在入道后确曾结婚，并最少诞育了两个儿子。③

其四，我们从表 2-1 中看到的公主入道动机也是多种多样的。学者普遍推测，入道公主数量众多的原因，在于李唐皇室将道教推崇为其家族宗教。这固然是一个重要原因，入道公主理当继续保持其皇室宗教系谱，为她们的祖先和皇帝带来福祉。例如，唐睿宗在下令准许西城公主（金仙原本的称号）和隆昌公主（玉真原本的称号）受度时称："玄元皇帝，朕之始祖。无为所庇，不亦远乎。"④ 永穆公主的例子同样提供很好的证据。740 年，永穆公主为父亲唐玄宗祈福，捐钱建造阿弥陀佛像和一口铜钟，⑤ 这显示出她对佛教

---

① 马端临：《文献通考》卷二五八，中华书局，1986，第 2045~2046 页。
② 刘若拙、孙夷中：《三洞修道仪》，《道藏》第 1237 号，第 166 页 b~169 页 b。此文本中记载，低等级的修道者如初入道者和正一道士，可以维持婚姻或留在家中。然而，根据不少墓志铭，一些高等级的修道者依然可以结婚或留在家中，如著名道士邓延康和宰相李德裕（787~850）及其妻刘致柔，都修至最高等级的大洞三景，却依然保持着婚姻状态。见郑畋：《唐故上都龙兴观三洞经箓赐紫法师邓先生墓志铭》，《全唐文》卷七六七，第 7981 页；李德裕：《唐茅山燕洞宫大洞炼师彭城刘氏墓志铭并序》，周绍良主编：《唐代墓志汇编》，上海古籍出版社，1992，第 2303~2304 页；李德裕：《三圣记碑》，陈垣编纂：《道家金石略》，文物出版社，1988，第 175 页。
③ 张同：《唐故九华观书□师藏形记》，《唐代墓志汇编续集》，第 795 页。
④ 王钦若（962~1025）等编：《册府元龟》卷五四，凤凰出版社，2009，第 557 页。
⑤ 李邕（678~747）：《五台山清凉寺碑》，《全唐文》卷二六四，第 6 页 a~8 页 a。

的虔诚信仰。但过了八年，在丈夫逝世后，她却入道迁居道观，成为观主。看上去永穆公主既信仰佛教也信仰道教，事实上很多唐代女性都是如此；但当她决定执行出家誓言时，作为公主她似乎只能选择成为道士。

除了推崇皇室宗教系谱这个基本原因外，其他各种政治因素和个人动机也在公主的入道问题上发挥着作用。例如，太平、金仙、玉真、万安四位公主，都是在父皇命令下（太平公主是从母后之命）入道的，目的在于为已故的祖先追福。追福也是一种从佛教借鉴而来的实践。① 在唐代，没有任何一位皇子由于为已故的祖先追福而入道，这一事实反映出统治者的性别态度：公主远没有皇子重要，因此可以为祖先而"牺牲"，但皇子却不行。

尽管奉命入道似乎违逆公主的意愿，但事实上这基本上是一时权宜，公主们在此后还是可以选择是否最终接受女道士的生涯。例如，在672年，八岁的太平公主在武后的命令下入道，以此为武后的亡母积累福德，但她仍旧住在宫中，没有实际践行任何道教活动。至681年，吐蕃王子求娶太平公主，武后只好建起太平观，令太平公主担任观主，以拒绝这桩婚事。但此后不久，当太平公主欲结婚时，其父皇便将她下嫁给薛绍，太平从此永久地脱离道教。② 在706年，唐睿宗令18岁的金仙和16岁的玉真入道，以此为她们已故

① 中古中国的僧侣普遍以虔诚的行为如出家受戒而为祖先追福，从地狱中解脱逝者的灵魂并使其进入福地。道教借鉴了这一概念和实践。
② 刘昫（888~947）：《旧唐书》卷一八三，中华书局，1975，第4738~4740页；欧阳修（1007~1072）：《新唐书》卷八三，中华书局，1975，第3650~3652页；司马光（1019~1086）：《资治通鉴》卷二〇二，中华书局，1971，第6402页。见Barrett, *Taoism under the T'ang*, p.35。薛绍死后，太平再嫁武悠暨。贝恩认为，依据宋敏求的《长安志》，太平观在公主初入道时就修建；由于《长安志》基于韦述（？~757）的《两京新记》，其记载更可信，因此《资治通鉴》（转下页注）

的祖父母追福，但她们在宫中又居住了五年，直到 711 年才搬入自己的道观（见下节）。万安公主的经历也与她们相似。

唯一命中注定接受道教生涯的公主可能只有永安公主。根据历史记载，她在 820 年与回鹘保义可汗（808~821 年在位）订婚。然而，保义在次年三月亡故，此时婚礼尚未举行。继位的崇德可汗（821~824 年在位）坚持要执行婚约，要求永安公主与自己成婚。然而，唐穆宗并没有接受这一请求，而是令自己的另一个妹妹太和公主嫁给这位新任可汗。① 永安公主则进入道观并退还聘礼。《新唐书》记退还聘礼事在大和年间（827~835），② 但公主在保义已死多年后才退还聘礼不合常理。因此，永安受度和退还聘礼的时间应该是 821 年，可能的情况是永安自己请求入道，以避免嫁给崇德可汗，因此唐穆宗只得另选一位公主与崇德联姻。倘若事实确实如此，那么永安公主入道是一种无奈的选择。

根据表 2-1，有六位公主可能因疾病原因而入道，希望

（接上页注③）的记载有误。见 Benn, *Cavern-Mystery Transmission*, pp. 85–86。然而《资治通鉴》与《新唐书》记载一致，而《长安志》仅提到太平观是在公主入道受度之后修建，并未指明是第一次还是第二次入道，而太平公主初入道时年仅八岁，武后不太可能在那时修建道观让她居住。

① 《旧唐书》卷一九五，第 5211 页；《新唐书》卷八三，第 3668 页，卷二一七下，第 6129 页；《唐会要》卷六，第 77~78 页，卷九八，第 1748~1749 页；《资治通鉴》卷二四一，第 7789~7791 页。见 Denis Sinor, "The Uighur Empire of Mongolia," in *Studies in Medieval Inner Asia* (Brookfield, Vermont: Ashgate, 1997), p. 17; Michael R. Drompp, *Tang China and the Collapse of the Uighur Empire: A Documentary History* (Leiden, Boston: Brill, 2005), p. 32; Colin Mackerras, *The Uighur Empire According to the T'ang Dynastic Histories: A Study in Sino-Uighur Relations 744–840* (Columbia, South Carolina: University of South Carolina Press, 1973), pp. 44–47; Mackerras, "Uygur-Tang Relations," *Central Asian Survey* 19, No. 2 (2000): 223–34. 以上著作承贝罗（David Bello）和狄宇宙（Nicola Di Cosmo）推荐，谨此致谢。

② 《新唐书》卷八三，第 3668 页。

以此为她们带来好运。另外七位公主是在丈夫去世后选择走上道教之路。七人之中，蔡国公主结过三次婚，① 咸宜公主结过两次婚，② 因此她们二人最终入道的行为，更可能是根源于对道教的信仰，而非出于对已故丈夫的忠诚。虽然永穆、安康、楚国三位公主只结过一次婚，但由于三人传记太过简短，我们无从得知她们的入道到底是否含有忠于亡夫的动机。不过，有关唐昌和新昌公主的情况，我们幸运地拥有两通新出土的墓志，其中较为细致地讲述了她们的生活经历。

唐昌公主的墓志于 2008 年出土于西安，这通墓志加上其他相关历史记载，向我们展现她的生活和情感。唐昌年少时学习儒家经典，16 岁（728）与薛锈（？～737）成婚。薛锈是郢国公主的儿子、唐昌的表兄弟。③ 薛锈后来卷入反对太子李瑛的宫廷阴谋之中，遭到构陷，导致他于开元二十五年（737）四月死亡。④ 次年，26 岁的唐昌公主请求入道，迁居唐昌观。墓志明确地指出，唐昌公主此举的目的在于维持对丈夫的忠诚及虔诚地追求仙道。

---

① 《唐会要》和《新唐书》（误记其名为"薛国"）记载了蔡国公主与王守一和裴巽的两次婚姻。根据蔡国女儿裴尚简（玉真儿媳）的墓志，蔡国还曾三嫁尚简的父亲裴镇。见张同：《唐故九华观书□师藏形记》，《唐代墓志汇编续集》，第 795 页；佚名：《唐故银青光禄大夫国子祭酒上柱国魏郡开国公驸马都尉裴公墓志铭并序》，转引自刘连香：《唐中宗睿宗驸马裴巽墓志考略》，《洛阳师范学院学报》2004 年第 3 期，第 9～12 页。

② 咸宜一嫁杨洄，再嫁崔嵩。见《唐会要》卷六，第 64 页；《新唐书》卷八三，第 3659 页。

③ 《封唐昌公主等制》误记唐昌嫁与张垍，实际上是其妹宁亲嫁与张垍。见宋敏求：《唐大诏令集》，商务印书馆，1959，第 194 页。

④ 《旧唐书》卷一〇七，第 3259～3260 页；《新唐书》卷八二，第 3607～3608 页；《资治通鉴》卷二一四，第 6828～6829 页。张全民曾对此做过研究，见其《唐昌公主墓志铭考释》，《唐研究》第 20 卷，第 265～280 页。

新昌公主的婆母贺睿（682～737）的墓志也在近年出土。根据此通墓志的记载，新昌公主是践行儒家道德的楷模，与贺睿之子萧衡成婚后一直守礼如仪。贺睿生病时，公主衣不解带地侍奉床前。[①] 丈夫去世后，新昌公主立即度为女道士，迁入道观居住。显然，她的入道动机是维持对已故丈夫的忠诚和对道教的精神追求。因此，唐昌和新昌公主的生平经历均表现出儒家家庭伦理和道教信仰的自然融合。

在表2-1所列信息及正史公主的传记之外，另有一些关于公主的入道原因、条件和影响的记载。其一，在拥有女道士身份后，公主可能会获得较大程度上的独立和自由。受度之后，公主可以搬出皇宫或家庭而住进道观，成为道观观主，从而独立自主地做出各种决定。她们还被允许参与社会、宗教、政治和文化活动。实际上，她们中的一些人，诸如金仙和玉真，在这些领域中十分成功。然而，也有一些公主女道士过度放任不拘，如877年唐僖宗下令安康等五位公主迁回宫中。[②]

其二，公主们可以继续享受富足奢华的生活，因为其父皇会继续赠予她们相等或者稍多一些的津贴。开元时期（713～741），玄宗规定成年公主不论是否婚配均授食邑千户，而诸如金仙和玉真这样的长公主则获得一万四千户的食邑。[③] 从829年开始，唐文宗每年赐予入道公主额外物品，价值相当于七百匹布。[④]

---

① 张鼎：《大唐故梁国夫人贺氏墓志铭并序》，胡戟、荣新江主编：《大唐西市博物馆藏墓志》，北京大学出版社，2012，第487～489页。

② 《新唐书》卷八三，第3670页。

③ 《新唐书》卷八三，第3658页；徐峤：《大唐故金仙长公主志石铭并序》，《唐代墓志汇编》，第552～553页。长公主指称当时皇帝的姐妹。

④ 《新唐书》卷八三，第3666、3668页。姚平认为公主入道可以为她们带来巨大财富，见其"Contested Virtues," 11。这个说法恐怕是夸大的。入道公主领受与其他公主相同的津贴，仅在特殊时期有某些额外补贴。相反，不修道的公主往往嫁给高官子弟或名门望族，（转下页注）

其三，与受戒的佛教比丘尼需要剃光头发、穿上素朴的袈裟不同，女道士蓄发如前，穿着设计精美的法衣，保持着女性的魅力。[①] 这应该也是公主乐于接受入道的一个条件。

其四，每当言及公主的道教经历时，她们的传记和墓志往往会说她们信道求仙，明晓道教义理，由此体现出公主们基本上是受到超越死亡的终极目标的驱动，希望由入道而达至长生不死。然而，在一些超乎寻常的例子中，如金仙和玉真公主等，入道公主还取得了实际的宗教成就，详见下文的讨论。

其五，两京中的公主道观是面向公众开放的，这对当时的人们（尤其是文人）造成两方面的有利影响。第一，凭借皇室父母的赞助和自己的财富，公主的道观一般拥有宏伟的建筑群，其中装饰着珍贵的绘画和壁画，配备有美丽的花园。这些道观由此成为观光和诗歌创作的胜地。蔡国公主观因其蜿蜒的池塘而著称，是春季被禊仪式的最佳地点之一。[②] 咸宜观拥有很多知名艺术家创作的罕见绘画作品。[③] 唐昌公主一丝不苟地设计建造自己的道观，此观后来以艳丽罕见的玉蕊花著称。[④] 第二，这些道观还向官员和文人提供房间，供他们或长期或短期地租用。例如，文士陈可封在796年居

（接上页注④）她们可以通过婚姻而极大地扩充资产，实际上比入道的公主更富有。

① 见本书第一章图1–1、1–2。

② 例如，武元衡（？～813）：《题故蔡国公主九华观上池院》，《全唐诗》卷三一七，第3558页；权德舆：《上巳日贡院考杂文不遂，赴九华观观被禊之会，以二绝句申赠》，《全唐诗》卷三二九，第3678页。

③ 《唐会要》卷五〇，第875页；徐松：《唐两京城坊考》卷三，第60页。

④ 例如，严休复：《唐昌观玉蕊花折，有仙人游，怅然成二绝》，《全唐诗》卷四六三，第5267～5268页；王建：《唐昌观玉蕊花》，《全唐诗》卷三〇一，第3437页。

住华阳观,① 著名诗人白居易和元稹（779～831）在 804～805 年也下榻于同一道观。② 这一情况为女道士与士大夫之间的交往提供了机缘，一些女道士甚至与她们的男性邻居相爱。③

2. 其他皇室和宫廷女性的入道

除了 28 位受道公主外，其他皇室妃嫔和大量宫女的入道受度也是唐代的显著现象。由于这两类女子都不需强制遵从皇室宗教系谱，她们的入道原因与公主们相当不同。

公主之外的皇室女性一般因为各种个人原因而选择走上道教之路。其中一些女子似乎沉迷于道教的长生成仙信仰。唐玄宗的第五孙女（名字不详，734～754）的墓志称她幼时就希求成仙。她念诵道经、服食丹药、修习坐忘，尽管如此，却依旧在 21 岁时早夭。她的死亡有可能是因为丹药中毒。④ 其他有一些女子可能继承其皇室母亲的信仰。例如，蔡国公主的女儿、玉真公主的儿媳裴尚简，在其丈夫张偒约于 762 年去世后，发展出对道教的兴趣。她最终在 783 年受度，继任为亡母的九华观观主。⑤

还有一些皇室女子的入道由残酷的宫廷斗争的余波所导致，李元真（776～?）就是其中一例。李元真是越王李贞的后代。在 712 年，李元真的曾祖父李珍被判刑，流放于偏远的南方。李珍和他的儿子、孙子老死于那里。至 839 年，李

---

① 欧阳詹:《玩月诗》,《全唐诗》卷三四九, 第 3899 页。

② 朱金城:《白居易年谱》, 文史哲出版社, 1991, 第 32～36 页。关于这些影响的详细研究, 见李丰楙:《唐代公主入道与送宫人入道诗》,《幽与游：六朝隋唐游仙诗论集》, 第 308～324 页。

③ 见 Jinhua Jia, "Yaochi ji," pp. 239 – 40; Jinhua Jia, "Unsold Peony: Life and Poetry of the Daoist Priestess-Poet Yu Xuanji in Tang China (618 – 907)," Tulsa Studies in Women's Literature 35, No. 1 (2016): 33; 及本书第六、七章。

④ 张渐:《皇第五孙女墓志铭并序》,《唐代墓志汇编》, 第 21～22 页。

⑤ 张冏:《唐故九华观书□师藏形记》,《唐代墓志汇编续集》, 第 795 页。

元真护送四副棺材返回长安，向唐文宗上表，请求将她的祖先埋葬在皇室墓园。葬事之后，皇帝准许这位 63 岁且无依无靠的女子度为咸宜观的女道士。①

众多宫女的入道则是另一番故事。唐代皇帝的后宫总是配有数以千计美丽动人的女子，皇帝一次次地放出年老宫人，以便用年少佳丽取代她们。此外，根据《放宫女诏》或《出宫人诏》，出于消除淫雨或洪灾的过盛之阴等原因，皇帝也会放宫女出宫。② 这些被遣放的宫女经常被送入道观。这一现象成为唐代诗歌的流行主题，如《全唐诗》收有八首题为"送宫人入道"的诗篇，由八位不同的诗人创作于不同的时期。③ 这些诗篇通常描述宫女入宫时年轻貌美，出宫时则衰老忧愁。诗中还描写宫女洗去浓厚的脂粉，穿上道服，练习仪式，追求新的长生梦想。④

在罕见的例子中，一些宫女主动要求成为女道士，皇帝于是恩准她们的请求。例如，萧炼师是一位宫廷舞者，因技艺超群受到唐德宗的宠爱。后来她听闻神仙故事，并相信长生可期，故而请求成为女道士，德宗则恩准她住进嵩山的洞

---

① 《唐会要》卷五，第 60 页；《旧唐书》卷一九三，第 5151 页。李元真奏章存于《全唐文》卷九四五，第 5 页 a ~ b。见 Schafer，"The Capeline Cantos，" 8。

② 例如，《全唐文》卷一，第 2 页 b；卷三，第 14 页 a ~ b；卷一二，第 1 页 a ~ 2 页 a；卷四二，第 19 页 a ~ b。

③ 《全唐诗》一九五，第 2010 页；卷四九一，第 5554 页；卷二七三，第 3094 页；卷三〇〇，第 3412 页；卷三一〇，第 3503 页；卷三八四，第 4305 页；卷五四〇，第 6196 页；卷五五四，第 6424 页；卷四九二，第 5573 页。前两首诗相似，仅有微小变化，其中应有一首的归属是错误的。

④ 关于这些诗篇的详细论述，见李丰楙：《唐代公主入道与送宫人入道诗》，《幽与游：六朝隋唐游仙诗论集》，第 324 ~ 333 页。本书未计入杨玉环的入道，即著名的杨贵妃，因为她的入道仅是一种手段，以摆脱与寿王的婚姻，与寿王的父亲玄宗再婚（《旧唐书》卷五一，第 2178 页；《新唐书》卷七六，第 3493 页）。

清观。① 另一个例子是卢眉娘（792~?），她是一位技艺绝伦的刺绣家，14 岁（805）时被作为偏远南方的贡品奉献给朝廷。尽管唐宪宗对她的技艺很赞赏，但他觉察到眉娘不愿居住在宫廷，遂在若干年后恩诏眉娘受度为女道士，赐名逍遥，并允许她返回南方。② 绝大多数被放出的宫女住进两京的道观，尤其是那些与入道公主有关的道观。例如，卢纶（?~799?）在游览洛阳玉真公主安国观时创作的诗篇中写道："君看白发诵经者，半是宫中歌舞人。"③ 诗人以感伤的口吻，描述这些居住已故公主道观中的年老宫女的单调孤寂生活，并与她们以前在宫中歌舞升平的奢华生活进行强烈的对比。此外，如同萧炼师和卢眉娘的例子，一些入道宫女有时也被送往其他地方的道观。

最近出土的一通简短墓志，难得地向我们揭示出这些入道宫女去世后的待遇：

> 女道士贺幽净，年一百八岁。咸通五年六月五日（864 年 7 月 12 日），准敕造藏身室，上二层砖坛。于万年县崇道乡西赵村，与故女道士杭法新墓相近埋殡。看墓人郑文善；镌字人［阙姓名］；监葬副使内养周从初；监葬使十六宅副使赐绯鱼袋韦［阙名］。④

---

① 许浑：《赠萧炼师并序》，《全唐诗》卷五三七，第 6128~6129 页。
② 《太平广记》卷六六，第 413 页。宋代的《南岳总胜集》记载卢眉娘被送往衡山，在那里获得长生。见陈田夫：《南岳总胜集》，《大正新修大藏经》第 2097 号，第 1986 页 b。
③ 卢纶：《题安国观》，《全唐诗》卷七八三，第 8843 页；卷二七九，第 3169 页。这首诗在《全唐诗》中曾出现两次：在卷二七九署名卢纶，题为《过玉真公主影殿》，无注；在卷七八三题为《题安国观》，有注，但署名为卢尚书。
④ 墓志的作者名和题目遗失，见《唐代墓志汇编续集》，第 1049~1050 页。

从墓志中可以看到，女道士贺幽静（657～864）卒于108岁高龄。她被埋葬在京城郊外另一位女道士杭法新的墓葬旁边。葬事由两位宫中宦官监督，坟墓拥有一座两层砖坛，且有一位守墓人。因此，可以推测这两位女道士应是退休的宫女，她们在年老时被送去道观。当她们去世时，宫中官员有责任将她们埋葬在符合其身份的坟墓里，墓葬的体制可能以她们生前在宫中的品位等级为依据。此外，唐代法律规定，宫女去世时，奚官局应当"给其衣服，各视其品命，仍于随近寺观为之修福。虽无品，亦如之"。① 根据这一规定，可以推测，在两位女道士的葬礼上，应皆举办了一场与她们的品位相符的修福仪式。

根据相关记载，一些入道的皇室和宫中女性拥有出众的艺术才华。例如，裴尚简阅读广泛，尤其擅长古筝，通晓所有的曲调。② 廉氏曾是一位后宫学士，擅长隶书。③ 卢眉娘在刺绣细小精密的图案方面技艺绝伦。④ 萧炼师则曾是最出色的宫廷舞者。⑤

二　权力和成就：金仙公主和玉真公主

除了正史、道教文献、唐代文人著作中有关金仙和玉真公主的记载外，我们此前只拥有一篇保存状况甚差的金仙神

---

① 李林甫等：《唐六典》卷一二，第359页。
② 张囘：《唐故九华观书□师藏形记》，《唐代墓志汇编续集》，第795页。
③ 李远：《观廉女真葬》，《全唐诗》卷五一九，第5930～5931页。
④ 《太平广记》卷六六，第413页。《全唐诗》"女仙"卷收录了两首署名卢眉娘的诗（卷八六三，第9756页），可能是后来的编造。见 Edward H. Schafer, "Three Divine Women of South China," pp. 31–42. 薛爱华在其 "Capeline Cantos"（8）中也简要述及卢眉娘。
⑤ 许浑：《赠萧炼师并序》，《全唐诗》卷五三七，第6128～6129页。

道碑以及其他几篇相关碑铭。① 然而，近年来的发现提供了
一些重要的新资料：一通保存完好的金仙墓志，这篇墓志由
玉真公主手书，书法技艺卓越；玉真儿媳裴尚简的墓志；以
及其他几篇含有与玉真相关信息的碑铭。因此，我们现在拥
有更好的条件，可以对此两位公主展开新的全面研究。

金仙和玉真分别是唐睿宗的第八女和第九女。② 在父亲
还是皇子时，金仙公主被授予的名号是西城县主。在 710
年，睿宗第二次登上帝位时，金仙获升为西城公主。在 711
年，当她入道教后，其名号改为金仙公主。"金仙"一名与
她的女道士身份相符，她的道号是无上道。在 712 年，当其
兄玄宗登上帝位后，金仙进一步晋升为长公主。③ 与之类似，
其妹玉真公主最初被封为隆昌县主，④ 接着相继被升为隆昌
公主、玉真公主和长公主。她的道号是无上真，字元元。在
744 年，玉真请求撤去自己的公主名号和采地，其兄长玄宗
允可，并赐道名持盈。⑤ 她还被唐人称为九仙公主。⑥

---

① 徐峤：《大唐故金仙长公主神道碑铭并序》，王昶（1725 ~ 1807）编：
《金石萃编》卷二，《石刻史料新编》本，第 1337 页 b ~ 1340 页 a；
《道家金石略》，第 118 ~ 120 页；《全唐文》卷二六七，第 9 页 b ~ 11
页 a。此碑《全唐文》所录最差。王昶和其他碑文编纂者记作者为徐
峤之，但依据新出土的徐峤及其妻的墓志，赵振华和王瑞芳已证实作
者为徐峤。见赵振华：《唐徐峤墓志与徐峤妻王琳墓志初探》，《唐史
论丛》2007 年第 9 期，第 239 ~ 252 页；王瑞芳：《唐徐峤佚篇辑考》，
《图书与情报》2010 年第 4 期，第 152 ~ 154 页。

② 《新唐书》记载金仙和玉真是睿宗的第九和第十位女儿，然而依据代
国公主、凉国公主和金仙公主的墓志及其他文献，金仙应该是第八位，
玉真是第九位。见陶敏：《刘禹锡诗中的九仙公主考》，《唐文学与文
献论集》，中华书局，2010，第 264 ~ 273 页。

③ 见金仙的墓志和神道碑。"西城"在一些文献中被误记为"西宁"。

④ 由于抄写错误，隆昌也被误记为昌隆，或写为兴昌、崇昌或其他名字，
以避玄宗的名讳李隆基之"隆"字。

⑤ 见赵明诚（1081 ~ 1129）著，金文明校证：《金石录校证》卷二七，广
西师范大学出版社，2005，第 469 页；《新唐书》卷八三，第 3657 页。

⑥ 陶敏：《刘禹锡诗中的九仙公主考》，《唐文学与文献论集》，第 264 ~
273 页。

1. 两位公主的受法仪式

两位公主的人生经历与其他入道公主大不相同，在风云诡谲的政治环境下，她们的入道一共经历过三个不同的受法仪式。这一复杂性和特殊性紧密地将她们的命运与时代的社会政治变迁联系起来。

18 岁的金仙和 16 岁的玉真在 706 年首次受法。① 金仙的墓志称她初次受法的原因是怀有诚挚的奉道之心。这应该是实际的原因之一，因为五年之后她和妹妹正式进入道教生涯。然而，历史记载告诉我们，在她们与日俱增的道教信仰和入道受度的背后，隐藏着复杂的政治和家庭背景。两姐妹的早年经历深受父母所经历政治苦难的影响。在 684 年，她们的父亲睿宗在兄长中宗被武后废黜后登上帝位，成为傀儡皇帝。在 690 年，睿宗也被武后废黜，降为皇嗣，至 698 年再降为相王。

如果两位公主的父亲的际遇还不够悲惨，那么其母亲的故事则是彻头彻尾的悲剧。金仙、玉真和兄长李隆基（后来的玄宗）均为窦妃所生。其时宫婢韦团儿因相王拒绝她的诱惑而心坏怨恨。长寿二年正月二日（692 年 12 月 15 日），窦妃和刘妃遭韦团儿构陷，被武后下令杀害。②

705 年中宗复位后，他的兄弟睿宗再次面临巨大的危险，因为睿宗也是潜在的皇位候选人。睿宗充分感受到了这一危

---

① 金仙墓志中写她 18 岁入道，神道碑明确记载为 706 年。在一篇记载玉真去谯郡访道的碑文中，蔡玮记她 16 岁受度，但误记年份为 711 年。见蔡玮：《玉真公主受道灵坛祥应记》，《道家金石略》，第 139～140 页。如果玉真在 711 年 16 岁，她应出生于 695 年；但这显然是不可能的，因为其母窦德妃卒于 692 年（见下）。另外，玉真在 711 年受法时已经升到洞玄的较高境界，故这应是她第二次而非第一次受法。她的第一次受度应在 706 年，与金仙同年。

② 《旧唐书》卷五一，第 2176 页；《资治通鉴》卷二〇五，第 6488 页。《新唐书》（卷四，第 93 页）记载此事于长寿二年（693）十二月。684 年睿宗登基，窦氏晋升为德妃，但 692 年睿宗已被降为皇子，因此窦氏的身份也应被降为妃。

机，毅然决然地拒绝中宗授予的宰相和皇太弟的任命。尽管如此，他还是在707年的七月和八月连遭两次诬陷，说他分别与侄子李重俊和姐姐太平公主密谋叛乱。① 尽管两次事件在朝中高官的帮助下幸运地获得解决，但他显然非常容易遭受此类攻击的伤害。

就是在这种新的危险局势下，睿宗命两个女儿在706年入道。后来，睿宗在710年的诏令中命二女受度，宣称这次受度意在为她们已故的祖父母（高宗、武后）追福。而在712年发布的另一则诏令中，睿宗更具体地称其目的在于为武后积累功德。② 然而，由于武后卒于神龙元年（705）十一月，入葬于神龙二年（706）五月，因此在两位公主于706年最初入道时，为武后追福的目的应该已经宣明。

由此而进一步分析，此次受法仪式可能具有宣示多种政治和宗教目的的作用。首先，由于两姐妹的母亲死于武后的命令，所以她们为武后追福的行为明确地宣告，这个家庭对于武后和武氏家族的成员并不心怀仇恨，而当时的严峻情况是武后去世后，武氏家族势力依旧很强大。其次，神龙二年正月，中宗准许其姐太平公主和六个女儿建立属于自己的府，这与侄女金仙和玉真的道教受法之间形成尖锐对比，睿宗可借此表示其家庭对政治并不关心。再次，神龙二年二月，中宗恢复李唐皇室的圣祖老子"玄元皇帝"的称号，命令每州建立一所道观，③ 两姐妹的入道迎合了皇帝的新宗教政策。最后，睿宗撰有《道德经》注解，并以"宽厚恭谨，安恬好让"的个性而著称，④ 这些都符合道教的品德要求。

---

① 刘肃：《大唐新语》卷五，中华书局，2004，第76页；《资治通鉴》卷二〇八，第6583~6614页。
② 《册府元龟》卷五三，第557页；《资治通鉴》卷二一〇，第6659页。
③ 《册府元龟》卷五三，第557页；《资治通鉴》卷二〇八，第6583页。
④ 《资治通鉴》卷二〇八，第6614页。

因此，其女儿可能在父亲的影响下发展出相同的宗教爱好，尤其是她们的初次受法必然会包括《道德经》的传授（详见下文）。此外，她们的兄长李隆基，也就是后来的唐玄宗，同样以对道教的信仰和支持而著称。玄宗也曾为《道德经》作注，[①] 而且正是在他的统治期内道教获得了国教的身份。玄宗自身的道教信仰也可能是早年在家庭的影响下发展起来的。无论如何，通过公主们的入道，睿宗一家共同展示出他们对于道教的宗教热情，这在当时是有效地躲避政治旋涡的一个办法。

然而，两位公主在入道后依旧居住宫中，并未真的迁入道观。这一事实证明，她们的行为主要是出于政治方面的权宜，而不是宗教方面的决断。尽管两位公主的初次受法没有得到很好的记录，但根据唐代道教受度制度和她们第二次受法获得洞玄法位的情况来看，二人初次受法应该至少经历受道和法位的三个等级：入道盟誓仪式、传授《道德经》及相关经书、传授《三皇文》系列经书。[②]

至711年两位公主举行第二次受法仪式时，整个政治局势已彻底转变。她们的父亲此时登上皇位，而她们的亲兄长则被立为太子。两位公主的恐惧和不幸已成过往，她们成为快乐的、得宠的公主，但此时她们仍然做出离开皇宫进入道观的选择。因此，这一最终选择可以在很大程度上理解为对道教虔诚信仰的表达，尽管并不排除以女道士的身份在宗教和社会政治领域获得独立、自由的考虑。[③]

与最初的入道仪式不同，第二次受法的仪式过程在道士

---

① 唐玄宗：《开元圣文神武皇帝注道德经敕》，《道家金石略》，第118页；《册府元龟》卷五三，第557页。

② 见 Benn, *Cavern-Mystery Transmission*, p. 9。

③ 一些学者认为两位公主的选择透露出她们逃离宫廷政治的持续斗争和阴谋诡计的渴望。例如，Benn, *Cavern-Mystery Transmission*, p. 9。但这只能解释她们的第一次入道受法，无法解释第二次和第三次。

张万福于 713 年编纂的《传授三洞经戒法箓略说》中得到详
细的记录。① 通过参照《洞玄灵主三洞奉道科戒营始》等其他
道教文献，贝恩对这部文献进行了精细的翻译和研究。他将
这次受法类比为世俗戏剧，将仪式分解为剧中主角、舞台、
戏剧演出、终场等部分。主角是两位公主；她们的度师史崇
玄（？~713），拥有三洞大法师的称号，并担任皇家太清观的
观主；参与临坛证法的有太清观道士张万福，他见证和记录
这次仪式；还有其他一些法师。② 舞台是一座三层法坛，建于
大内归真观中，坛上装饰着奢华的物品，张万福对这些物品
进行了详细的描绘。戏剧演出是洞玄经书传授仪式的举行过
程，然而遗憾的是，此处张万福只是粗略地描述几个程序：
景云二年正月十八日（711 年 2 月 10 日），两位公主在归真观
中拜访史崇玄，接受洞玄经书的传授；二十七日（711 年 2 月
19 日）傍晚，法师们举行仪式，此日进行传授，仪式结束。终
场指接近传法结束时的礼仪，此时法师们授予受法弟子名号。
尽管张万福没有列述授予两位公主的名号，但根据她们所收受
的洞玄经书，她们所被颁赐的名号应该相当于无上洞玄法师。

最后，金仙和玉真的第三次受法发生在先天元年十月二
十八日（712 年 12 月 1 日）。根据张万福的简短描述，又一
座法坛被搭建起来，上面装饰着更加奢华的物品，在仪式过
程中上清经系经书被传授给两位公主。尽管张万福仍然未提
及此次受法中所颁赐的名号，但我们从金仙墓志和其他资料
所记载的玉真名号可以得知，她们达到大洞三景这一最高的
法位等级。③

---

① 《道藏》第 1241 号。
② 除了道号，史崇玄还被授予四个朝廷官衔。关于史崇玄的详细讨论，见
Benn, *Cavern-Mystery Transmission*, pp. 16 – 19。关于张万福及其作品的
讨论，见 Benn, *Cavern-Mystery Transmission*, pp. 19 – 20。
③ 例如，蔡玮：《玉真公主受道灵坛祥应记》，《道家金石略》，第 139 ~
140 页；《新唐书》卷八三，第 3657 页。

2. 朝臣对修建金仙观和玉真观的反对声音

张万福对公主们两次传法消耗巨大的财富深表惊叹，但如果将其与修建宏伟的公主道观而从国库中捐赠出的巨额费用相比，传法的花费简直微不足道。这种巨大的花费导致政治和佛教两方面势力一致强烈反对此两所道观的建造。①

政界的批评开始于 710 年，持续两年之久。这些批评涉及七位朝臣所写的八篇奏章。最初的批评发生于景云元年（710）十二月，在睿宗发布诏令恩准两位公主入道并宣布为她们建造两座道观后，② 宁惕原（664～728）立即上疏反对这一工程计划。③ 宁惕原列举出三个理由：第一，宏伟的建筑与道教和佛教的精神相违背；第二，使用国库的巨额费用和大量民力去建造道观，会引起百姓的怨愤；第三，现有的宫观寺庙已足以容纳道士和僧人。皇帝对宁惕原的劝告表示赞赏，但并没有实际接受。

随后，在景云二年（711）三月，睿宗正式下令建造这两所道观。④ 两座道观被安排在辅兴坊的东南角和西南角，

---

① 薛爱华简论过此事，见其 "The Capeline Cantos," 7。

② 《册府元龟》卷五三，第 557 页；《资治通鉴》卷二一〇，第 6659 页。《唐会要》（卷五〇，第 871 页）记载了两个不同日期的诏令：西城（误写为"西宁"，亦即金仙）在第十七天，隆昌（误写为"昌隆"，亦即玉真）在第七天。因为其他所有资料所记日期都一致，而《唐会要》向来被诟病有众多编纂和抄写之误，所以应只有一次诏令。

③ 《唐会要》卷五〇，第 871 页；《资治通鉴》卷二一〇，第 6659 页；《全唐文》卷二七八，第 6 页 b～8 页 a。宁当时为谏议大夫。在《资治通鉴》和《全唐文》中，宁惕原被写为宁原惕。《资治通鉴》中记载的奏章是两份奏章的删节合并，第一份陈述在特殊情况下控制公主们及其丈夫的权力，第二份关于建筑规划（《全唐文》五份奏章中的第三份）。

④ 《唐会要》卷五〇，第 872～873 页；《册府元龟》卷五三，第 557 页；《旧唐书》卷七，第 1517 页；《新唐书》卷五，第 118 页；《资治通鉴》卷二一〇，第 6665 页。这些记载的日期各不相同。本章此处依照《新唐书》的日期，因为宋代学者吕夏卿（1015～1068）查阅过《睿宗实录》，所记日期与《新唐书》一致，见其《唐书直笔》（转下页注）

紧邻皇宫。金仙观是一组全新建筑，必然导致原居民的搬迁；而玉真观则是对一所官署的重建，且有可能是拓建。这所官署曾是金仙和玉真的外祖父窦诞的居所。① 另外三位官员魏知古、李乂、崔莅上表反对建观。② 李乂的表章亡佚不见，魏知古和崔莅提出两个主要论点：第一，在夏季的最后一个月开始建设工程，违背天时，因此会引起灾难；第二，建观会迫使很多原居民搬迁，大量征用民夫徭役有损农时。但睿宗再一次无视这些批评。

接着，仿佛是对这些官员预言的回应，当年夏季到秋季，先是洪涝，接着又是干旱。十月，魏知古和辛替否再次呈上奏疏，反对两座公主观以及另外两所建筑长安荷恩寺及洛阳荷泽寺的建造。③ 魏知古直言不讳地提及成功应验的自然灾害，和明年春季可能出现的饥荒。辛替否则以睿宗之兄中宗的例子作为教训，因为这位前任皇帝曾顺从韦后的意愿建造了大量寺庙，并因宠溺安乐公主而为她建起豪奢的宅邸园林，这些行为的后果，是中宗造成百姓的怨愤，自取灭亡。睿宗赞美他们的直言进谏，为二人晋升官职，但还是拒绝改变计划。

次年（712）春季又是一场严重的干旱。三月，裴漼对

（接上页注④）（《四库全书》本）卷三，第 12 页 b。

① 《唐会要》卷五〇，第 871 页；宋敏求：《长安志》（《四库全书》本）卷一〇，第 1 页 b～2 页 a。

② 《唐会要》卷五〇，第 872～873 页；《册府元龟》卷五四五，第 6237 页；《旧唐书》卷一〇一，第 3158～3162 页；《新唐书》卷一二六，第 4413～4414 页；《资治通鉴》卷二一〇，第 6665 页；《全唐文》卷二三七，第 12 页 b～13 页 b；卷二七八，第 2 页 b～4 页 a。当时，魏知古任右散骑常侍，李乂任黄门侍郎，崔莅任吏部员外郎。

③ 《唐会要》卷五〇，第 873～874 页；《册府元龟》卷五四五，第 6237～6238 页，卷五五三，第 6326 页；《旧唐书》卷一〇一，第 3158～3161 页；《新唐书》卷一一八，第 4279～4281 页；《资治通鉴》卷二一〇，第 6668～6669 页；《全唐文》卷二三七，第 13 页 b～14 页 a，卷二七二，第 9 页 b～13 页 a。辛替否时任右补阙。

两京所有道观和佛寺的建造提出警告。① 最后，在当年四月，
睿宗发出诏令，不情愿地叫停了两所道观的建造工程，并将
道观和尚未使用的经费及建筑材料交付给管理公主采邑的衙
署。② 但内部装饰仍在推进，为建造工程购买木材的活动依
旧继续，此时的借口是公主们自己承担了这些花销。这时
候，韦凑呈上一份奏疏，批评这些持续不断的资助，但朝廷
的回应只是裁减部分经费。③

　　概括而言，这八份奏疏表明，朝中官员主要关心的是皇
帝对大量国库财富和民夫徭役的滥用，后者可能会对农业造
成损害。几封奏疏不但批评建造两座公主观，还批评两京中
正在进行的其他佛寺建造项目，这一事实证明上述原因是他
们的真实考虑。④

　　在宗教界这一边，佛教阵营通过卑鄙的阴谋表示反对。
出于对睿宗更热衷于支持道教的嫉妒，佛教僧人精心地构造
出一出计谋来陷害史崇玄。史崇玄是两位公主的戒度师，并
管理建观工程。僧人贿赂一位有精神疾病的人，让他暗中潜
入宫中，宣称自己是皇帝。当此人被抓住后，他报告说是史
崇玄派他来的。但这个阴谋很容易就败露，皇帝于是下令禁

① 《唐会要》卷五〇，第 873 页；《册府元龟》卷五五二，第 6316～6317
　　页；《旧唐书》卷一〇〇，第 3128～3129 页；《新唐书》卷一三〇，
　　第 4488 页；李昉：《文苑英华》卷六二一，中华书局，1966，第 3218
　　页 a；《全唐文》卷二七九，第 15 页 b～16 页 b。裴漼时任中书舍人。
② 《唐会要》卷五〇，第 874 页；宋敏求：《唐大诏令集》（《四库全书》
　　本）卷一〇八，第 5 页 b～6 页 a；《全唐文》卷一八，第 16 页 a～b。
③ 《唐会要》卷五〇，第 874～875 页；《册府元龟》卷五四五，第 6238～
　　6239 页；《旧唐书》卷一〇一，第 3145～3146 页；《新唐书》卷一一
　　八，第 4266 页；《全唐文》卷二〇〇，第 6 页 b～8 页 b。韦凑时任太
　　府少卿。
④ 姚平认为，反对建观表明官员们决心遏制王室女性在政治上的影响，
　　而女性权势是武则天和中宗时期的特征；见其 "Contested Virtue," 2 -
　　3. 本书根据对这八份奏章的细致解读而得出的结论，与姚平的看法
　　不同。

止佛道之间的争论。^① 因此，宗教界阵营也没有成功实现其反对的愿望。

睿宗明白朝中官员的劝诫是正确的，他甚至用奖赏和升官来回报他们，但他仍旧坚持建造这两所道观。有两个因素可以解释这一矛盾，首先是睿宗由衷地信仰道教，相信建造道观和佛寺可以积累功德。其次是他对金仙和玉真特别宠爱，这或许是因为公主们幼小时母亲就因睿宗的原因而悲惨地死去，还有可能是因为他们拥有相同的宗教信仰。

朝廷官员对睿宗使用大量国家财富去建造两座道观的批评当然是正确的。然而，从道教传统的角度而言，两位公主的风光入道则是一个象征性的重要事件，甚至是唐代道教发展的一个重要转折点。除去太平公主的权宜入道外，金仙和玉真是最早成为女道士的皇室公主。自此之后，跟随她们的步伐，接连有至少25位公主受度。这些入道公主转而又影响着其他皇室宫廷和普通女性，使她们走出家庭的限制，以女道士作为志业。而金仙、玉真、其父睿宗、其兄玄宗、其姊蔡国以及八位入道的外甥女，共同展示出皇室家庭强烈的道教信仰，并继而影响玄宗在位时期的宗教政策。通过这些政策，玄宗最终将道教提升到国教的地位。

3. 金仙与房山佛教石经

金仙的神道碑和墓志没有提供多少有关她的宗教活动的信息。然而幸运的是，另一篇现存的碑铭记录下她对现北京市房山区不朽的佛教石经工程所做出的重大贡献。房山石经是世界上最有价值的文化珍宝之一，保存着中国数量最多的佛教石刻经书，共有超过14000块石碑。房山石刻开始于隋末僧人静琬（？~639；一作智苑）的个人刻经活动，由于获

---

① 《新唐书》卷八三，第3656~3657页；卷三六，第954页。见 Benn, *Cavern-Mystery Transmission*, pp. 18-19。

得金仙公主的重要支持，刻勒工程得以在唐代甚至后代顺利地继续进行。

由王守泰撰文和手书的一篇碑文记录了金仙的这一贡献，全文如下：

> 大唐开元十八年，金仙长公主为奏圣上，赐大唐新旧译经四千余卷，充幽府范阳县为石经本。又奏范阳县东南五十里上垈村赵襄子淀中麦田庄并果园一所，及环山林麓，东接房南岭，南逼他山，西止白带山口，北限大山分水界，并永充供给山门所用。又委禅师玄法，岁岁通转一切经。上延宝历，永福慈王；下引怀生，同攀觉树。粤开元廿八年庚辰岁朱明八日（740年5月8日），前莫州吏部常选王守泰记山顶石浮图后。①

根据碑铭所述，金仙在730年向玄宗上奏，请求三件事：一是交付4000多卷佛经给云居寺；二是赐予这所寺院大量财产，包括麦田、果园和广阔的山林；三是委托玄法禅师（可能是云居寺住持）每年转读一切经，为国家、皇帝和百姓祈福。② 玄宗恩准全部三个请求。十年之后，740年，经书被智升（活跃于八世纪上半叶）和秀璋（活跃于710～740年）两位僧人从京城送往云居寺。

金仙发起的三个事件对此大型石刻工程具有决定性的影

---

① 中国佛教协会编：《房山云居寺石经》，文物出版社，1978，第15页；北京图书馆金石组、中国佛教图书文物馆石经组编：《房山石经题记汇编》，书目文献出版社，1987，第11～12页。碑文末尾署名有送经者智升、秀璋和云居寺僧人玄法（726～755）。

② 依据《大唐云居寺石经堂碑》（《房山石经题记汇编》，第9页），玄法在726年是云居寺上座，因此730年他可能为住持，尤其考虑到他被委任为总监、校对及诵经者。陈金华已指出此点，见其"A Daoist Princess and a Buddhist Temple," p. 269。

响。首先，负责经书交付的智升是《开元释教录》的编纂者，这部目录可能就是开元年间所编纂的《开元藏》的佛藏总目。由于《开元释教录》恰好在730年完成并上呈玄宗，因此学者普遍相信送往云居寺的佛教经籍就是《开元藏》的主体内容。① 这部编纂、整理精良的佛藏是石经刊刻工程所能获得的最佳底本。② 其次，朝廷赐赠的大量财产为此工程建立起强大的经济基础，因为采石和刻石需要消耗大量的经费和人力。最后，对玄法的委托和任命赋予他和云居寺在这项工程上的权威性。因此，金仙的慷慨支持在很大程度上促进这一宏伟工程，从经书、经济、制度等方面保证工程的成功推进。至唐末，4000多方佛经石碑已被刊刻出来。③

一位女道士为何会有兴趣支持一项佛经工程？在现代学者的讨论中，冢本善隆有关唐代佛、道实践普遍相互渗透的解释，似乎较为合理。④ 唐人普遍认为这两种宗教所提供的灵性之路是可以兼容的。尽管金仙的父亲睿宗和兄长玄宗都

---

① Jinhua Chen, "A Daoist Princess and a Buddhist Temple," p. 270.

② 因碑文在740年写就，是在金仙请愿的十年后，学者给出了不同的解释。有些认为佛典是在730年被递送，碑文是其后的记载；如冢本善隆：《房山云居寺の石刻大藏经》，第293～610页。其他学者则推测佛典直到740年才被送出，是因为《开元藏》在这十年间还在编纂和抄写，如Jinhua Chen, "A Daoist Princess and a Buddhist Temple," p. 270 – 71。

③ 唐代之后，辽代、金代皆延续了这一工程，直到十三世纪。有关房山石经历史的全面考察，见冢本善隆：《房山云居寺の石刻大藏经》，第293～610页；《房山云居寺石经》；Lothar Ledderose, "Carving Sutras into Stone Before the Catastrophe," *Proceedings of the British Academy*, Vol. 125（Oxford: Oxford University Press, 2004），pp. 381 – 454。

④ 冢本善隆：《房山云居寺の石刻大藏经》，第293～610页。此外，气贺泽保规推测金仙可能已经通过好友徐峤的关系联通了云居寺，而徐峤则与隋朝较早支持此工程的萧瑀（574～647）及萧皇后（？～630）有所联系。见气贺泽保规：《金仙公主和房山云居寺石经》，《第三届中国唐代文化学术研讨会论文集》，第292～310页。陈金华提出金仙之所以对这一工程感兴趣，是由于她与华严宗祖师法藏的关系，而法藏很可能在697于云居寺设法场帮助击退契丹人。见Chen, "A Daoist Princess and a Buddhist Temple," pp. 272 – 290。此两种说法皆较为勉强。

陶醉于道教，但他们同时也以各种方式支持佛教。如同上文所述，金仙的外甥女永穆公主是一位女道士，但她也捐钱建造佛像。金仙的妹妹女道士玉真，同样以若干方式帮助佛教僧侣（见下文）。另一个类似的例子是华阳公主，她对道教的信仰极为虔诚，但当密教大师不空（705～774）在772年建造文殊阁时，华阳捐赠了大量财富帮助完成这一工程。①因此，金仙为刊刻佛教石经提供帮助，实际上并不是什么异乎寻常的事情。

除了这一普遍性趋向外，我进一步讨论两种可能的情况，即玄法可能亲往京城劝说金仙支持石经项目，以及金仙自己可能亲访云居寺而为此工程所感动。显然，金仙奏疏中所详细列述的四至明确的麦田、果园、山林等，不可能出自金仙自己的设计，而只能是玄法通过某种方式而提供。当孙承泽（1592～1676）在十七世纪造访云居寺旁的涿鹿山（又称石经山）时，他看到几座塔矗立在山顶，其中有两座被辨认出是金仙所造："（山）顶有五石台，台之上皆有白石小浮图。其南二者乃唐金仙公主所建，刻字如新。余无题识，不可考。"②这样的旅程对于金仙而言并非不可能，其妹玉真曾走访遍及全国的许多道教和佛教圣地（见下文）。不论是在京城受到玄法的劝说，还是实际走访云居寺，金仙都被石刻工程的宏伟抱负和奉献努力深深感动，因此决定为之提供援助。金仙的援助展示她在宗教方面的洞察力和激情，成就了她为这一伟大的世界文化宝藏所做出的恒久贡献。

4. 玉真——宗教、文学、政治的赞助者及书法成就

在为佛教石经工程提供援助的两年之后，金仙羽化于洛

① 赵迁：《大唐故大德赠司空大辨正广智不空三藏行状》，《大正新修大藏经》第2056号，第292页a～294页c。
② 孙承泽：《春明梦余录》（《四库全书》本）卷六八，第49页a。

阳开元观，享寿 44 岁。她的妹妹玉真较为幸运，活到 72 岁高龄，因此有较多与玉真的活动相关的记录流传下来。玉真在管理公众和宗教事务方面具有天赋，在书法等艺术方面也才能出众。与金仙一样，由于是玄宗的同父同母亲妹，且与他具有共同的道教信仰，玉真在宗教、文化甚至政治活动方面得到玄宗的全力支持，并由此而在多个领域中取得重要成就。

根据最近出土的玉真次子张偶的妻子裴尚简的墓志，我们获悉玉真公主与张某成婚，并生下至少两个儿子。① 《明皇杂录》记述，733 年，玄宗想让玉真与张果成婚，但张果却予以拒绝。② 新、旧《唐书》张果传均复述这个故事。③ 然而，这可能只是道听途说，未必可靠，其理由有二。其一，玉真已经结婚，根据大约写于此时的李白诗歌所述，玉真的丈夫还健在（详见下文）。其二，733 年玉真 43 岁，而根据张果的传记所述，张果自称数百岁高龄，虽然事实上他看上去更像六七十岁的样子，这样的年龄差距也使二人间的婚姻安排不太可能。

除了父亲为她建造的玉真观外，这位公主至少还住持其他两所道观：洛阳安国观和王屋山灵都观。安国观本来是太平公主的府邸，710 年改建为正平观。722 年，玉真公主居于此观，遂改为女道观。④ 玉真在观中建造一所精思院，其中装饰有老子塑像和著名道士的绘像。庭院中有一汪池塘，池中造有三座假山，象征传说中的蓬莱、方丈、瀛洲三仙

---

① 张冏：《唐故九华观书□师藏形记》，《唐代墓志汇编续集》，第 795 页。
② 郑处晦：《明皇杂录》，丁汝明编：《开元天宝遗事十种》，上海古籍出版社，1985，第 26～27 页。
③ 《旧唐书》卷一九一，第 5106～5107 页；《新唐书》卷二〇四，第 5810～5811 页。
④ 《唐会要》卷五〇，第 876 页；徐松：《唐两京城坊考》卷五，第 149 页。《长安志》误记道观的位置为长安（卷一〇，第 16 页 a）。见杨鸿年：《隋唐两京坊里谱》，上海古籍出版社，1999，第 68～69 页。

山。① 后来在 742 年，玉真在王屋山原奉仙观的基址上建造灵都观。② 玉真在长安以东的骊山上还有一处山中别业，③ 并可能在宗圣观（更为所知的名称是楼观）中建有一座道院，或者在此观附近拥有一处别业。④ 这些居所成为同时代和后代诗人造访及创作诗歌的著名胜地。

在开元天宝年间（713 ~ 756），玉真扮演宗教使者的角色，为其皇帝兄长在全国各地执行任务。例如，大约在 727 年，玄宗派玉真和光禄卿韦绦到王屋山司马承祯的阳台观举办金箓斋。⑤ 天宝二年（743）三月，玄宗派玉真去朝拜传统上被确认为老子出生地的谯郡真源宫及其他几座圣山。玉真公主于当年四月抵达真源宫，在那里举办金箓斋，其中包括投龙的仪式。⑥ 离开真源宫后，她去嵩山拜访司马承祯的女道士弟子焦真静，⑦ 接着赴五老山（位于今山西永济），在那里又举办了投龙仪式。⑧

最后，玉真来到王屋山，与胡道士相会。从四月二十五

---

① 康骈：《剧谈录》（《四库全书》本）卷二，第 16 页 a ~ b。
② 蔡玮：《玉真公主受道灵坛祥应记》，《道家金石略》，第 139 ~ 140 页。
③ 陈铁民校注：《王维集校注》卷三，中华书局，1997，第 241 页。
④ 戴璇、刘同升：《大唐圣祖玄元皇帝灵应颂》，于 742 年刻于《大唐宗圣观记碑》的背面。此碑现存于陕西省周至县楼观台，其录文收入朱象山编：《古楼观紫云衍庆集》，《道藏》第 19 号，第 552 ~ 553、565 ~ 566 页。
⑤ 《旧唐书》卷一九二，第 5128 页；《新唐书》卷一九六，第 5606 页。见 Benn, *The Cavern-Mystery Transmission*, p. 15。
⑥ 此仪式象征以龙为信使向仙人传递令状，一般包括将金龙和简文投入水中的表演。主要见刘昭瑞：《考古发现与早期道教研究》，文物出版社，2007，第 235 ~ 261 页。
⑦ 焦真静也写为焦静真。见李渤：《真系》，《全唐文》卷七一二，第 28 页 a ~ b；Paul W. Kroll, "Notes on Three Taoist Figures of the T'ang Dynasty," *Society for the Study of Chinese Religions Bulletin* 9 (1981): 23 – 30; 以及本书第三章的讨论。
⑧ 韩休：《唐玉真公主仙居台碑》。此碑和碑文已遗失，但《集古录目》记此碑，并为陈思所引，见其《宝刻丛编》（《四库全书》本）卷八，第 16 页 b ~ 17 页 a。

日（743 年 5 月 23 日）至五月三日（743 年 5 月 30 日），胡道
士主持一场传法仪式，其间向玉真公主传授数种上清经书，
并授予她"玉真万华真人"的称号。由于当地在春季和夏季
遭受大旱的摧残，玉真公主在仙人台举办一场祈雨仪式。据
称其后就下雨了，当地百姓感激地称之为"公主雨"。①

除了执行皇帝委派的宗教任务外，玉真还自发地进行一
些活动。她促进道教经书的编校工作，介绍很多外地道士和
僧人住进京城的道观和佛寺，有时还引荐他们担任朝中官
职。例如在 736 年，玉真派遣使者请道士刘若水前往嵩山兴
唐观，校勘道教经书法箓。② 在 732 年，玉真推荐原本是僧
人的帅夜光将所著《三玄异义》上呈玄宗，帅夜光遂被任命
为校书郎和国子监四门博士。③ 天宝（742 ~ 756）后期，玉
真造访原州崆峒山（位于今甘肃平凉），她在那里遇到常一
禅师。玉真对常一的佛教学识很欣赏，将他推荐给兄长，玄
宗于是征召常一入京。后来在安史之乱中，常一为肃宗对抗
叛军的战争提供了帮助。④

玉真与京城的文人圈子和诗歌活动也有密切关联，并产
生了重要影响。⑤ 玉真经常在自己的居所款待玄宗，也常常

---

① 关于玉真在 743 年的道教活动，见蔡玮：《玉真公主受道灵坛祥应记》，
《道家金石略》，第 139 ~ 140 页。也可见 Benn, *The Cavern-Mystery Transmission*, p. 15。
② 德（失姓）：《大唐王屋山仙人［阙七字］玉真公主［阙数字］碑铭并序》，《道家金石略》，第 144 ~ 145 页。
③ 《新唐书》卷二〇四，第 5811 页；卷五九，第 1518 页。
④ 姚骥：《大唐荷恩寺故大德敕谥号法津禅师墓志铭并序》，赵力光编：《西安碑林博物馆新藏墓志汇编》，线装书局，2007，第 524 ~ 528 页；锐灿：《大唐荷恩寺故大德法津禅师铭并序》，赵力光编：《西安碑林博物馆新藏墓志汇编》，第 616 ~ 618 页。
⑤ 一些学者甚至认为，在玄宗朝，玉真公主是一个"文学沙龙"的赞助者。例如，丁放、袁行霈：《玉真公主考论——以其与盛唐诗坛的关系为归结》，《北京大学学报》2004 年第 2 期，第 41 ~ 52 页。但是从现有文献判断，此类"沙龙"存在的证据不足。

陪伴皇帝一同拜访他们的兄长宁王。如同在唐代聚会中经常发生的情况，在这些出访聚会的场合中，诗歌被创作出来以赞美愉悦的场景。例如，根据玄宗的一首诗①、张说（667～730）的两首诗②、王维（701～761）的一首诗，③玉真曾两次陪伴玄宗造访宁王的山池，每次玄宗都创作一首诗，题写于石壁之上，接着张说（可能和其他朝臣、诗人一起）作诗应和。玄宗还曾亲自临幸玉真的山中别业，在那里创作了一首二十行的长诗。尽管张说和王维有可能是在事后才创作出他们的应制诗，但同样可能的是，他们和其他朝臣、诗人在这些游览中陪伴圣驾，与皇帝、公主和宁王一起参与诗歌唱和活动，如同记述详尽的太宗和中宗的游览赋诗盛况。④

　　然而，玉真对唐代文学最重要的影响是与李白之间的友谊和举荐李白的活动。李白是中国历史上最伟大的诗人之一，也是一名道教信徒，曾数次接受道箓。在 730 年，李白第一次来到长安，渴望开启自己的政治生涯。正是在此段时间内，李白成为玉真的朋友，被安顿在其别业里。李白在那里创作了两首诗，题为《玉真公主别馆苦雨赠卫尉张卿二首》（张卿是玉真的丈夫），⑤诗中表达自己对谋求政治成就的渴望。⑥李白还写下另一首诗献给玉真，名为《玉真仙人

---

① 唐玄宗：《同玉真公主过大哥山池》，《全唐诗》卷三，第 30 页。

② 张说：《奉和圣制同玉真公主游大哥山池题石壁》，《全唐诗》卷八九，第 982 页；张说：《奉和圣制同玉真公主过大哥山池题石壁应制》，《全唐诗》卷八七，第 943 页。

③ 王维：《奉和圣制幸玉真公主山庄因题石壁十韵之作应制》，《全唐诗》卷一二七，第 1286～1287 页。

④ 关于此类出游的详细论述，见贾晋华：《唐代集会总集与诗人群研究》，北京大学出版社，2015，第 11～72 页。

⑤ 《全唐诗》卷一六八，第 1733～1734 页。

⑥ 郁贤皓：《李白两入长安及有关交游考辨》，《南京师范大学学报》1978 年第 4 期，第 62～71 页；郁贤皓：《李白与玉真公主过从新探》，《文学遗产》1994 年第 1 期，第 34～40 页。

词》，① 诗中想象玉真在华山和嵩山的修道情景。最后在 742
年，玉真成功地向兄长推荐李白，玄宗下诏召李白入京，担
任翰林学士一职。②

我们从诗人李颀（735 年进士）的一首诗中得知，玉真
很可能还向皇帝推荐了另外一位同时代诗人康洽。③ 李颀在
诗中称，康洽在某位长公主的推荐下，赴京向皇帝献上乐府诗。
这位长公主很可能就是玉真，因为在诸位长公主中，只有她和
金仙作为女道士，有机会出京旅行；而且康洽来自西北地区的
酒泉（位于今甘肃境内），玉真公主确曾造访过那里。④

其他不少同时代或较迟的唐代诗人曾作诗赞美或纪念玉真，
包括高适（700？~765）、储光羲（706？~762？）、卢纶（？~
799？）、司空曙（约 766 年进士）、张籍（766？~830？）、李群玉
（？~862？）、王建（766？~？）、刘禹锡（772~852）等。⑤ 没有
任何一位唐代公主能得到文人们如此热情的讴歌和纪念，甚
至在唐代之后还有很多文人继续创作诗歌来向她表示崇敬。

---

① 《全唐诗》卷一六七，第 1727 页。

② 郁贤皓：《吴筠荐李白说辨疑》，《南京师范大学学报》1981 年第 1 期，
   第 40~46 页。

③ 李颀：《送康洽入京进乐府歌》，《全唐诗》卷一三三，第 1351 页。

④ 李端：《赠康洽》，《全唐诗》卷二八四，第 3238~3239 页；戴叔伦：
   《赠康老人洽》，《全唐诗》卷二七四，第 3112 页。唐代另有一个传
   闻，诗人王维由某位公主推荐而成为京兆地区的进士考试解头。见薛
   用弱：《集异记》，《太平广记》卷一七九，第 1331~1332 页。其后在
   元代的《唐才子传》中，这位公主变成"九公主"，意指玉真。见辛
   文房：《唐才子传》（《四库全书》本）卷二，第 2 页 a~b。但此改写
   并无更早的证据。

⑤ 高适：《玉真公主歌》，《全唐诗》卷二一四，第 2242~2243 页；储光
   羲：《玉真公主山居》，《全唐诗》卷一三九，第 1418 页；卢纶：《过
   玉真公主影殿》，《全唐诗》卷二七九，第 3169 页；司空曙：《题玉真
   公主山池院》，《全唐诗》卷二九二，第 3309 页；张籍：《玉真观》，
   《全唐诗》卷三八六，第 4361 页；李群玉：《玉真观》，《全唐诗》卷
   五六九，第 6596 页；王建：《九仙公主旧庄》，《全唐诗》卷三○○，
   第 3403 页；刘禹锡：《经东都安国观九仙公主旧院作》，《全唐诗》卷
   三五七，第 4016 页。

与其姑太平公主和堂姐安乐公主不同，玉真并没有表现出任何政治野心。不过，她确实涉足政治领域，多次运用其强势的关系将皇室或贤臣的后代从各种困境中解救出来。例如，泽王李上金被武则天所杀，许王李璀诬蔑其子李义珣冒名顶替。李义珣因此被流放到偏远的南方，而他的王位和封地则被李璀的兄弟李璆所窃取。在 724 年，玉真向玄宗上书，证明李义珣确实是李上金之子，于是玄宗剥夺李璆的王位和封地，将之归还给李义珣。① 接着在 727 年，当宰相宇文融（？~730?）试图诬陷信安王李祎时，玉真和宦官高力士（690~762）上告玄宗，玄宗于是贬黜宇文融，保护信安王。② 魏瞻是太宗朝贤臣魏徵（580~643）的后代，因罪被判死刑，玉真顾念其祖业绩，帮他免除死刑惩罚。③ 从这些事件中，可以看到玉真是一位正直公平的皇室女性，并且具有政治洞察力。

然而，玄宗退位后，玉真的权力和运势也跟着回落，在安禄山叛乱时她甚至受到侄子唐肃宗的猜疑。但她仍旧忠于兄长，陪伴他度过孤寂不安的最后岁月。唐代士大夫柳珵记述道，在 761 年宦官李辅国（704~762）强迫玄宗从兴庆宫搬到太极宫时，九仙媛被贬南方。④ 九仙媛应指玉真，因为她被唐人称为九仙公主。然而，两《唐书》和《资治通鉴》的记载不同，只称她被命令返回玉真观，这一记载可能更接

---

① 《旧唐书》卷八六，第 2825~2826 页；《新唐书》卷八一，第 3586~3587 页。见 Benn, *The Cavern-Mystery Transmission*, p. 14。

② 《新唐书》卷一三四，第 4559 页。见 Benn, *The Cavern-Mystery Transmission*, p. 14。

③ 《新唐书》卷一九二，第 5532 页。见 Benn, *The Cavern-Mystery Transmission*, p. 14。

④ 柳珵：《常侍言旨》，《太平广记》卷一八八，第 1408~1409 页。《太平广记》错误地将此记载归属《戎幕闲谈》，见李剑国：《唐五代志怪传奇叙录》，南开大学出版社，1993，第 600 页。

近史实。① 玉真公主孤独地卒于元年建辰月（宝应元年三月，即 762 年 3 月 30 日至 4 月 28 日），② 就在玄宗驾崩的一个月前。③ 王维之弟王缙（700~782）为玉真撰写墓志，但这篇墓志早已亡佚，仅有几段残文收录在《金石录》中。④

玉真的另一项成就是其出色的书法，金仙的墓志铭就是由玉真亲自书写（见图 2-1）。此墓志的志石和盖于 1974

图 2-1 金仙公主墓志，玉真公主手书

资料来源：承常春馈赠其个人拓片收藏。

---

① 《旧唐书》卷一八四，第 4760 页；《新唐书》卷二〇八，第 5880~5881 页；《资治通鉴》卷二二一，第 7093~7096 页。然而，此三个文本都在此事件中加上一个被流放南方的如仙媛，这显然是因为后来的作者不知道"九仙"是玉真公主的别称，因此误加了这样一个人物。

② 赵明诚著，金文明校证：《金石录校证》卷二七，第 469 页。

③ 玄宗死于元年建巳月（第四个月）第五天（762 年 5 月 3 日），见《资治通鉴》卷二二二，第 7123 页。

④ 赵明诚著，金文明校证：《金石录校证》卷二七，第 469 页。

年在陕西省蒲城县发现。^① 金仙和玉真分别在四岁和两岁时失去母亲，姐妹相依为伴地经历了无休止的宫廷争斗，并一同度为女道士，怀有共同的宗教信仰。作为姐姐，金仙可能在很多方面引导妹妹。玉真心怀悲痛地为姐姐书写墓志铭，^② 并要求唐代最杰出的刻工之一卫灵鹤检查、校对和刊刻这篇墓志。^③ 因此这方碑志在书法艺术上臻于完美，应当被认为是玉真和卫灵鹤合作的成果。铭文以楷书书写，整幅书法作品结构巧妙，文字均衡协调，每一点竖钩撇都完美书写。整体而言，这幅书法作品的特征是工整而典雅、遒劲而秀美。其风格被认为沿袭唐代最著名的书法家之一的欧阳询（557~641），^④ 尽管有一些新的变化。^⑤

此外，玉真还为《灵飞六甲经》的书法作品做出贡献，此作品被普遍认为是最杰出、影响最大的中国小楷书法。这部道经抄写于开元二十六年（738）。在中国曾出现几份不完整的复制品，现存可靠的四十三行残篇最初收于翁万戈的家族藏品中，现在则保存于纽约大都会艺术博物馆。作品的末尾题有玉真的名字，并说明玉真在玄宗的命令下，被委以检校此经抄写的重任。^⑥ 学者对这部作品的书写者有各种推测，

---

① 此碑和盖都保存于蒲城博物馆。见王仁波编：《隋唐五代墓志汇编·陕西卷》，天津古籍出版社，1991，第 162 页。

② 金仙神道碑的碑文则由两位公主的同胞兄长玄宗抄写，体现出玄宗对于胞妹的深切感情。

③ 碑文最后署有"梁州都督府户曹参军直集贤院卫灵鹤奉教检校镌勒并题篆额"。

④ 关于欧阳询书法的详细讨论，见 Stephen J. Goldberg, "Court Calligraphy of the Early T'ang Dyansty," *Artibus Asiae* 49（1988–89）：189–237。

⑤ 关于此碑书法艺术的详细讨论，见常春：《唐代公主书法艺术管窥》，《陕西师范大学学报》2013 年第 3 期，第 91~96 页。

⑥ 《灵飞经》署有"大洞三景弟子玉真长公主奉敕检校写"。见《灵飞经册》，《艺苑掇英》1987 年第 34 期（《翁万戈先生珍藏书画专辑》），第 43~46 页；上海书画出版社编：《灵飞经小楷墨迹》，上海书画出版社，2000。唐写本《灵飞经》的内容摘抄自古上清经（转下页注）

包括著名的书法家钟绍京（659~746）、玉真或不知名的国子学文士，① 但所有这些推测都缺乏证据。由于作品中点明玉真是检校者，而且此作品的书法风格与金仙墓志明显不同，因此我断定玉真不是这幅作品的书写者。但这份传世的罕见珍宝明确地告诉我们，玉真有可能受命参与很多类似工程，由此而促进道教经典的编纂、抄写和传播，并由此而创造出大量书法艺术品，只是这些作品绝大多数已经亡佚。

三　结语

在中国历史上，只有唐代出现如此众多的公主和其他皇室、宫廷女性受度为女道士的现象。唐代皇族以道教为家族宗教的现实，为公主和她们的父皇母后及其他皇室和宫廷女子建立起共同的政教关系基础，由此而进一步衍生出各种各样的入道目的和动机。入道公主被认为是为皇室宗教延续谱系，有助于提升唐王朝统治的神圣性，还能为其祖先和唐王朝带来福祉。入道受度可以被用来作为政治或宗教目的的权宜之计，以便躲避宫廷斗争，逃避外交联姻，或者为死去的皇族祖先追福。有些公主从对宫廷政变的恐惧和厌倦中，发展出对道教的诚挚信仰。年幼的公主在身患重病时受度，希望能够由此带来福佑。中老年皇室女子的入道，有些是因为忠贞于已故的丈夫，有些是由于虔诚地追求道教的长生，有

（接上页注⑥）《上清素奏丹符灵飞六甲》，以之为基础，结合《道藏》所见三种残篇以及其他道经的引文，能够较全面地了解《上清素奏丹符灵飞六甲》的结构与内容，并恢复其大体面貌。见许蔚：《唐人写本〈灵飞经〉与〈上清素奏丹符灵飞六甲〉的复原》，《新国学》第13卷，2016年，第154~176页。

① 见启功：《记灵飞经四十三行本》，《艺苑掇英》1987年第34期，第47~48页；丁放：《玉真公主、李白与盛唐道教关系考论》，《复旦学报》2016年第4期，第18~27页。

些则两种目的兼而有之。有些公主凭借女道士的身份获得自由、独立甚至纵欲。有些皇室女子因为政治斗争而无家可归，只得选择进入道观作为归宿。无数的宫女被迫入道，在道观中度过余生。所有这些复杂多样的原因和情况与不断变迁的社会、政治、宗教、经济潮流相交织，贯穿于有唐一代。

入道皇室女子反过来有力地影响性别关系和宗教政治权力结构的变化。她们为其他各类女性树立起可供追随的走上宗教道路的楷模。她们的道观中安置大量入道的贵族妇女，成为两京的文化地标。房山佛教石经已成为伟大的人类文化遗产之一，而金仙公主在此工程中扮演关键的角色。玉真公主肩负玄宗交托或自己生发的宗教使命，向皇帝推荐正直、有才华的文人和宗教人物，解救深陷政治困境中的人士。她现存的书法作品还为中国艺术宝库增添了瑰宝。金仙、玉真以及其他入道皇室女性以其自身强有力的方式参与宗教和社会的运作，帮助将道教提升为"国教"，促进宗教和文化繁荣，助成玄宗朝的政治稳定，成就中国历史上的盛唐时代和文化巅峰。

第三章
宗教领袖、实践及仪式活动[*]

  有唐一代，除皇室入道女子外，还有大量士族和平民家庭出身的女子受度成为道士，由此而建立起众多的女道观。根据开元时期（713～741）的一份官方统计，全国总数1687所道观中，有550所是女道观（32.6%），这意味着道籍中大约有1/3是女性。她们踏着前辈女道士的足迹，承担着领袖、道师、布道者、理论家、修行者和仪式表演者的宗教角色，以女道士的身份赢得普遍的公众认可。

  杜光庭在所撰《集仙录》的圣传中，描绘出唐代女道士的理想化而非实际的形象（见本书附录）。本章对这些圣传仅慎重地有所参考，所采用的资料主要是从传世和新出土文献中搜集到的30通墓志和道观碑铭（不包括上一章讨论的10通公主墓志），这些碑志或专门为普通女道士而作，或与她们密切相关。其中有一篇可能为女道士所撰写，并可能为女性信道者所抄写。我还从敦煌卷子中寻找到女道士亲自抄写的三个经书文本，展示出她们的宗教活动和艺术造诣。此外，我还运用相关的史书记载、文人作品和方志等资料。这

---

  [*] 本章基于 Jinhua Jia，"Religious and other Experiences of Daoist Priestesses in Tang China，"*T'oung Pao：International Journal of Chinese Studies* 102，No. 4 – 5（2016）：321 – 357。

些相对来说较为可靠的原始文献,使我们得以对唐代女道士的宗教经历和角色展开深入考察,描绘出较为完整、可信的图景,从而得出许多崭新的结论。

在以下四节中,首先介绍这些文献所描述的 54 位女道士的基本信息,包括家庭背景、入道原因、法位等级和所隶道观等;接着分别讨论她们在宗教领导、道观管理、宗教实践、社会作用、仪式表演等方面的积极活动,由此而逐步展现她们的宗教经历和成就。

一 唐代女道士的宗教经历综述

在 30 通墓志和道观碑铭中,有 11 通(约 37%)是由和志主相关的作者撰写的,包括女道士的丈夫、儿子、兄弟、姨母、侄子、徒弟等。因此,他们为志主所写的碑文往往感情真挚,呈现出女道士生活的真实细节。尽管他们不可避免地试图将传主理想化,但通过细致分析,依旧可以区别真实的叙事与刻板的模式化书写的差别。至于其他由未有直接关联的作者所撰写的碑文,通常也是由志主的亲属或有关人物提供行状等原始资料,以此为基础而进行写作,因此基本上也会呈现类似的细节,具有大致相同的可信度。[1] 以这些碑铭为基础,并加上出自其他原始资料的信息,[2] 我在表 3 – 1

---

① 见 Valerie Hansen, "Inscriptions: Historical Sources for the Song," *Bulletin of Sung-Yuan Studies* 19(1987): 17 – 25。

② 这些碑文资料出自陆耀遹(1771~1836)编:《金石续编》(《续修四库全书》本);颜真卿(709~785):《颜鲁公集》(四部丛刊本);黄永武编:《敦煌宝藏》,新文丰出版公司,1981~1986;王卡:《敦煌道教文献研究》,中国社会科学出版社,2004;田易等编:《畿辅通志》(《四库全书》本);曹学佺(1574~1647):《蜀中广记》(《四库全书》本);陈霖编:《南康府志》;宋敏求:《长安志》;赵璘:《因话录》,上海古籍出版社,1979;王象之(1196 年进士):《舆地碑记目》(《丛书集成初编》本);龙显昭、黄海德编:(转下页注)

中给出 54 位女道士的生活年代、所属道观、所达法位等级、所任教职、家庭背景、入道年龄和原因、婚姻状况等基本信息。①

从表 3 - 1，我们可以归纳出有关这些女道士的一些一般性结论。其一，在这 54 位女道士中，有 13 位（约 24%）担任女道观的观主。如同学者已注意到，在早期天师道传统中，女性可以像男性一样担任诸如女士②、女官、祭酒等领导职位。在南北朝时期（420 ~ 589），道教的宫观建设开始出现，一些女道士创建了自己的道馆。③ 到了唐代，随着宫观制度化的完成，许多女道士被官方任命为女道观的观主，或创建自己领导的女道观，并出色地履行职责（见下文）。

其二，表 3 - 1 显示有 14 位女道士（约 26%）达到三洞法师或大洞三景法师的法位，这是唐代道教法位制度中最高的两个等级（见第一章）。女道士被赋予与男道士大致平等的追求信仰的机会，她们遵循相同的要求，通过相同的程序，可以达致相同的高阶法位。此外，由于不同的法位等级

（接上页注②）《巴蜀道教碑文集成》，四川大学出版社，1997；齐运通编：《洛阳新获七朝墓志》，中华书局，2012；乔栋、李献奇、史家珍编：《洛阳新获墓志续编》；胡戟、荣新江主编：《大唐西市博物馆藏墓志》；令狐楚（约 766 ~ 837）：《大唐回元观钟楼铭并序》，现存西安碑林博物馆；《道家金石略》；《太平广记》；《册府元龟》；《全唐文》；陈尚君辑校：《全唐文补编》；《唐代墓志汇编》；《唐代墓志汇编续集》。

① 由于两位女道士兼道教理论家柳默然和胡愔有重要的道教理论或医学理论著作存世，本书在第四、五章分别研究她们。另外，三位女道士诗人李季兰、崔仲容和鱼玄机的特殊人生经历和文学成就，则在本书第六、七章分别讨论。另一位女道士诗人元淳是女道观的住持，其宗教经历在本章讨论，其诗歌成就则在第六章探讨。

② 女士是士的妻子，负责教导女道人。见 Despeux and Kohn，*Women in Daoism*，pp. 104 - 9。

③ Stephan P. Bumbacher，*The Fragments of the Daoxue zhuan: Critical Edition, Translation, and Analysis of a Medieval Collection of Daoist Biographies* (Frankfurt: Peter Lang, 2000), pp. 290 - 306, 501, 522.

要求学习和授受源自不同传统的众多道经，这些经书很多是晦涩难懂的文献，因此女道士能够获得各种法位甚至达到最高等级，说明她们受过相当高的教育和拥有丰富的道教教义知识。

其三，有6位受度的女道士（11%）没有住进道观，而是留在家中或轮流居住于此两种场所。此条符合唐代道教的实际情况，允许处于某些法位等级或某种处境中的受度道士，保持其婚姻状况或留居家中（见第二章）。由此可知，尽管唐代道教传统完善宫观制度，要求大多数道士居住观中，但它同时也为女道士提供逾越传统内外区别的灵活通融空间。

其四，54位女道士中，有29位（54%）出身士族家庭，7位来自平民家庭，18位背景不详。由于唐代仍然十分重视士族谱系，晦暗不明的背景基本意味着出身平民家庭。出身士族家庭的女道士通常较有机会得到专门为她们撰写的墓志，因此表3-1的统计可能并不能反映不同家庭背景出身的真实比例。然而，这一统计表明，不同社会等级出身的女性都可能为道教所吸引，受度成为女道士。

其五，从表3-1还可看到唐代妇女入道的各种原因。6位女子（11%）因为继承父母或其他亲戚的信仰而度为女道士。20位女道士（37%）青年时受道，终生未婚，其中有11篇墓志记载志主"幼年奉道"的行为。此类套语在中国传统人物传记中常可见到，往往用来将主人公描写成天赋奇才或从幼年就献身宗教。尽管如此，一些女道士有可能确实在幼年时就对道教产生兴趣，如6位沿袭亲属信仰的女道士和11岁时获得正一法位的敦煌女道士阴志清。[1] 一些墓志描述志主在面临传统的婚配时，表示"誓死不嫁"，最终令父

---

① Schipper, "Taoist Ordination Ranks in the Tun-huang Manuscripts," pp. 127-43；王卡：《敦煌道教文献研究》，第294页。

母接受自己的选择。这展现出她们抗拒传统规定的家庭角色、追求自身信仰目标的决心。

在表3-1中，有8位女道士是在完成家庭责任后的中年或老年时入道，其中有些被称赞为遵守儒家妇道的楷模。①这8位女道士中，有5位是在丈夫去世后受度，可能遵循对已逝夫君保持忠贞的传统性别规范。此外，有一位在入道前曾是娼妓，还有一位是因病入道，希望借由受度带来福祉。尤其需要注意的是，因为会昌年间（841～847）朝廷灭佛，有两位女道士从佛教女尼的身份改宗道教，但她们在灭佛结束后并没有改回信仰。这一经历说明，她们认为佛、道二教提供的是相似的宗教生活道路和精神追求。

所有这些不同的入道原因，表明道教为身处不同境况、置身人生旅程不同阶段的女性提供了追求信仰的途径，为她们提供了调和或摆脱传统规定的家庭角色的机会，赋予她们在较为广阔的社会环境中的新身份、职业和角色。与入道公主们一样，普通女道士的经历也经常体现出儒家、佛教、道教之间的自然融通。

其六，表3-1中所列54位女道士在时空分布上代表唐代的整体情况。在时间方面，她们涵盖从隋唐之际的六世纪初至晚唐九世纪后半叶约300年的时间。在空间方面，她们分布和活跃于整个唐帝国，包括两京和今日南北方的八个省区：长安（10），洛阳（4），江西（6），四川（5），河南（7），甘肃（5），山西（4），江苏（2），陕西（1），河北（1），居家（5），不详（2）。

在对这些女道士的生活经历进行一般的综合考察之后，可以进一步讨论更为具体深入的问题，诸如她们在道观内外

---

① 李敬彝：《大唐王屋山上清大洞三景女道士柳尊师真宫志铭》，《道家金石略》，第176～177页。

表 3-1 唐代女道士的基本信息

姓名及年代	道观/居所	法位及教职	家庭	入道年龄及原因	是否婚配	资料出处
孟静素 (542~638)	至德观，长安	观主	士族	15岁	否	《金石续编》卷4，第16页a~19页b
李夫人 (631~707)	居家		士族	中老年，完成家庭责任后	是	《唐代墓志汇编》，第1078~1079页
黄灵微 (642?~721)	洞灵观及仙坛院，抚州（江西）	观主	平民	青年	否	《颜鲁公集》卷9，第1页a~7页a，7页a~b
边洞玄 (约656~739)	紫阳观，冀州（河北）		士族	青年	否	《太平广记》卷63，第392页；《全唐文》卷32，第363页a~b
张真 (字素姊；657~715)	太清观，长安；麟趾观，洛阳	三洞	士族	22岁	否	《唐代墓志汇编》，第1165~1166页
宋妙仙 (?~678?)	冲虚观，敦煌（甘肃）	观主				敦煌宝藏》散0689；《敦煌道教》，第37页
郭金基 (活跃于678年)	冲虚观，敦煌	三洞				敦煌文献斯3135；《敦煌道教》，第36~37页
赵妙虚	冲虚观，敦煌					敦煌文献伯2170；《敦煌道教》，第194页
王紫虚 (673~754)	太平观，长安		士族	68岁，完成家庭责任后	是	《唐代墓志汇编续集》，第656页

姓名及年代	道观/居所	法位及教职	家庭	入道年龄及原因	是否婚配	资料出处
黎琼仙 （692~?）	仙坛院，抚州	观主	平民	青年		《颜鲁公集》卷9，第1页a~7页a，7页a~9页b
唐真戒 （693~?）	冲虚观，敦煌	正一及高玄		17岁	否	敦煌文献伯2347;《敦煌道教》，第166页
王紫舋 （673~754）	太平观，长安		士族	68岁，完成家庭责任后	是	《唐代墓志汇编续集》，第656页
成无为 （700?~?）	龙鹤山观（四川）	观主	平民	青年	否	《全唐文补编》卷36，第442页
杨正见 （活跃于713~741年）	长秋观，邛州（四川）		平民		否	《蜀中广记》卷74，第21页b;卷13，第7页b;卷12，第28页a
焦静真 （活跃于743年）	嵩山（河南）					《全唐文》卷712，第28页a~b
元淳 （字淳一;?~779?）	至德观，长安	观主	士族	青年	否	《唐代墓志汇编续集》，第729~730页
梁洞微 （780?~784?）	庐山（江西）					《全唐文》卷691，第1页b~2页a
李腾空 （?~787?）	长安嘉猷观及庐山某观	观主	士族	青年	否	《南康府志》卷8，第42页a~43页b;《长安志》卷8，第4页b~5页a

续表

姓名及年代	道观/居所	法位及教职	家庭	入道年龄及原因	是否婚配	资料出处
蔡寻真（？~787?）	庐山某观	观主	士族	青年	否	《南康府志》卷8，第42页a~43页b
马凌虚（734~756）	开元观，长安		平民	21岁，脱离娼妓生涯	是	《唐代墓志汇编》，第1724页
曾妙行（活跃于771年）	仙坛观，抚州		平民			《颜鲁公集》卷9，第1页a~7页a，7页a~9页b
刘氏		大洞	士族	丈夫卒后	是	《因话录》卷4，第407页
韩凌虚（活跃于798年）	靖院，中条山（山西）	大洞				《道家金石略》，第169页
李意贞（活跃于798年）	靖院，中条山	大洞				《道家金石略》，第169页
姚栖真（活跃于798年）	靖院，中条山					《道家金石略》，第169页
姚惠性（活跃于798年）	靖院，中条山					《道家金石略》，第169页
冯得一（739~809）	五通观，长安	观主	士族	青年	否	《唐代墓志汇编续集》，第814页

续表

姓名及年代	道观/居所	法位及教职	家庭	入道年龄及原因	是否婚配	资料出处
蒋氏（755~827）	居家		士族	老年、完成家庭责任后	是	《唐代墓志汇编续集》，第879~880页
阴志清（764~?）	冲墟观（?），敦煌	正一		11岁	否	《敦煌宝藏》北图14523；《敦煌道教》，第294页
韩自明（764~831）	玉晨观，长安	大洞三景	士族	23岁，丈夫卒后	是	《唐代墓志汇编续集》，第906页
谢自然（?~794）	果州（四川）	三洞	平民	青年	否	《舆地碑记目》卷4，第98页；《巴蜀道教碑文集成》，第34~35页
真元（活跃于785~804年）	道林观、润州（江苏）		士族	丈夫卒后	是	《全唐文》卷531，第23页b~24页a
能去尘（768~830）	永穆观，长安	观主	士族	丈夫卒后	是	《唐代墓志汇编续集》，第902页；《全唐文补编》卷67，第815页
柳默然（773~840）	王屋山（河南）	大洞三景	士族	约34岁，完成家庭责任后	是	《唐代墓志汇编》，第2201~2202页；《道家金石略》，第176~177页
赵右素（?~840年前）	王屋山		士族	青年，继承母亲柳默然的信仰	否	《唐代墓志汇编》，第2201~2202页
赵景玄（活跃于840年）	王屋山	大洞三景	士族	青年，继承母亲柳默然的信仰	否	《唐代墓志汇编》，第2201~2202页

续表

姓名及年代	道观/居所	法位及教职	家庭	入道年龄及原因	是否婚配	资料出处
冯行周（778~858）	居家		土族	由佛教改宗道教	否	《洛阳新获七朝墓志》，第365页
张容成（783~801）	居家		土族	青年	否	《道家金石略》，第169~170页
田元素（字知白；787~829）	玉晨观，长安	大洞三景	土族	青年，继承父亲的信仰	否	《唐代墓志汇编续集》，第892~893页
刘致柔（789~849）	燕洞宫，茅山（江苏）	大洞	土族	中年	是	《唐代墓志汇编》，第2303~2304页
王虚明（792~859）	安国观，洛阳	大洞三景	土族	约44岁，儿子卒后	是	《洛阳新获七朝墓志》，第252页
柳妙音（活跃于859年）	安国观，洛阳		土族	青年，继承姨母王虚明的信仰	否	《洛阳新获七朝墓志》，第252页
柳太霞（活跃于859年）	安国观，洛阳		土族	青年，继承姨母王虚明的信仰	否	《洛阳新获七朝墓志》，第252页
常炼师	道冲观，河南		土族	继承女儿吕玄和的信仰	是	《洛阳新获七朝墓志》，第219页
吕玄和（793~830）	道冲观	三洞；观主	土族	青年	是	《洛阳新获七朝墓志》，第219页
胡愔（活跃于800~848年）	太白山，陕西			青年	否	《道藏》第432号，第6册，第686页c~693页c；第263号，第4册，第835页c~843页c

续表

姓名及年代	道观/居所	法位及教职	家庭	入道年龄及原因	是否婚配	资料出处
钱又玄（807~880）	居家			老年，完成家庭责任后	是	《大唐西市》，第1018~1019页
徐盼（807~829）	瑶台观，滑州（河南）		士族	23岁	是	《唐代墓志汇编》，第2114页
侯琼珍（活跃于830年）	玉晨观，长安	观主				《大唐回元观钟楼铭并序》
冯行真（活跃于836~855年）	道兴观，梓州（四川）	大洞；观主	士族		否	《全唐文》卷779，第22页b~27页b
何真靖（活跃于836~855年）	道兴观，梓州	大洞				《全唐文》卷779，第22页b~27页b
支志坚（812~861）	居家		士族	34岁，由佛教改宗道教	否	《唐代墓志汇编》，第2393页
庞德祖（活跃于837年）	王晨观，长安			青年		《册府元龟》卷54，第607页
陈氏			士族		否	《唐代墓志汇编续集》，第1055~1056页

承担哪些角色，展现出哪些方面的才能，举办哪些仪式及如何表演，等等。

二 领导能力和道观管理

表 3-1 所列 13 位女道观观主中，有 7 位拥有领导才能之外的其他成就，将在下节探讨。剩下的 6 位（黄灵微、黎琼仙、成无为、冯得一、冯行真、吕玄和）在创立、修造、重建和管理女道观方面都表现出虔诚、创造性、领导能力及锲而不舍的精神。她们还展示出自觉承袭道教传统的女性宗教系谱的性别意识。

这些女观主中的第一位是黄灵微，道号华姑，柯锐思已对其进行过详细而深入的研究。依据柯锐思的研究及颜真卿撰写的两篇碑文，[①] 黄灵微的生平和宗教经历可以描述如下。她可能出身平民，因为碑文对她的家庭背景不置一词。12 岁时，黄灵微受度，入居抚州天宝观。在 692 年，大约 50 岁时，她决心寻找魏华存夫人（251~334）所建立的仙坛。魏华存几个世纪以来一直被尊奉为道教的重要人物。[②] 黄灵微在州城南郊的乌龟原发现仙坛的遗迹，接着对之进行修复。710~

---

① 颜真卿：《南岳夫人魏夫人仙坛碑铭》，《颜鲁公集》卷九，第 1 页 a ~ 7 页 a；颜真卿：《抚州临川县井山华姑仙坛碑铭》，《颜鲁公集》卷九，第 7 页 a ~ 9 页 b；Russel Kirkland, "Huang Ling-wei: A Taoist Priestess in Tang China," *Journal of Chinese Religions* 19（1991）：47 - 73。

② 魏夫人据载是天师道的祭酒，后来成为上清神示的传奇人物。主要见陈国符：《道藏源流考》，第 31 ~ 32 页；Edward Schafer, "The Restoration of the Shrine of Wei Hua-ts'un at Lin-ch'uan in the Eighth Century," *Journal of Oriental Studies* 15（1977），pp. 124 - 37；Michel Strickmann, *Le Taoïsme du Mao Chan: chronique d´une revelation*（Paris: Collège de France, Institut des hautes études chinoises, 1981），p. 142；James Robson, *Power of Place: The Religious Landscape of the Southern Sacred Peak*（*Nanyue*）*in Medieval China*（Cambridge, Mass.: Harvard University Asia Center, 2009），pp. 187 - 204。

712 年的某个时间，唐睿宗下令在仙坛旁建造洞灵观，度 7 名女道士常住此观，黄灵微很可能获命为观主。此后，黄灵微在井山发现并修复另一座魏夫人的古坛，并在旁边创建一座道院，名之曰仙坛。作为此座道院的创建者，她同样可能成为其观主。至 721 年，黄灵微卒于此处，据称成仙。正如柯锐思所言，黄灵微代表具有极度虔诚和非凡勇气的女性形象。通过重建魏夫人祠，她还体现出对于道教女性传统的性别自觉，以及"因性别相同而对魏夫人产生的认同感"。①

此外，颜真卿的两篇碑文不仅向我们讲述黄灵微的故事，还为我们揭示出黄灵微的弟子黎琼仙的经历。碑文中称，在 768 年，颜真卿来到抚州任刺史，看到魏华存的仙坛再次荒颓，于是指派 7 名女道士入住仙坛观。黎琼仙是 7 名女道士中第一位被提到的人物，因此她很可能被任命为观主。黎琼仙带领弟子们修复道院，并在魏夫人的塑像旁竖立黄灵微的像。黎琼仙的修复活动显然追随其师的脚步，体现相同的虔诚和信念。通过将其师的塑像竖立于魏夫人像之侧，黎琼仙同样表达对黄灵微和魏华存的认同，因为她们都有相同的性别。

接下来要考察的观主是成无为。与成无为相关的碑文不是墓志，而是记述她创建龙鹤山道观及在山上遍植树木的事迹，题为《龙鹤山成炼师植松柏碑》。② 这篇碑文撰于 750 年，此时成无为仍然健在，刚过 50 岁。碑文中没有提及她的家世背景，因此她也可能出身于平民家庭。碑文开头是套

---

① Kirkland, "Huang Ling-Wei," 64.

② 师学：《龙鹤山成炼师植松柏碑》，《道家金石略》，第 143 ~ 144 页；龙显昭、黄海德编：《巴蜀道教碑文集成》，第 30 ~ 32 页。此碑原题为"□龙鹤山成炼师植松柏碑"，所阙字可能是"唐"。炼师是道士四种称号中的最高一级，四种称号为：（1）炼师；（2）法师；（3）威仪师；（4）律师。见 Edward H. Schafer, *Maoshan in Tang Times* (Boulder: Society for the Study of Chinese Religions, 1989), p. 79。

语，称成无为在年少时就擅长修习道教的长生之术，并积累
了有关道教经书的渊博知识。尽管此类套语不能从字面上照
单全收，但随后的陈述却可能是真实的经历——成无为在年
轻时拒绝婚配，而是选择入道。

碑文接着讲述，成无为后来前往坐落于其家乡的龙鹤
山，在那里创建自己的女道观。其后，她带领弟子和追随者
在山上种植松柏，"凡万有余株"，覆盖全山。碑文中还记
述，成无为在道观内外都履行宗教领袖的职责，包括虔守清
斋、念诵经书、举办仪式、供奉山神以及在当地百姓和官府
需要时提供帮助。她在山上造林，也是为当地民众带来福祉
的事业。成无为在偏远山中创建女道观，植树造林改善环
境，以及帮助当地民众的事迹，展现一位令人起敬的虔诚、
勤劳、精干的女性形象。她不仅因为在道观中的宗教实践而
被人称赞，还因为在道观外的公共服务而获得声誉。

此外，此碑的背后可能还隐含成无为在龙鹤山创建道教
摩崖造像的宗教和艺术成就。龙鹤山今称龙鹄山（亦称中观
山），坐落于四川眉山市丹棱县。1987 年文物普查时，此山
发现唐代摩崖造像 57 龛，造像 551 座；除 7 龛为佛教造像
或佛道像合龛外，其余皆为道教造像。《龙鹤山成炼师植松
柏碑》刻于第 24 号龛正壁，其左右壁刻有站立的天尊像百余
尊，这一组合对碑文主人公成无为的推尊显而易见。研究者
据此推论，龙鹤山的道教造像全部或主要由成无为主持建
造。[1] 这一推论尚有疑问，因为碑文中完全未提及造像之事，
但也可找到一定的支持根据。其一，造像的工程有可能开始

① 以上所述综合参考以下文章：万玉忠：《丹棱唐代松柏铭碑》，《四川
文物》1987 年第 2 期，第 67 页；万玉忠：《丹棱县龙鹄山唐代道教摩
崖造像》，《四川文物》1990 年第 1 期，第 62~64 页；许思琦、陈瑞
杰、耿纪朋：《四川丹棱龙鹄山唐代道教造像调查与研究》，《知识文
库》2019 年第 12 期，第 215~220、224 页。

于种树之后，也就是此碑撰成之后，故碑文未述及。此碑被刻于龛壁，两旁造有大量天尊像，正可证明这一推测。其二，不少龛中的造像组合都有女真像，而且与碑刻所在龛相邻的一座龛中，七尊造像皆为女真。对于女真造像的突出，也与成无为作为女道士和女道观观主的身份相合。其三，第10龛的主像天尊头顶上刻有一座山，龛的左右壁上方又各有两座山，山的中间有小碑刻山名，但可惜字迹模糊不清。关于此五座山，有的学者认为是道教的五座名山，有的认为是五岳。① 按，五岳皆不在蜀中，故此五山更有可能指道教名山，并可能包括龙鹤山。《龙鹤山成炼师植松柏碑》中称赞成无为善于"望祀山岳"，应指的是对山神的祭祀，可与第10龛的造像相印证。其四，杜光庭《道教灵验记》载："眉州丹棱县龙鹤山，古有观宇，老君像存焉。邑人祈田蚕雨泽，无不立应。"② 今存龙鹤山道教造像群中，有不少老君像，可证学者关于这些造像建于唐代的推断是可信的。

最后，关于《龙鹤山成炼师植松柏碑》的作者和书者，也十分值得关注。作者师学称成无为是"吾师"，因此她很有可能是其弟子或观中的女道士。碑文主体以骈文体式撰写，既对偶工整，又文采流丽；文末的铭为骚体诗形式，对成无为的赞赏激情，溢于言表。全文呈现出高度的文学成就。书者署名杨玲，也像是女子的名字，有可能是成无为的世俗女弟子。此碑高 1.78 米，宽 1.5 米，十分宏伟大气。碑额刻"松柏之铭"四字，为阴刻小篆；碑文为隶书，遒劲中透着秀逸，被考察者和书法家公认为书法上品（见图 3-1）。这些信息表明，龙鹤山女道观的内外女性社群具有相当

---

① 万玉忠：《丹棱县龙鹤山唐代道教摩崖造像》，《四川文物》1990 年第1 期，第64 页；胡文和：《中国道教石刻艺术史》，高等教育出版社，2004，第42 页。
② 《道藏》第 10 号，第 824 页上。

高的文化水平。

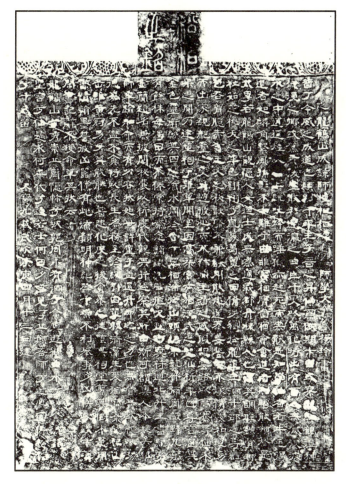

图 3 -1　师学撰、杨玲书《龙鹤山成炼师植松柏碑》
资料来源：承郭文元馈赠原始碑拓的照片。

与上文讨论的家庭背景不明的两位观主不同，冯得一出身于著名的士大夫家族。她不愿婚配，志在入道，并获得家人的支持，可能在年少时就受度，进入长安五通观。墓志称冯得一对道教经典《道德经》有深入的理解，并精通所有炼丹方术。她还被描述成聪慧、公正、拥有管理才能，先被推举为威仪师，承担监督道观仪式和徒众的职责，[①] 后升擢为观主。碑文接着叙写她担任观主一职后的成就：

> 仙师于是提振纲领，纂缉隳□。数年之间，日新成立，创置精思院一所，再修常住硙一窠，当欲缔构之初，众人皆谓不可。仙师精诚已至，确乎不拔，曾未浃稔，岿然以就。诸所营建，其功难纪，徒众赖焉。[②]

冯得一举办众多建造工程，其中最重要的有两项。其一是创置精思院，其二是修建为当地民众提供服务并为观中女道士提供供养的碾硙。唐代佛道寺观中修造碾硙十分常见，既能服务当地民众，又能创造收益以维持寺观用度。这些建造工程都是花费昂贵且困难的事务，[③] 曾遭到众人的反对，但冯得一坚持不懈，最终皆成功。除了坚毅独立的意志品格外，冯得一还展现出在道观运作方面的财务管理天赋。

冯行真是另一位出身大族的女观主，她与同伴何真靖由于重建梓州道兴观的成就而获得称誉。这座道观最初建于隋代，毁于隋末战争的火灾。729 年庙宇曾得到重建，但元和年间（806～820）再次倾颓。至 835 年，冯宿（767～837）任东川节度使，由于其女儿冯行真已经受度为女道士，他开始重建这座庙宇，并将之改为女道观。但冯宿次年就去世，

---

① "威仪师"在唐朝有两种含义：其一是道教四种称呼中的第三级，已见上述；其二是宫观管理的官职，带有此官职的男女道士主要负责仪式和戒律。见李林甫等：《唐六典》卷四，第 125 页。碑文称冯得一为"威仪兼观主"，"观主"即住持，"威仪"在此也应指功能性的官职。

② 瞿约：《大唐五通观威仪兼观主冯仙师墓志铭并序》，《唐代墓志汇编续集》，第 814 页。"常住"一词指道观或佛寺中修道者所共有的财产。

③ 见 Jacques Gernet, *Buddhism in Chinese Society: An Economic History from the Fifth to the Tenth Centuries*, trans. Franciscus Verellen (New York: Columbia University Press, 1995), pp. 94-194。

此时重建尚未完工。冯行真和何真靖接着领导观中的其他女子，并寻求当地民众的继续支持，最终完成重建工程。著名诗人李商隐（813？～858？）在一篇纪念碑文中表达对两位女道士的敬仰之情："义行于得众，事集于和光……英蕤秀萼，旋纲步纪，克蹈前武，能新旧址。"① 尽管碑文没有明确指出，但这两位女道士显然就是道观的领袖，冯行真可能是观主，而何真靖则可能是上座。②

吕玄和是此六位女性观主中的最后一位，她的墓志非常简短，但告诉我们一个相似的故事：她也同样擅长于治理女道观和管辖观中的女道士。③

根据上文的考察，在唐代道教传统中，有不少女性领袖成功地开创、修建和管理祠庙、道观或道院。她们主动而独立地做出自己的决断，并付诸实践，最终获得成功。她们具有充分的能力管理运作自己的女道观，并在一定程度上为社会民众服务。由于修造工程和相关的社会服务不可避免地涉及与当地男女俗众的互动交流，因此女道观和道院不仅是女道士活动和自治的场域，也是她们与其他各类人群在公共领域中互动的平台，由此而参与社会秩序的运作。

三　宗教实践和社会责任

除了女道观的领导者外，唐代女道士还承担其他各种宗教角色，并以特殊的方式履行社会和家庭的责任，进一步跨越传统的性别界限。这些宗教角色包括布道者、导师、修行

---

① 李商隐：《梓州道兴观碑铭并序》，《全唐文》卷七七九，第22页 b～27页 b。
② 依据唐朝律法，道观的管理层主要包括观主、上座和监斋，见李林甫等：《唐六典》卷四，第125页。
③ 刘从政：《大唐故道冲观主三洞女真吕仙师志铭并序》，乔栋、李献奇、史家珍编：《洛阳新获墓志续编》，第219页。

者和理论家等。另外，她们在抄写传播道经方面也很活跃。

田元素的经历是女道士担任布道者和宗教导师的典范。她是著名道士田归道的女儿，其父曾为《道德经》撰写一部注疏。田元素继承父业，早年入道。在814年，她获受上清经卷，达到最高的大洞三景法位。她还格外擅长辩论，精通道教经书，尤其是《道德经》，此点显然承袭其父的学识。她公开宣法时，总是能吸引大批听众。为她撰写的墓志记载："内事典坟，遍皆披览。演五千之玄妙，听者盈堂；登法座而敷扬，观者如堵。"① 这一盛况使人联想到韩愈（768～824）在大约同时创作的诗篇《华山女》，其中描述来自华山的女道士在长安城中公开宣法的盛况：

> 扫除众寺人迹绝，骅骝塞路连辎軿。②
> 观中人满坐观外，后至无地无由听。③

此处甚至连佛教信徒也被华山女道士的宣法吸引过来。这位女道士是在道观内宣讲，但她的听众包括骑马和乘车而来的男女俗众，由此可知此次宣法是面向大众开放的。

事实上，远在田元素和华山女道士之前的隋代和初唐时期，女道士孟静素就是京城中的著名布道者和宗教导师，据说她说服许多人皈信道教。孟静素被隋文帝（589～604年在位）征召至京，受命担任至德观观主，后来又得到唐高祖（618～626年在位）和唐太宗（626～649年在位）的敬重。④

---

① 宋若宪：《唐大明宫玉晨观故上清太洞三景弟子东岳青帝真人田法师玄室铭并序》，《唐代墓志汇编续集》，第893页。
② "辎軿"一词特指妇女所乘的车辆。
③ 韩愈：《华山女》，《全唐诗》卷三四一，第3823～3824页。诗中"华山女"取材于韩愈时代一个真实的人物形象。
④ 岑文本（595～645）：《唐京师至德观法主孟法师碑铭》，陆耀遹编：《金石续编》卷四，第16页a～19页b。

因此可以推测，女道士公开宣法，以她们的宗教热忱、渊博知识、雄辩口才吸引和影响俗众，使他们皈信道教，这一现象在唐代相当普遍，时人并不以为异常或不当。①

韩愈对佛教和道教持批评态度，自负振兴儒家的使命，因此他在诗中稍带讽刺语气，但并不明确和严重。然而到了后世，少数传统学者如理学家朱熹（1130～1200）批评公开宣法的唐代女道士为"失行妇人"，② 更令人吃惊的是，许多现代学者甚至进一步谴责她们的布道为"淫荡"③、"伤风败俗"④。

此类批评可能出自两个主要原因。其一是传统的"男女之别"和"内外之别"的性别模式，要求女性约束言行，封闭在内闺之中。其二是对历史语境的忽视，如同孟静素、田元素、华山女道士等例子所显示，唐代女道士（以及佛教尼师）的公开宣法常常获得社会各阶层的共同赞赏。孟静素为隋唐两朝皇帝所敬重，韩愈诗中的华山女道士被征召入宫。在 819 年，田元素也被宪宗召入内宫。

宪宗在宫中的玉晨观里为田元素修造一座专门的道院，供她居住。她成为皇帝、皇后以及其他宫女的宗教导师，连续受到四位帝王的尊崇，包括宪宗、穆宗（820～824 年在

① 在唐朝甚至更早的北朝，佛教尼姑也公开宣法传教，见 Liu Shufen, "Art, Ritual, and Society: Buddhist Practice during the Northern Dynasties," *Asia Major*, 3ʳᵈ series, 8, No. 1 (1995): 19 – 49; Wendy Adamek, "A Niche of Their Own: The Power of Convention in Two Inscriptions for Medieval Buddhist Nuns," *History of Religions* 49, No. 1 (2009): 15 – 18; Jinhua Chen, "Family Ties and Buddhist Nuns in Tang China: Two Studies," *Asia Major*, 3ʳᵈ series, 15, No. 2 (2002): 51 – 58; Chen, "The Tang Palace Buddhist Chapels," *Journal of Chinese Religions* 32 (2004): 81 – 82。

② 朱熹:《昌黎先生集考异》卷二，上海古籍出版社，1985，第 15 页 a。

③ 阎琦:《华山女》，周勋初编:《唐诗大辞典》，江苏古籍出版社，1990，第 715 页。

④ 王文才:《华山女》，王仲镛编:《韩愈诗文名篇欣赏》，巴蜀书社，1999，第 158～159 页。

位）、敬宗（824~826年在位）和文宗。在宫中，她同样仍是"每一讲说，妃嫔已下相率而听者仅数千人"。829年田元素去世时，唐文宗赐予她"东岳青帝真人"的谥号。最后，她还获得儒家女学者宋若宪的高度赞扬。宋若宪是应召入宫的精通儒学的宋氏五女之一。[①] 她是田元素墓志的作者，也是田的远房姨母。作为公开布道者和帝王导师，孟静素、田元素和华山女可谓代表女道士的性别逆转，在一定程度上打破传统的期待。

其他女道士的墓志还描述了志主作为道教义理专家和修行者的各种专长和活动。例如，李夫人精通道教经典《道德经》和《庄子》，达到精神超越的境界，将死亡描述为"归于真庭，永无形骸之累"。她批评将已死的夫妻合葬一墓的仪式会破坏上古的淳真之道，要求儿子不要将她与丈夫合葬一穴。[②] 这一要求显示出，李夫人认为自己作为受度女道士的新身份，比作为传统儒家的妻子角色更为重要。在这里，独立的墓穴代表独立和平等的身份地位。

李腾空是恶名昭著的宰相李林甫（683~753）的女儿，入道后担任长安嘉猷观的观主，可能在752年父亲失势后搬到庐山的一座道院。与她一同赴庐山的蔡寻真也是一位高官的女儿，居住在山中的另一座道院。李腾空和蔡寻真帮助有需要的当地民众，以道教丹药、灵符为他们提供医疗救济，由此而获得名望。她们去世后，当地民众为她们建祠供养。[③]

① 参见本书第一章。

② 郑履谦：《唐故许州扶沟县主簿荥阳郑道妻李夫人墓志文》，《唐代墓志汇编》，第1078~1079页。

③ 杨杰：《昭德观记》，《南康府志》卷八，第42页a~43页b；宋敏求：《长安志》卷八，第4页b~5页a。诗人李白作有两首送别妻子去庐山寻找李腾空的诗篇。见李白：《送内寻庐山女道士李腾空二首》，郁贤皓校注：《李太白全集校注》卷二三，凤凰出版社，2015，第3364~3368页；《全唐文》卷一八四，第1884页；Paul W. Kroll, "Li Po's Purple Haze," *Taoist Resources* 7, No. 2 (1997): 31-33。

元淳是一位高官的女儿，担任长安至德观观主达 36 年之久，是善于炼制外丹的修行者，也是一位著名的女道士诗人。①

　　除了墓志外，唐代文人的诗篇、散文、叙事作品中也述及众多的女性修道者。例如，传奇故事的编集者戴孚（757 年进士）描述一位名为边洞玄的女道士，称她从事辟谷、服食丹药等道教修炼达 40 年之久。② 女道士焦静真是司马承祯最著名的两个弟子之一，在炼丹、行气、辟谷等方面有高妙的技术，为几位文人在诗篇中所称赞。③ 诗人张籍（766？ ~830?）充满敬意地描写一位女道士，称赞她是存思和辟谷的专家。④ 诗人秦系（720？ ~800?）记述一位不食用任何东西（包括草药）达 40 年之久的女道士。⑤ 此外，对于两位杰出的女道士理论家柳默然和胡愔将在本书第四和第五两章分别讨论。

---

① 《故上都至德观主女道士元尊师墓志文》，《唐代墓志汇编续集》，第 729 ~730 页。此墓志主人名为元淳一。元淳一与元淳是同一人，见本书第六章的讨论。

② 《边洞玄》出自戴孚的《广异记》，此处转引自《太平广记》卷六三，第 392 页。唐玄宗：《敕冀州刺史原复边仙观修斋诏》，《全唐文》卷三二，第 363 页 a ~363 页 b；孙承泽（1592 ~1676）：《春明梦余录》卷六七，北京古籍出版社，1992，第 1287 页；田易等编：《畿辅通志》（《四库全书》本）卷八五，第 14 页 b。见 Glen Dudbridge, *Religious Experience and Lay Society in T'ang China: A Reading of Tai Fu's Kuang-i chi* (Cambridge: Cambridge University Press, 1995), p. 178。根据记叙，边洞玄白日升天。后来，杜光庭在《集仙录》中重写此事，添加了很多虚构的情节和细节，见本书附录所考。

③ 李白：《赠嵩山焦炼师》，郁贤皓校注：《李太白全集校注》卷七，第 1183 ~1190 页；《全唐诗》卷一六八，第 1739 ~1740 页；李颀：《寄焦炼师》，《全唐诗》卷一三二，第 1339 页；王昌龄：《谒焦炼师》，《全唐诗》卷一四二，第 1440 页；李渤：《真系》，《全唐文》卷七一二，第 28 页 a ~28 页 b。关于焦静真及有关她的几首诗，见 Paul W. Kroll, "Notes on Three Taoist Figures of the T'ang Dynasty," *Society for the Study of Chinese Religions Bulletin* 9 (1981): 23 –30。司马承祯的另一位著名弟子是李含光（683 ~769），后来成为朝廷中颇有影响力的人物。

④ 张籍：《不食仙姑山房》《不食姑》，《全唐诗》卷三八四，第 4324、4306 页。第二首诗另题为《赠山中女道士》。

⑤ 秦系：《题女道士居》，《全唐诗》卷二六〇，第 2895 页。

　　受度出家的女道士通常并不斩断与家人的联系，而是通过特殊的方式继续履行家庭责任。例如，获得大洞法位的韩自明出身士人家庭，22 岁时与一位年轻的文士结为夫妇。一年之后诞下婴儿，但此时她的丈夫意外身亡。韩自明于是将孩子托付给父母，自己选择度为女道士。在 790 年或 791 年前后，在韩自明的父亲韩佾担任四川果州刺史时，她与当地女道士谢自然成为好友，两人一同师从道教法师程太虚，获得三洞法位。[①] 韩自明后来居于华山，接着又住进京城的咸宜观。[②] 她对自身的严格要求和深厚的道学知识，吸引了大量贵族出身的女子，热切地跟从她学道。

　　尽管韩自明最初放弃了抚养自己的孩子，但在兄长去世后，她却义无反顾地承担起抚养兄长遗孤的责任，直到他们成婚安居，她还凭借自己的财务能力帮助兄长清偿了所遗债务。她的墓志记述："师慈愍于一切，而施由亲始。故抚孤侄弱子，咸俾有家而居室。又尝货弃山墅，聚畜子禄，代兄偿逋责于中贵人。身虽困忍寒喂，而色无堙郁。"[③] 韩自明的经历体现出不同寻常的角色错位。在她自己的家庭中，她放弃作为母亲的传统角色，去追求宗教奉献。但在已故兄长的家庭中，她却充当"父亲"或"丈夫"的角色，成为家庭的抚养者和守护者。在唐代和其他传统时代，妇女被规定为女儿、妻子和母亲三种角色，并通常受到限制，不能承担诸如养家

---

①　在碑文中，"虚"被误写为"灵"。此处订正据杜光庭《集仙录》，转引自《太平广记》卷六六，第 408 页；曹学佺：《蜀中广记》（《四库全书》本）卷七六，第 11 页 b。

②　柏夷（Stephen Bokenkamp）推测韩愈诗中的"华山女"是韩自明，见其 "Sisters of the Blood: The Lives behind the Xie Ziran Biography," *Daoism: Religion, History and Society* 8（2016）: 24–28。然而，除了两位女道士都曾居住华山和应召入宫外，并无可靠证据支持这种猜想，韩自明的墓志也未提到如我们在田元素墓志中所见的关于其雄辩和传道的记述。

③　赵承亮：《唐故内玉晨观上清大洞三景法师赐紫大德仙宫铭并序》，《唐代墓志汇编续集》，第 906 页。

等"外部"责任，尽管许多女性被描述为具有高度的家庭财务运作和管理能力。① 在特殊的情况下，有些寡妇以勤奋、节俭和努力工作来支撑家庭，有些女性甚至经营自己的商业。② 韩自明的成功提供了例证，说明当实际需要和机会出现时，女性也有能力承担男性的角色责任。韩自明的经历还表明，女道士在一定程度上拥有选择自身的社会和家庭角色及职能的自由。

根据墓志所述，唐文宗听闻韩自明支撑亡兄家庭的美德后，征召她担任内宫女道士和导师："德既升闻，帝思乞言。（大和）初，召入宫玉晨观。师每进见，上未尝不居正端拱，整容寂听。备命服之锡，崇筑室之赐。"此处有两个要点值得关注。首先，韩自明成功地承担起养育家庭的"父亲"角色，被皇帝认为是值得奖励的美德。其次，韩自明入宫后成为皇帝的道学导师，受到极高的礼遇和尊重。

韩自明供养亡兄家庭的事迹在唐代并不是罕见的现象。笔者在另一位女道士支志坚的墓志中也发现有类似行为的描述。③ 支志坚同样出身于士族家庭，因患严重疾病，在 9 岁时度为沙弥尼，但并未入住佛寺，而是获得允许，依旧居家。她表现出超凡的孝行，并承担起教育幼弟的责任。在 845 年朝廷灭佛时，她改宗道教，受度成为女道士。在 853 年，其弟支叔向临终之际，④ 委托支志坚照顾妻儿，她义无反顾地承担起这一责任。支志坚的墓志是她的另一位弟弟支谟所写，文中

① 姚平：《唐代妇女的生命历程》，第 257～269 页；高世瑜：《中国妇女通史·隋唐五代卷》，第 222～226 页。
② 高世瑜：《中国妇女通史·隋唐五代卷》，第 80～82、225～227 页。
③ 支谟：《唐鸿胪卿致仕赠工部尚书琅耶支公长女炼师墓志铭并序》，《唐代墓志汇编》，第 2393 页。
④ 支志坚墓志记其弟名"向"，而其弟自己的墓志记其名为"叔向"。根据一般惯例，应是名向，字叔向，以字行。见丁居晦：《唐故鄂州司士参军支府君墓志铭并序》，罗振玉（1866～1940）编：《芒洛冢墓遗文续编》，《石刻史料新编》本，第 14085 页。

充满对大姊的感激和敬仰之情。在履行女道士的责任的同时，韩自明和支志坚都扮演了家庭的抚养者和守护者的角色。

在结束有关唐代女道士的宗教实践和社会活动的叙述之前，一组保存了女道士的精美书法作品的敦煌写本为我们带来了惊喜。首先，在一份《太玄真一本际经》（以下简称《本际经》）残卷的结尾出现了以下题记："冲虚观主宋妙仙入京写一切经，未还身故。今为写此经。"①（见图 3-2）675 年，太子李弘去世，高宗和武后下令抄写三十六部道藏，为太子积累冥福。② 冲虚观是敦煌的女道观，观主宋妙仙被召入京抄写道经，可能就是参与此项浩大工程。这表明她是一位出色的书法家。为宋妙仙积累冥福而抄写《本际经》的人，则很可能是她在冲虚观的女弟子。此外，敦煌写本中还存有分别由女道士赵妙虚和郭金基抄写并署明姓名和身份的两份《本际经》残卷（见图 3-3、3-4）。

图 3-2　佚名女道士手抄《本际经》第五卷残本
资料来源：罗振玉：《贞松堂藏西陲秘笈丛残》。

---

① 罗振玉：《贞松堂藏西陲秘笈丛残》，甘肃文化出版社，1999，第 273 页。见陈祚龙：《敦煌道经后记汇录》，杨曾文、杜斗城编：《中国敦煌学百年文库·宗教卷》，甘肃文化出版社，1999，第 2~9 页；王卡：《敦煌道教文献研究》，第 203 页。在唐代，佛藏和道藏皆称为"一切经"。

② 王卡：《敦煌道教文献研究》，第 19 页。

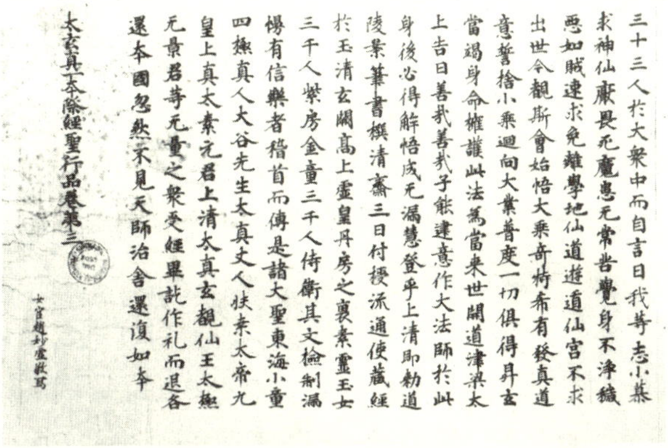

三十三人於大衆中而自言曰我等志小慕
求神仙厭畏死魔患无常苦覺身不淨穢
悪如賊逮求免離學地仙道遊通仙宮不求
出世今覩斯會始悟大乘奇特希有發真道
意誓捨小乘迴向大業普度一切俱得昇玄
當竭身命摧護此法爲當來世開道津梁太
上告曰善哉善哉子能建意作大法師於此
身後必得解悟成无漏慧登乎上清即勅道
陵秉筆書撰清齋三日付授流通使藏經
於玉清玄闕高上靈皇丹房之裏素靈玉女
三千人紫房金童三千人侍衛其文檢制漏
愓有信樂者稽首而傳是諸大聖東海小童
四極真人大谷先生太真丈人扶桑太帝九
皇上真太素元君上清太真玄觀仙王太極
无景君等无量之衆受經畢訖作礼而退各
還本國忽然不見天師治舍還復如本
太玄真一本際經聖行品卷第三
女官趙妙虛敬寫

图 3-3　女道士赵妙虚手抄《本际经》第三卷残本

资料来源：上海古籍出版社、法国国家图书馆编：《法国国家图书馆藏敦煌西域文献》，上海古籍出版社，1994，第 2170 页，伯 2170。

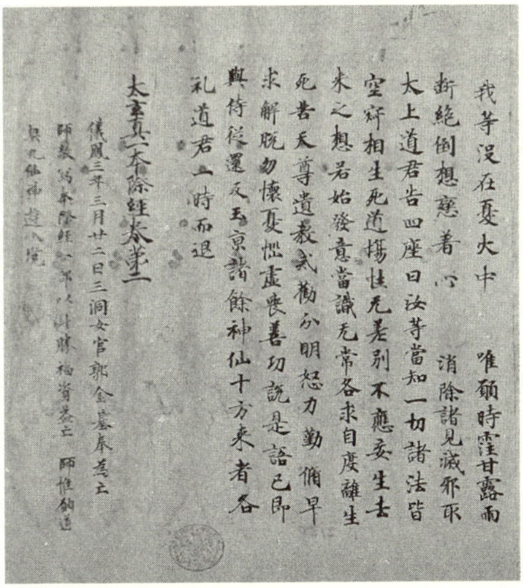

我等沒在憂大中　唯願時霔甘露而
斷絕倒想癡着心　消除諸見滅邪取
太上道君告四座曰汝等當知一切諸法皆
空寂相生死道揚快无差別不應妄生去
来之想若始發意當識无常各求自度離生
死苦天尊遺教或勸分明怒力勤脩早
求解脫勿懷憂惱盡丧善功說是語已即
與侍從還反玉京諸餘神仙十方来者各
礼道君一時而退
太玄真一本際經卷第二
儀鳳三年三月廿二日三洞女官郭金基奉爲亡
師敬寫本際經一部以此功德資益亡　師惟願道
與元仙神遊入境

图 3-4　女道士郭金基手抄《本际经》第二卷残本

资料来源：中国社会科学院历史研究所等编：《英藏敦煌文献（汉文佛经以外部分）》，四川人民出版社，1990，斯 3135。

《本际经》原本共十卷，为七世纪初刘进喜所撰，李仲卿增补。收于《道藏》中的《本际经》仅存两卷，现在从敦煌发现的大量残卷为我们提供这部重要经书的近于完整的本子（仅缺第八卷）。① 《本际经》在唐初十分流行，三位女道士的抄本可能完成于其时，显然是为了帮助这部经书传播，现在则为重构这部重要的道教经典做出贡献。此外，三个抄本均是楷书书法的精美范例，字体端正遒丽，整齐典雅。敦煌位于遥远的西北地区，根据记载，在 758 年有 37 位女道士，② 这个数字大致是唐前期的平均值。但是我们现在得知，仅初唐时就至少有四位敦煌女道士是精湛的书法家！由此可以推知，在有唐一代的广袤疆域中，应该还有无数女道士以类似的方式，致力于道经抄写和传播的事业。例如，从第二章和本章前面所述，我们已经知道女道士玉真公主、廉氏及成无为的世俗女弟子杨玲，也都是杰出的书法家。

四　仪式活动

仪式活动是女道士日常宗教实践的一部分。由于道教传统历来十分重视仪式，而且在传世和新出土文献中都能找到不少描述唐代女道士独立举行仪式活动的资料，因此得以在本章专辟一节展开讨论。

众所周知，道教传统中有很多宗教和世俗活动与仪式联系在一起。各种记载表明，唐代女道士经常独立主持仪式表演。例如，根据墓志所述，能去尘在丈夫死后度为道士，成

---

① 主要见 Wu Chi-yu, *Pen-tsi king*: *Livre du terme originel* (Paris: Centre National de la Recherche Scientifique, 1960); 山田俊：《唐初道教思想史研究——〈太玄真一本际经〉の成立と思想》, 平乐寺书店, 1999; 王卡辑录：《太玄真一本际经》,《中华道藏》本, 第 15 号。

② 《法国国家图书馆藏敦煌西域文献》, 第 4072 页; 王卡:《敦煌道教文献研究》, 第 8 页。

为长安永穆观的观主，以熟练掌握各种仪式而著称。[1] 上文讨论过的观主成无为，在举办仪式方面也非常在行。[2] 根据第二章的讨论可知，玉真公主受玄宗之命，曾在多个道教圣地举办金箓斋和投龙仪式。唐代诗人为《女冠子》曲调填写的歌辞，也常常描绘女道士恍如天仙的仪式表演。例如：

静夜松风下，礼天坛。[3]

步虚坛上，绛节霓旌相向，引真仙。[4]

尽管诗歌不是精确的文献记载，但这样的描述应当有实际生活的基础。

唐代女道士在皇宫中举办道教仪式的情况，在近年出土的一通碑刻和八篇以"叹道文"体裁撰写的文章中留下了丰富的记载。此篇碑文中称，在大和四年（830），唐文宗赐予回元观一口钟及建造钟楼的费用。钟楼建造前，文宗"诏女道士侯琼珍等同于大明宫之玉晨观设坛进箓"。[5] 根据这一记载，这些女道士居住在这座大内女道观玉晨观中，侯琼珍可能是观主。从此次仪式表演还可推知，每当朝廷进行重要

[1] 严轲：《唐故女道士前永穆观主能师铭志并序》，陈尚君辑校：《全唐文补编》卷六七，第 815 页。

[2] 师学：《龙鹤山成炼师植松柏碑》，陈尚君辑校：《全唐文补编》卷三六，第 442 页。

[3] 薛昭纬（活跃于 896 年）：《女冠子》，《全唐诗》卷八九四，第 10095 页。

[4] 鹿虔扆（活跃于 901 ~ 903 年）：《女冠子》，《全唐诗》卷八九四，第 10105 页。"步虚"是祝祷星神的特殊仪式之名。关于中古道士和诗人吟咏这一仪式的诗歌，学界已经有不少研究，主要见 Edward H. Schafer, "Wu Yun's 'Cantos on Pacing the Void," *Harvard Journal of Asiatic Studies* 41 (1981): 377 – 415。

[5] 令狐楚：《大唐回元观钟楼铭并序》，转引自樊光春：《陕西新发现的道教金石》，《世界宗教研究》1993 年第 2 期，第 103 ~ 104 页。

的宗教事务时，这些女道士就会奉命在宫中举办道教仪式。

现存的八篇"叹道文"正反映宫廷女道士的此类仪式表演和活动。这些文章是由三位文官写于不同时期的作品，三人分别是白居易（772～846）、封敖（？～862?）、独孤霖（活跃于860～873年）。三人均曾担任翰林学士：白居易于807～811年在任，封敖于842～845年在任，独孤霖于862～869年在任。① 在中晚唐时期，翰林学士主要充当皇帝秘书的角色，昼夜轮流在宫中值班。由于玉晨观就位于翰林学士供职的紫宸殿后面，② 于是翰林学士有机会近距离观察女道士举办的道教仪式及其在宫中的其他活动。因此可以推断，这些记载的可信度非常高，因为学士不太可能编造有关宫廷仪式的虚假故事。

"叹文"可以看成是一种次文体。十世纪编纂的大型文集《文苑英华》在此类目下收入九篇文章。③ 其中一篇是宋之问（656？～712）所作的"叹佛文"，其余均为"叹道文"。这里的"叹"（意为"赞叹"）也是道教仪式中的一类音乐、吟唱，佛教仪式音乐中可能也是如此。④ 从这个意义上讲，"叹道"也可能指女道士在仪式表演中吟唱道教音乐。

这些文章再次告诉我们，在皇宫之中，道教仪式主要是由玉晨观的女道士操办的。综合八篇文章所述，宫中仪式主要在四种情况下举办。第一种情况是有关季节和节日的庆典。例如，在上元日（正月十五），"女道士某等，奉为皇

---

① 朱金城：《白居易年谱》，第63、77页；"封敖"，周祖譔主编：《中国文学家大辞典·唐五代卷》，第551页；"独孤霖"，周祖譔主编：《中国文学家大辞典·唐五代卷》，第593页。

② 元稹：《寄浙西李大夫四首》，《元稹集》卷二二，中华书局，1982，第251页；《全唐诗》卷四一七，第4602～4603页。

③ 《文苑英华》卷四七二，第8页b～14页a。

④ "叹"或"颂"原本是一种曲调，见李善（？～689）对潘岳（247～300）《笙赋》的注释，萧统编：《文选》卷五七，第261页a。

帝焚香行道，敬修功德"；① 在立春日，"女道士等奉为皇帝稽首斋戒，焚香庄严"。② 在这两个仪式中，女道士均为皇帝的长寿和国家的和平昌盛而祈祷。

第二种情况涉及与皇帝有关的特殊日期的仪式，诸如皇帝的生日或忌日。封敖的一篇文章描写女道士在唐宪宗忌日，祈祷已故皇宗安息于黄庭，保佑其子孙和帝国福祚绵长。③ 在另一篇文章中，封敖描写女道士在六月十一日庆贺唐武宗生日，为他祈求长寿。六月十一日在武宗统治时期被命名为庆阳节。④

第三种情况涉及祈雨仪式。独孤霖撰有两篇皆以《玉晨观祈雨叹道文》为题的文章，文中描述在长期亢旱时女道士向上天求雨的仪式。⑤

最后一种需要举办仪式的情况属于临时性事务，称为"别修功德"。两例这样的事件被独孤霖记载下来。在第一个事件中，女道士在九月初一日（秋季的第一天）祈祷和平而富饶的秋季降临。在第二个事件中，她们"奉为皇帝铺陈法要，启迪真筌"。⑥ 第二个事件值得格外注意，因为它再次提供宫廷女道士充当皇帝宗教导师的证据。上文提及的为建造

---

① 白居易：《上元日叹道文》，朱金城笺校：《白居易集笺校》卷五七，第 3284~3285 页；《全唐文》六七七，第 12 页 b。

② 封敖：《立春日玉晨观叹道文》，《全唐文》卷七二八，第 16 页 a~16 页 b。

③ 封敖：《宪宗忌日玉晨观叹道文》，《全唐文》卷七二八，第 15 页 b~16 页 a。唐宪宗卒于元和十五年正月二十七日（820 年 2 月 14 日）。见《旧唐书》卷一五，第 472 页；《新唐书》卷七，第 219 页。"黄庭"指仙界。

④ 封敖：《庆阳节玉晨观叹道文》，《全唐文》卷七二八，第 15 页 a~15 页 b。

⑤ 《全唐文》卷八〇二，第 5 页 a~5 页 b、第 5 页 b~6 页 a。

⑥ 独孤霖：《九月一日玉晨观别修功德叹道文》，《全唐文》卷八〇二，第 3 页 b~4 页 a；《七月十一日玉晨观别修功德叹道文》，《全唐文》卷八〇二，第 3 页 b。

钟楼而举办的仪式，也应当是一种"别修功德"的服务。

依照惯例，道教宫观需要在三元日（正月十五、七月十五、十月十五）、皇帝和皇后的生日和忌日以及其他特殊情况（诸如为国求福）下举办仪式。[①] 上述一篇碑文和八篇文章难得地记载了皇宫中玉晨观的女道士举办此类仪式的实际情景。此外，这些记载还向我们揭示出其他一些重要事实。首先是有关玉晨观在所谓内道场中的重要地位问题。"道场"一词是梵文"bodhimaṇḍa"的汉译，原本指菩提树下释迦牟尼获得觉悟的地点。这个词首先被用于中国佛教，而后拓展到道教方面，其间延伸出多种意涵，包括宗教庆典和举行庆典的场所。在唐代，皇宫中建立起许多佛教和道教的寺院、道观、庙宇和坛场，以便举办由皇帝或其他皇室成员赞助的各种宗教庆典、实践和仪式。[②] 女道士举办仪式活动的频繁程度，显示作为女道观的玉晨观是最重要的内道场之一。[③]

其次，女道士有能力不依靠男道士而单独承办高级仪式，这证实了墓志和诗词作品中经常描述的女道士作为仪式专家的形象。我们还看到，女道士举办仪式的程序细节包括建坛、向神灵献箓、斋戒、焚香、叩首以及吟唱祈祷等。

再次，女道士除举办仪式外，还充当皇帝的宗教导师，这显示她们拥有深厚的道教经书、义理和实践知识，与田元

---

① 李林甫等：《唐六典》卷四，第 126~127 页。

② 关于唐代宫中内道场的研究，主要见 Chou Yi-liang, "Tantrism in China," *Harvard Journal of Asiatic Studies* 8 (1944 - 1945): 241 - 332, esp. 309 - 11；张弓：《唐代的内道场与内道场僧团》，《世界宗教研究》1993 年第 3 期，第 81~89 页；孙昌武：《唐长安佛寺考》，《唐研究》第 2 卷，北京大学出版社，1996，第 1~49 页；王永平：《论唐代道教内道场的设置》，《首都师范大学学报》1999 年第 2 期，第 13~19 页；Jinhua Chen, "Tang Buddhist Palace Chapels," *Journal of Chinese Religions* 32 (2004): 101 - 73。

③ 关于这座道观的更多信息，见樊波：《唐大明宫玉晨观考》，严耀中编：《唐代国家与地域社会研究》，上海古籍出版社，2008，第 417~424 页。

素和韩自明的墓志所述指导皇帝和其他宫中人物的经历相
吻合。

最后，玉晨观中的一些女道士是从京城内外的道观被征
召而来的，可以推测征召原因是这些女道士的声望和成就。
例如，韩自明从长安咸宜观被征召入宫，田元素也可能从京
城的某所女道观被征入。还有一些从遥远南方征召女道士入
玉晨观的例子，如著名的女道士诗人李季兰在 783 年前后由
扬州（在今江苏）被征入，① 庞德祖在 837 年从江西麻姑山
被征入。此类征召代表了社会最高权威对女道士成就的
认可。

五 结语

本章对大量新资料尤其是墓志和敦煌写本的分析，描绘
出唐代女道士宗教经历的丰富画面。对于置身各种境况和处
于人生旅程不同阶段的女性，道教打开了一条通往精神追求
的受欢迎的道路，为她们提供新的身份、事业和角色，使她
们在较广阔的社会范围发挥作用。如同前文展示的，在承担
领袖、导师、布道者、修道者、仪式表演者等各种宗教角色
时，以及在面对一些非同寻常的俗世境遇时，女道士以各种
方式提升自我，以多种多样的成就为宗教和社会的运作做出
贡献。唐代女道士代表一种重要的女性宗教现象，在道教传
统和中国妇女史中都无与伦比。

---

① Jia, "*Yaochi ji*," p. 228；及本书第六章。

第四章
柳默然与道教内修理论

柳默然（字希音，773～840）是唐代众多卓尔出群的女道士之一。她达到唐代道教的最高法位大洞三景，并传承甚至可能撰写了《坐忘论》，一篇有关道教冥思和内修的文本，此文本传统上被错误地归属于道教著名宗师司马承祯。此外，她还撰有一篇《薛元君升仙铭》，颂扬女道士薛元君，文中描述女性身体的修炼，并提倡内修重于外丹。

然而，柳默然却在很大程度上被古今学者所忽略。本章首先根据为柳默然所撰写的墓志及其他相关资料，叙述其生平经历；接着通过分析与其相关的作品，揭示她对道教内修理论的独特贡献。此外，除了此篇与柳默然相关的《坐忘论》文本外，另外还有一篇传世的、同样被错误地归属于司马承祯的《坐忘论》，两个文本的作者归属问题十分复杂，本章对此也展开细致的考证。

一　柳默然的生平和宗教经历

柳默然的墓志可为我们提供她的详细生平和宗教经历。[①]

---

① 李敬彝：《大唐王屋山上清大洞三景女道士柳尊师真宫志铭》，《道家金石略》，第176～177页；《唐代墓志汇编》，第2201～2202页。

她出身于士大夫家庭，从小受过良好的教育。她是著名儒士萧颖士（709~760）的外孙女，著名诗人柳淡（淡亦写作澹，字中庸，以字行）的女儿。柳淡是萧颖士的学生和女婿。① 在度为女道士之前，柳默然遵循的是士大夫家庭为女儿们所规划的传统人生道路。786 年，14 岁的她与出自世家大族的赵伉结为伉俪，一起孕育了三男二女。在此期间，柳默然谨遵儒家妇道，出色地操持一个大家族的日常事务，备受全家上下赞扬。806 年，在结婚 20 年后，她的丈夫赵伉意外去世。自此她开始以"严教慈育"之方式，独自抚养子女。其中二子赵璘和赵璜通过科举考试，进士及第，入仕为官；最小的儿子赵珪则不幸早夭。赵璘是一位著名的学者，唐代笔记《因话录》即其所著。②

　　虽然柳默然完满地履行家庭责任，成为儒家贤妻良母的典范，但是她的丈夫和兄弟几乎同时去世的变故，促使她开始在儒家的伦理规范之外，寻求精神的安慰。她先学习佛教经典和教义，其后则皈依道教。可能是在子女已经成人之后，柳默然首先在天台山受度，学习正一和灵宝经文。接下来她进一步在衡山受学上清经文。最终她前往王屋山的阳台观定居，这是司马承祯居住过的地方。她在那里建造了十多

---

① 萧颖士是唐代复兴古文和儒学经典的先驱，其传记见《旧唐书》卷一九〇，第 5048~5049 页；《新唐书》卷二〇二，第 5767~5770 页。柳淡在安史之乱后南方地区的文人诗歌集会中非常活跃，并且与很多著名文人有联系，诸如颜真卿和皎然。见柳宗元：《先君石表阴先友记》，《柳宗元集》卷一二，中华书局，1979，第 306 页；林宝：《元和姓纂》卷七，中华书局，1994，第 1099~1100 页；赵璘：《因话录》卷三，第 86~89 页；贾晋华：《皎然年谱》，厦门大学出版社，1992，第 69~71 页。
② 赵璘：《唐故处州刺史赵府君墓志》，《唐代墓志汇编》，第 2394 页。

座真君的塑像，以进行膜拜。① 由于柳默然严格进行斋戒和遵循戒律，受到道门普遍的崇敬。她的两个女儿赵右素和赵景玄追随她，也度为女道士。赵右素早于母亲去世，赵景玄则最终也达到大洞三景的最高法位。柳默然的人生历程展示出儒家家庭伦理和女德与佛教思想及道教自我修炼的结合，正如她的墓志所记载：

> 尊师学道既久，门人尝造而问曰："师始以法得无生理，既臻其极，而今出入盖由其户耶？"尊师答曰："否。夫假法以明道，其若工之利器尔。栋梁已就，斤斧何施。吾道既达，法亦何有。"

从这段对话中可以看出，柳默然对佛法教义（"无生理"）极为精熟，并且将其作为阐明和获得道教理论的手段。显然，在她的人生和宗教经历中，儒家、佛教和道教自然而然地融为一体。

二 两篇《坐忘论》的作者归属问题

传世的两篇题为《坐忘论》的文本，传统上都被归属于为司马承祯所撰。一篇较长，以七个章节描写坐忘的七阶，可称为长篇《坐忘论》；另一篇则相当短小，最早由柳默然刻石流传，可称为碑刻《坐忘论》。

近数十年来，学者对两个文本的作者归属产生疑问。一些学者虽然质疑司马承祯的作者身份，但并未能判定究竟何

---

① 731 年，唐玄宗应司马承祯之请求，下令在五岳修建上清真君祠。见《旧唐书》卷一九二，第 5128 页；雷闻：《五岳真君祠与唐代国家祭祀》，荣新江编：《唐代宗教信仰与社会》，上海辞书出版社，2003，第 35 ~ 83 页。柳默然所建之塑像，应属于相同的上清真君。

人撰写此两篇论文。① 另一些学者推断长篇《坐忘论》为道士赵坚所作，但依然认可碑刻《坐忘论》是司马承祯的作品。② 通过对两个文本的仔细研究和比较，我同意长篇《坐忘论》是赵坚所作的观点，并提供更多的证据来支持这一结论。与此同时，我发现司马承祯也不可能是碑刻《坐忘论》的作者，虽然此篇短文的作者身份依然存疑，但有证据表明它很可能就是柳默然本人的创作。

碑刻《坐忘论》镌刻在"有唐贞一先生庙碣"的石碑阴面，贞一先生是唐玄宗为司马承祯追赠的谥号。在碑文的末尾，柳默然声称，此篇《坐忘论》是她和女儿赵景玄在长庆元年（821）从一位姓徐的道士那里获得的，而后她在大和三年（829）将之刻于此碑。③ 据此，此篇《坐忘论》由徐道士传授给柳默然，然后由她刻石保存。然而，碑文并未

① 见卢国龙：《道教哲学》，华夏出版社，1997，第 371~390 页；Isabelle Robinet, "*Zuowang lun*" and "*Daode zhenjing shuyi*," in *Taoist Canon*, pp. 306－7, 292－93。

② 见吴受琚：《司马承祯集辑校》，硕士学位论文，中国社会科学院研究生院，1981，第 49 页；中嶋隆藏：《〈道枢〉卷二所收〈坐忘篇上、中、下〉小考》，《集刊东洋学》第 100 期，2008 年，第 116~133 页；中嶋隆藏：《〈道枢〉卷二所收〈坐忘篇下〉と王屋山唐碑文〈坐忘论〉》，《东洋古典学研究》第 27 期，2009 年，第 29~46 页；朱越利：《〈坐忘论〉作者考》，《道教考信集》，齐鲁书社，2014，第 48~61 页。

③ 此碑今存，原置于王屋山中岩紫微宫，现移至山下的济渎庙，我于 2017 年 5 月考察济渎庙时曾细阅此碑。缪荃荪（1844~1919）录此碑，拟题为《白云先生坐忘论》，见其《艺风堂拓片》（保存于北京大学图书馆）；亦收于北京图书馆金石组编：《北京图书馆藏中国历代石刻拓本汇编》第 30 册，中州古籍出版社，1989，第 89 页；《道家金石略》，第 176 页。此篇碑文的落款为"柳凝然"而非"柳默然"，但是此文与柳默然墓志铭之间的几个巧合暗示了两者应为同一人：首先，"柳凝然"在同一时期也住在王屋山；其次，"柳凝然"也达到大洞三景的法位；最后，"柳凝然"也和柳默然的女儿赵景玄在一起。柳氏字"希音"（意为"听不见之声音"），与她的名"默然"（意为"无声"）是相配的，那么"默然"应该是她确切的名，而"凝"字则有可能是刻写中的错讹，或有意的避讳。《坐忘论》碑文在宋代曾被重刻（《道家金石略》，第 177 页），这或许可解释刻写错讹或避讳的原因。

说明是谁将此文传授给徐道士。

值得注意的是，碑刻《坐忘论》尖锐地批评长篇《坐忘论》：

> 近有道士赵坚，造《坐忘论》一卷七篇。事广而文繁，意简而词辩。苟成一家之著述，未可以契真玄。使人读之，但思其篇章句段，记其门户次叙而已。可谓"坐驰"，非"坐忘"也。

这部由赵坚撰写的《坐忘论》被描述为包含七个篇章的繁复文字，但同时也具有清晰的篇章次序。这一描述与传世归属于司马承祯并含有七章的长篇《坐忘论》文本相吻合。此篇《坐忘论》的最早文本见于宋初张君房（约 1004 ~ 1007 年进士）所编《云笈七签》，但书中并未提及《坐忘论》的作者身份。① 显然，张君房并不认为司马承祯是此文的作者。

其后，此篇《坐忘论》的另一版本将作者归于司马承祯，但附有一个大约在北宋晚期出现的署名真静先生的序言，与此同时，原来的序言被缩短了，而且一个题为"坐忘枢翼"的结语也被添加进来。② 在此结语中，"枢翼"实际上是对一篇初唐文本《洞玄灵宝定观经注》的改编。③ 差不多与此同时，曾慥（？~ 1155？）在其所编《道枢》中也收入

---

① 张君房编：《云笈七签》卷九四，中华书局，2003，第 2043 ~ 2061 页。相同的文本也收入《全唐文》，并同样归属于司马承祯，见《全唐文》卷九二四，第 1 页 a ~ 15 页 a。

② 《坐忘论》，《道藏》第 1036 号，第 891 ~ 898 页。

③ 《道藏》第 400 号，第 497 ~ 499 页；张君房编：《云笈七签》卷一七，第 409 ~ 416 页。见 Isabelle Robinet, "Zuowang lun" and "Daode zhenjing shuyi," in Taoist Canon, pp. 306 - 7, 292 - 93；Kristofer Schipper, "Dongxuan lingbao dingguan jing zhu," in Taoist Canon, p. 332.

一个缩略过的长篇《坐忘论》文本，包含有"枢翼"，但并未提及作者。① 宋代公私书目则几乎皆将此长篇《坐忘论》归属于司马承祯。②

一些学者已经注意到，此长篇《坐忘论》共有七章，而被碑刻《坐忘论》所批评的赵坚所撰《坐忘论》也恰好是七章。他们猜想赵坚可能就是初唐时撰写《道德真经疏义》的赵志坚。③ 蒙文通指出，赵志坚在疏义中总结出三种静观修炼的方法："一者有观，二者空观，三者真观。"④ 而长篇《坐忘论》的七阶中，第五阶也称为"真观"，⑤ 与赵志坚文中的第三种修行方法相同。⑥

通过更仔细的考辨和比较，可以看出赵志坚的疏义和长篇《坐忘论》在词句和观念上有更多相同之处。在疏义中，赵志坚反复强调"坐忘"的观念和实践：

> 无为坐忘，进修妙道。
>
> 坐忘近道，上获神真。
>
> 罪是往时恶报，今因坐忘，罪自销灭。
>
> 今则思去物华，念归我实。道资身得，赜体坐忘。

---

① 曾慥编：《道枢·坐忘篇上》，《道藏》第 1037 号，第 614~615 页。

② 关于宋代书目著录此篇的情况，见 Livia Kohn, *Sitting in Oblivion: The Heart of Daoist Meditation* (Dunedin, FL: Three Pines Press, 2010), pp. 62 - 63。

③ 赵志坚：《道德真经疏义》，《道藏》第 719 号。这个文本最初有六卷，现存残缺不全的第四至六卷。见蒙文通（1894~1968）：《坐忘论考》，《古学甄微》，巴蜀书社，1987，第 362 页；卢国龙：《道教哲学》，第 371~390 页；Isabelle Robinet, "*Zuowang lun*" and "*Daode zhenjing shuyi*," pp. 306 -7, 292 -93；朱越利：《〈坐忘论〉作者考》，《道教考信集》，第 48~61 页。

④ 赵志坚：《道德真经疏义》卷四，《道藏》第 719 号，第 951 页 b。

⑤ 张君房编：《云笈七签》卷九四，第 569 页。

⑥ 蒙文通：《坐忘论考》，《古学甄微》，第 362 页。

修之有恒，稍觉良益。①

明显可以看出，赵志坚对坐忘非常感兴趣，并且将此推尊为自我修养以得道的有效途径。长篇《坐忘论》与《道德真经疏义》两个文本的有些段落甚至高度一致，如表4-1所示。

表4-1 长篇《坐忘论》与赵志坚《道德真经疏义》的
相应段落比较

《坐忘论》	《道德真经疏义》
心安而虚，道自来居。经云："人能虚心无为，非欲于道，道自归之。"	直以无为坐忘，道自来止，故云得也。《西升经》云："人能空虚无为，非欲于道，道自归之。"

资料来源：张君房编：《云笈七签》卷九四，第568页；赵志坚：《道德真经疏义》卷五，第958页a。

考虑到以上这些联系，我认为，长篇《坐忘论》的作者可以确定为赵坚，而不是司马承祯。志坚应是赵坚的字，杜光庭记录赵坚作《道德经疏义》六卷，显然指的就是现存署名赵志坚的疏义之作。②

回到碑刻《坐忘论》，也有证据说明，司马承祯也不可能是此文的作者，其真正作者甚至有可能是柳默然。第一，在碑文中，柳默然仅声称此文是一位姓徐的道士传授给她，既未给出徐氏的名，也没有说明他是从何人何处获得此文本的，表述非常模糊。如果此文真的是柳默然所崇敬的宗师司马承祯所作，她肯定会说明此点，并将整个传授过程详细叙述，来证实此文的真实性和权威性。

第二，碑刻《坐忘论》中引用吴筠（？～778）的《神

---

① 赵志坚：《道德真经疏义》卷五，第958页a；卷六，第965页c。
② 杜光庭：《道德真经广圣义》，《道藏》第725号，第309页。

仙可学论》四次,① 详见表 4 - 2。

表 4 - 2 碑刻《坐忘论》对《神仙可学论》的引用

《坐忘论》	《神仙可学论》
故招真以炼形,形清则合于炁;含道以炼炁,炁清则合于神。体与道冥,谓之得道。道固无极,仙岂有终	所以招真以炼形,形清则合于气;含道以炼气,气清则合于神。体与道冥,谓之得道。道固无极,仙岂有穷乎
故曰:"乾坤为易之蕴,乾坤毁则无以见易;形器为性之府,形器败则性无所存。性无所存,则于我何有?"	殊不知乾坤为易之韫,乾坤毁则无以见易;形器*为性之府,形器败则性无所存。性无所存,于我何有?
故曰"游魂为变"是也	游魂迁革,别守他器
此身亦未免为阴阳所陶铸而轮泯也	安知入造化之洪炉,任阴阳之鼓铸

* "器"原写作"气",此处据《坐忘论》的引文校正。

当 89 岁的宗师司马承祯在 735 年去世的时候,吴筠尚且年轻,② 因此司马承祯不可能如此大量地引用吴筠的作品。那么是否有可能反过来,吴筠引用司马承祯的作品? 答案也是否定的。《坐忘论》用"故曰"的字眼来标示其引用的部分,而吴筠文章相关的部分则是直接叙述和讨论的语气。所

---

① 吴筠:《神仙可学论》;张君房编:《云笈七签》卷九三,第 2030 ~ 2031 页。《云笈七签》的编者张君房没有给出此文本的作者,但是此文本收吴筠的文集,而且在权德舆为文集所撰写的序言里提及。见权德舆:《唐故中岳宗玄先生吴尊师集序》,《全唐文》卷四八九,第 19 页 a ~ 21 页 a;Jan De Meyer, *Wu Yun's Way: Life and Works of an Eighth-Century Daoist Master* (Leiden: Brill, 2006), p. 288。孔丽维(Livia Kohn)不仅注意到碑刻《坐忘论》对前三条的引用,还发现两个文本中有一句相似的表达:"必藉夫金丹以羽化。"见 Livia Kohn, *Sitting in Oblivion: The Heart of Daoist Meditation*, pp. 159 - 62。但"必藉夫金丹以羽化"这句话,在两个文本里表示的是不同的含义。在《坐忘论》里,这句话指的是金丹(内修的成果)的正面效用;而在《神仙可学论》里,这句话是批判那些沉迷于金丹(外丹)而荒废于修道之人。

② 关于吴筠的生平,见权德舆:《唐故中岳宗玄先生吴尊师集序》,《全唐文》卷四八九,第 19 页 a ~ 21 页 a;Jan De Meyer, *Wu Yun's Way*, pp. 3 - 102。

以，应该是《坐忘论》引用吴筠的作品，而不是后者复述前者的内容。

此外，南宋《通志》录有《坐忘论》一卷，署名吴筠，[①] 此似乎增加了吴筠是《坐忘论》作者的可能性。然而，笔者有三个理由证明这种可能性无法成立。其一，吴筠也是著名的道教宗师，如果他是《坐忘论》的作者，碑文理应清楚地说明这一点。其二，吴筠的作品在其去世后不久就结集，[②] 如果此文是他所撰，应该会被收进他的文集，并且被他人所注意。然而，此文不仅没有收入任何现存的吴筠作品集中，也没有任何人提到它，直到几个世纪后的南宋才被提出，是很值得怀疑的。其三，在吴筠现存的众多作品中，没有任何一篇文章提到"坐忘"一词，可见吴筠对这一观念和实践并无兴趣，更毋言专门撰文论说。

司马承祯不是碑刻《坐忘论》作者的第三个证据，是石刻碑文的首行："坐忘论，敕赠贞一。王屋山玉溪道士张弘明书。"[③] 贞一先生是唐玄宗赐给司马承祯的谥号，这可能是司马承祯被认为是此文作者的最重要的证据。[④] 然而，大量出土的唐代碑刻表明，当列具并签署姓名的时候，作者总是给出其完整头衔和全名，并以某某"撰"的格式清楚地说明著作权。然而在此处，不但司马承祯不可能自署其谥号，"贞一"也并非其完整的谥号，而司马承祯的名字和"撰"这个正式表示作者身份的动词均不存在。由于此碑在宋元祐

①　郑樵：《通志二十略》卷六七，中华书局，1995，第 1617 页。另见 Piet van der Loon, *Taoist Books in the Libraries of the Sung Period* (London: Ithaca Press, 1984), p. 109。

②　权德舆：《唐故中岳宗玄先生吴尊师集序》，《全唐文》卷四八九，第 19 页 a~21 页 a。

③　朱越利：《〈坐忘论〉作者考》，《道教考信集》，第 49 页。

④　中嶋隆藏：《〈道枢〉卷二所收〈坐忘篇下〉与王屋山唐碑文〈坐忘论〉》，《东洋古典学研究》第 27 期，2009 年，第 29~46 页。

九年 (1094) 由阳台观上方院主道士崔可安重新立石镌刻，① 因此很有可能"敕赠贞一"四字是在那时被添加的，用以补充说明司马承祯的作者身份，因为宋人普遍认为司马承祯是此文的作者。②

最后一个证据是紧接着《坐忘论》，柳默然还在同一面石碑上刻有《薛元君升仙铭》，并明确地指出是她本人所撰。③ 元君是称呼"成仙"的女道士和高等女仙的头衔，薛是其姓氏，其名字和道号则未知。④ 这篇铭文纪念一位在南岳衡山修炼的女道士，据传她最终在南朝陈的时代 (557~589) 飞升成仙。将有关薛元君的碑文和《坐忘论》相比较，我发现两者在道教内修理论方面有不少相似的观念（见下文）。

将上面四个证据综合起来，我认为，柳默然所称的从徐道士处获得的《坐忘论》，其作者既不是司马承祯，也不是

---

① 《道家金石略》，第 177 页。

② 在缪荃孙制作此篇碑文的拓片时，他加上了"白云先生"四个字，题之为《白云先生坐忘论》。此题为陈垣沿袭，用于其所编《道家金石略》。

③ 柳默然：《薛元君升仙铭》，《艺风堂拓片》，《道家金石略》，第 176~177 页。铭文中也提及柳凝然为作者，但所述其离天台山去衡山的经历与柳默然早年在天台山受箓的经历相符合。因此，此处柳凝然仍然应该是柳默然。

④ 朱越利认为薛元君应该就是《南岳小录》中记载的薛师，见其《〈坐忘论〉作者考》，《道教考信集》第 49 页。但是《南岳小录》清楚地提到薛师在开元年间 (713~741) 住在衡山的西灵观，见李冲昭（活跃于 902 年)：《南岳小录》（《丛书集成初编》本），第 5 页。所以，薛师不可能是南朝陈时的薛元君。另外，《南岳总胜集》记载女道士薛女真住在衡山修炼，并最终在晋代尸解成仙。见陈田夫（活跃于十二世纪)：《南岳总胜集》，《大正新修大藏经》第 2097 号，第 1066 页 c；James Robson, *Power of Place: The Religious Landscape of the Southern Sacred Peak (Nanyua 南岳) in Medieval China* (Cambridge, MA: Harvard University Press, 2009), pp. 204–205。薛女真生活在晋代，而不是南朝陈，而且据记载，她以尸解成仙，而不是飞升成仙，因此她也不可能是薛元君。

吴筠。虽然也有可能是徐道士本人撰写此文，然而柳默然对其名字的省略让这一可能性也变得难以成立。虽然碑刻《坐忘论》的作者还未能确定，但柳默然将此文刻石，以及刻于同一石碑上的两篇文章的相似之处，为她本人撰写《坐忘论》的可能性提供了一定证据。此文本被镌刻在司马承祯庙碑的背面的事实，应该是后人将其误认为是司马承祯所作的最重要原因。的确，正是杜光庭在叙述王屋山的"圣迹"的时候，最先误将司马承祯说成是此文的作者。① 其后，当这篇文章在宋代被著录及收入《道枢》中时，它便被堂而皇之地署上司马承祯的名字。②

三 碑刻《坐忘论》的主题

接下来进一步分析碑刻《坐忘论》的主题。"坐忘"一词最先出现在道家经典《庄子》中，书中将"坐忘"描述为一种消除了尘世羁绊、社会规范和道德品格等普通特征的深度冥思状态。③ 在此之后，这个观念逐渐成为道教冥思理论的核心，指的是"一种冥思入定、达到神秘的深度状态，在此状态中泯灭所有感官和意识的机能，成为得道的基点"。④ 在批评赵坚的七阶冥思的坐忘法的同时，碑刻《坐忘论》强调直接进入深度入定的精神状态。以这种状态为基础，修道者接着通过形、气和神三个阶段的修炼，最终与道

---

① 杜光庭：《天坛王屋山圣迹记》，《全唐文》卷九三四，第 3 页 b ~ 9 页 a。一些宋代金石著录，如欧阳棐的《集古录目》（陈思《宝刻丛编》引，《石刻史料新编》本，卷五，第 27 页 a ~ 27 页 b）及佚名的《宝刻类编》（《石刻史料新编》本，卷八，第 18 页 a）皆记此文的作者为司马承祯，但是这些编者可能是沿袭杜光庭的说法。

② 《道枢·坐忘篇下》，第 616 页 b ~ 617 页 a。

③ 见 Livia Kohn, *Sitting in Oblivion*, pp. 7 - 8, 16 - 32。

④ Livia Kohn, *Sitting in Oblivion*, p. 1.

合为一体。利用这一修炼方法，修道者达到神和形的双重完
满。这些主题后来对道教内修理论逐渐演化为内丹理论的过
程具有重要贡献。内丹理论最终在宋代初期成熟和经典化。

赵坚的《坐忘论》设计和详细阐述实践坐忘的七个步
骤：（1）信敬，即虔诚地在实践中信奉；（2）断缘，即将
自己从社会中脱离出来；（3）收心，即将自己的思虑从外部
事务中抽离；（4）简事，即简单地生活；（5）真观，即深
刻地冥思；（6）泰定，即进入完全的寂定；（7）得道，即
达到与道合一。① 在此七步中，前四步是修习坐忘前的准备，
包括坚定信仰、净化心灵和简化生活；后三步是逐渐进入坐
忘，从冥思、寂定到与道合一。

如同前文所提及，碑刻《坐忘论》批评赵坚的七阶为
"事广而文繁""意简而词辩"，并讥刺这是"坐驰"而不是
坐忘。碑刻《坐忘论》接着只拈出一个步骤"太定"，即赵
坚的第六步（"泰"和"太"通用同义），但却给予完全不
同的解读：

> 是以求道之阶，先资坐忘。坐忘者，为亡万境也。
> 故先了诸妄，次定其心。定心之上，豁然无覆；定心之
> 下，空然无基。触然不动，如此则与道冥，谓之太
> 定矣。②

文中提倡通过看穿世间万物的虚幻本质，直接进入坐忘或太
定。一旦进入这种状态，心思空却一切感官和知觉的机能，

---

① 关于此七阶修炼的详细讨论，见 Livia Kohn, *Sitting in Oblivion*, pp. 60 - 61。
② "定心之上，豁然无覆；定心之下，空然无基。"此两句引自《定观经》。此经的注释解说此两句为"前念不生，故云无覆；后念不起，故曰无基"。见张君房编：《云笈七签》卷一七，第414~415页。

不再有任何起念。如果保持此种深度的入定状态，修道者最终将达到与道合一的境界。

值得注意的是，除了赵坚的《坐忘论》外，一些较早的道教冥思文本，诸如归属于孙思邈（581？～682）的《存神炼气铭》、佚名的《定观经》，尹愔（？～741？）在735年所注的《老子说五厨经注》①、司马承祯所传承或撰写的《天隐子》②、吴筠的《心目论》③，都阐述如何通过入定冥思而逐渐与道合一的过程，而且《天隐子》还特别警告不能急于求成和心急冒进。④ 因而，碑刻《坐忘论》对澄空心思直接进入太定而与道合一的强调，与唐代道教前辈的观念大不相同。

碑刻《坐忘论》将早期冥思理论简化和转变的原因，可以从两方面加以分析。首先，此文的核心思想是在坐忘和太定的精神状态下，修炼形、气、神以达到与道合一，所以逐渐进入冥思的步骤已经变得不重要。其次，此文明显受到佛教思想和实践的影响，诸如万物虚幻不实，以空寂之心进入寂定，以及唐代禅宗所特别提倡的顿悟。如果此文的作者确实是柳默然，联系她在入道之前学习和精通佛教经典教义的经历，此文受到佛教影响就不足为奇了。

---

① 《老子说五厨经注》，《道藏》第 763 号，第 763 页；张君房编：《云笈七签》卷六一，第 1356～1360 页。关于此文本的讨论，见 Christine Mollier, "Les cuisines de Laozi et du Buddha," *Cahiers d'Extrême Asie* 11 (2000)：45 - 90；Franciscus Verellen, "*Laozi shuo wuchu jing zhu*," in *Taoist Canon*, p. 351；Livia Kohn, *Sitting in Oblivion*, pp. 70 - 71, 198 - 206。

② 《天隐子》，《道藏》第 1026 号。对此文本更深入的讨论，见 Livia Kohn, "The Teaching of T'ien-yin-tzu," *Journal of Chinese Religions* 15 (1987)：1 - 28。此文本的英译，见 Louis Komjathy, *Handbooks for Daoist Practice* (Hong Kong：Yuen Yuen Institute, 2008), No. 9。贺碧来（Isabelle Robinet）也讨论过它，见其 "*Tianyinzi*," in *Taoist Canon*, p. 303。

③ 《心目论》，《道藏》第 1038 号；《宗玄先生文集》卷二，《道藏》第 1051 号，第 16 页 b～19 页 b。

④ 见 Livia Kohn, *Sitting in Oblivion*, pp. 68, 73 - 104。

碑刻《坐忘论》进一步强调，直接进入太定之后，修道者应集中于修炼形、气和神。通过引用吴筠的《神仙可学论》，碑刻《坐忘论》首先描述内修的前两个阶段，即炼形合气和炼气合神。接着此文增加第三个阶段，即炼神合道升入虚空："故圣人劝炼神合道，升入无形，与道冥一也。"

此处的圣人可能指的是《定观经》的作者。此经描述修炼形体的七候（七个阶段），分别为：（1）心得安定；（2）消除宿疾；（3）阻止夭折；（4）延年成仙；（5）炼形为气；（6）炼气成神；（7）炼神合道。① 在这一模式中，前四候是准备的阶段，通过心身的修炼和转化而获得长寿。后三候通过修炼形、气、神而最终达成与道合一的最高目标。此后三候与碑刻《坐忘论》的三阶修炼完全相同。

而《定观经》的七候，则可能以归属于孙思邈的《存神炼气铭》为基础。此铭所描述的七候为：（1）消除宿疾；（2）超越常限；（3）延年成仙；（4）炼身成气；（5）炼气成神；（6）炼神合色；（7）超脱尘世。在这一模式中，前三候接近于《定观经》的前四候，也属于准备的阶段；接下来的三候与《定观经》的后三候以及碑刻《坐忘论》的三阶大致相对应。正如同其对长篇《坐忘论》冥思模式的批评，碑刻《坐忘论》在此处也摒弃其他两个早期文本的修炼模式的准备阶段，直接集中于修炼形、气、神的关键阶段。②

---

① 《洞玄灵宝定观经注》，《道藏》第400号，第498~499页；张君房编：《云笈七签》卷一七，第409~416页。如上所述，长篇《坐忘论》中的"枢翼"改编自《定观经》，所以此条引用也见于长篇《坐忘论》（第897~898页）和《道枢》（卷二，第614~615页）。关于此文本的翻译和讨论，见 Livia Kohn, *Sitting in Oblivion*, pp. 64–67, 163–73。

② 《存神炼气铭》，《道藏》第834号，第458~459页；张君房编：《云笈七签》卷三三，第748~751页。这里"色"或者"形"指的是世间万物的形体和形态。关于此文本的翻译和讨论，见 Livia Kohn, *Sitting in Oblivion*, pp. 67–68, 174–78。

此处值得特别注意的是，碑刻《坐忘论》所讨论的三个修炼阶段，和成熟于宋初的内丹理论的三个阶段非常相近：（1）炼精化气；（2）炼气化神；（3）炼神还虚。[1] 两者唯一的重要区别在于碑刻《坐忘论》第一阶段的炼形，后来成为内丹理论第一阶段的炼精。碑刻《坐忘论》最早将早期的各种七阶修炼模式简化为三阶，因此可以说它在内丹模式的早期萌芽阶段扮演一个重要的角色。表 4 - 3 展示这一模式从七阶逐渐简化和形成三阶的过程。

表 4 - 3 内丹三阶的形成过程

文本	阶段
《存神炼气铭》	七候：……第四候，炼身成气……；第五候，炼气为神……；第六候，炼神合色
《定观经》	夫得道之人，凡有七候：……五者炼形为气，……六者炼气成神……七者炼神合道
《神仙可学论》	所以招真以炼形，形清则合于气；含道以炼气，气清则合于神
碑刻《坐忘论》	故招真以炼形，形清则合于炁；含道以炼炁，炁清则合于神。体与道冥，谓之得道。道固无极，仙岂有终？……故圣人劝炼神合道，升入无形，与道冥一也
《悟真篇》等	炼精化气，炼气化神，炼神还虚，炼虚合道

---

① 这一模式最早见于《钟吕传道集》，《修真十书》（《道藏》第263号），归属于施肩吾的《西山群仙会真记》（《道藏》第246号），张伯端（983～1082）的《金丹四百字》（《道藏》第1081号），以及为张伯端的《悟真篇》所作的注释（《道藏》第145号）。相关讨论见胡孚琛：《道教史上的内丹学》，《世界宗教研究》1989年第2期，第1～22页；王沐：《悟真篇浅解》，中华书局，1990，第261～310页；Isabelle Robinet, *Introduction à l'alchimie intérieure taoïste: De l'unité et de la multiplicité* (Paris: Editions Cerf, 1995), pp. 147 - 64; Fabrizio Pregadio and Lowell Skar, "Inner Alchemy (*neidan*)," in Kohn Livia, ed., *Daoism Handbook*, pp. 464 - 97; Yutaka Yokote, "Daoist Internal Alchemy," in John Lagerwey, ed., *Modern Chinese Religion*, *Part One: Song-Liao-Jin-Yuan* (*960 - 1368*) (Leiden: Brill, 2014), pp. 1056 - 75。

　　如同诸多学者所揭示的，内丹修炼的传统经历了长时间的逐步发展。在唐代以前，仅出现与后来的内丹传统相关的零散的、孤立的观念。唐五代时期，外丹处于鼎盛，而内修的理论（包括列举于表 4 - 3 的四个文本）则开始向内丹的方向逐渐发展。至北宋前期，内丹理论达到成熟，涌现出编撰成经典的文本、固定的术语、标准化的修行实践以及通过追溯构建起来的谱系。这一切以 1075 年张伯端《悟真篇》的完成为标志。①

　　内丹的成熟理论和实践，不仅关涉转化人体内部的能量，而且涉及孕育创造圣胎（金丹），可以转化进入原始永恒的太虚或道。成熟的内丹理论所描绘的修炼三阶段，比较早的叙述远为复杂、深奥和神秘，充满关于宇宙的词汇、炼丹的符号和医学的术语，这些复杂语汇和《易经》的阴阳卦象及其经典注释混杂编织在一起，并综合道教、儒家和佛教的教义和实践。② 不过，唐代出现的早期的、较为简单的关

①　关于道教内丹理论和传统的历史发展的概述，主要见 Joseph Needham et al. , *Science and Civilisation in China*：*Volume 5*, *Chemistry and Chemical Technology*, *Part 5*, *Spagyrical Discovery and Invention*：*Physiological Alchemy* (Cambridge：Cambridge University Press, 1983 ）, pp. 129 - 41；陈兵：《金丹派南宗浅谈》，《世界宗教研究》1985 年第 4 期，第 3 ~ 49 页；Farzeen Baldrian-Hussein, "Inner Alchemy：Notes on the Origin and Use of the Term Neidan," *Cahiers d'Extrême-Asie* 5 (1990)：163 - 90；李大华：《隋唐时期的内丹学》，《道教学研究》1994 年第 5 期，第 404 ~ 419 页；Isabelle Robinet, *Taoism：Growth of a Religion*, trans. Phyllis Brooks (Stanford：Stanford University Press 1997）, pp. 219 - 28；Fabrizio Pregadio and Lowell Skar, "Inner Alchemy," in Kohn Livia, ed. , *Daoism Handbook*, pp. 464 - 81；Yutaka Yokote, "Daoist Internal Alchemy," in John Lagerwey, ed. , *Modern Chinese Religion*, *Part One*：*Song-Liao-Jin-Yuan* (*960 - 1368*）, pp. 1051 - 110。

②　主要见 Joseph Needham et al. , *Science and Civilisation in China*, Volume 5, Part 5, pp. 20 - 129；Henri Maspero, *Taoism and Chinese Religion*；胡孚琛：《道教史上的内丹学》，《世界宗教研究》1989 年第 2 期，第 1 ~ 22 页；王沐：《悟真篇浅解》，第 257 ~ 334 页；Isabelle Robinet, *Taoism：Growth of a Religion*, pp. 215 - 19；Fabrizio Pregadio and Lowell （转下页注）

于内修阶段的描述，仍然是通往成熟理论的发展链条上的重要环节。正如贺碧来（Isabelle Robinet）深刻地指出的，"回溯八、九世纪，最早的可明确系年的文本中，例如吴筠著作中的某些段落，已经呈现和说明以上所界定的内丹的特征"。她特别拈出的吴筠《神仙可学论》的那些段落，[①] 正是表4-2、表4-3所显示的为碑刻《坐忘论》所引用和进一步发展的部分。

碑刻《坐忘论》的另外一个重要主题是"形神俱全"。文中再次引用吴筠的《神仙可学论》来阐发这个观念：

> 所贵长生者，神与形俱全也。故曰："乾坤为易之蕴，乾坤毁则无以见易；形器为性之府，形器败则性无所存。性无所存，则于我何有？"故所以贵乎形神俱全也。若独养神而不养形，犹毁宅而露居也，则神安附哉。……则识随境变，托乎异族矣。故曰"游魂为变"是也。

此处阐发人体是储藏人的性和神的府库。如果作为形器的人体被损坏了，那么人的性和神则无所存驻。皮之不存，毛将焉附，其结果是性和神变成游魂或意识，并且随着环境迁

（接上页注②）Skar, "Inner Alchemy," in Kohn Livia, ed., *Daoism Handbook*, pp. 481 - 87；张广保：《唐宋内丹道教》，上海文化出版社，2001，第308～340页；Livia Kohn, "Modes of Mutation: Restructuring the Energy Body," in Livia Kohn and Robin Wang, eds., *Inner Alchemy: Self, Society, and the Quest for Immortality* (Magdalena, NM: Three Pines Press, 2009), pp. 1 - 26；Louis Komjathy, *The Way of Complete Perfection: A Quanzhen Daoist Anthology* (Albany: State University of New York Press, 2013), pp. 115 - 18。

① 见 Isabelle Robinet, *Taoism: Growth of a Religion*, p. 221。李约瑟亦指出此文本用外丹的象征体系来讨论内丹，见 Joseph Needham et al., *Science and Civilisation in China*, Volume 5, Part 5, p. 223。

变，最终依附于其他人或其他族类的生物。因此，要修道成
仙就必须养神兼养形，保持形神俱全的状态。值得注意的
是，初唐时期兴盛的道教重玄理论，强调形而上的思辨和精
神的超脱，却忽略形体修炼和长生技术。[1] 虽然碑刻《坐忘
论》并未明确地说明此点，但其批评有可能针对唐代道教理
论的这一倾向。[2] 此文同时还批评佛教关于意识轮回转生的
教义，认为人死后其意识可能转移到动物身上或者成为无意
识，因此其心灵意识不能再由自己决定，而是被宇宙的阴阳
力量所重新铸造。此处可以看到柳默然从佛教转向道教的原
因之一：她怀疑佛教的唯识理论及六道轮回的宇宙观念，相
信通过道教的内修可以达到对生命的根源太虚或道的永恒
回归。

　　碑刻《坐忘论》的"形神俱全"主题还呈现了其他一
些重要观念，指向后来的成熟内丹理论和实践。首先，在批
评注重精神超脱而忽视身体修炼的道教重玄理论之后，此文
提倡通过冥思而转化形和神，同时也指出性依附于形和依附
于神同等重要。在成熟的内丹理论里，"形神俱全"的箴言
往往被表述为"性命双修"，而所谓的内丹南宗特别崇尚这
一理论。[3] 其次，此文强调修道者的能动力量——能获得形
和神两方面的永生，从而掌握自己的命运。文中自豪地宣

----

[1]　关于重玄理论的讨论，主要见 Timothy Barrett, "Taoist and Buddhist
　　Mysteries in the Interpretation of the *Tao-te ching*," *Journal of the Royal Asi-*
　　atic Society 1 (1982): 35 - 43；卢国龙：《中国重玄学》，人民出版社，
　　1993；任继愈主编：《中国道教史》，第 261 ~ 277 页；Robert H. Sharf,
　　Coming to Terms with Chinese Buddhism: A Reading of the Treasure Store
　　Treatise (Honolulu: University of Hawai'i Press, 2002), pp. 61 - 71。
[2]　朱越利已注意到此点，但他相信此文的主要批评目标是赵坚在《坐忘
　　论》中对养神的过分强调。见朱越利：《〈坐忘论〉作者考》，《道教考
　　信集》，第 57 ~ 61 页。然而，赵坚的文本中其实也有多处讨论养形的
　　方法。
[3]　见王沐：《悟真篇浅解》，第 308 ~ 310 页。

称："谓之得道，然后阴阳为我所制也。"这在后来成为内丹理论的核心信念。

最后，碑刻《坐忘论》是最早用金丹一词指称形、气、神的内修成果的道教文本之一。

> 既太定矣，而惠［慧］自生。惠［慧］虽生，不伤于定。但能观乎诸妄，了达真妙，而此身亦未免为阴阳所陶铸而轮泯也。要借金丹以羽化，然后升入无形，出化机之表，入无穷之门，与道合同。

这里借用佛教禅定的"定慧"观念和实践来形容坐忘或太定的状态。当修道者进入太定的时候，就自然产生智慧，能够看穿世间万物的虚幻本质。然而，即使达到定慧双臻也只能停留于平常状态；只有当修道者获得金丹，才能与道合一，成仙永生。虽然文中没有直接说明何为金丹，但从其讨论中可以得知，金丹指的是在定和慧的基础上修炼形、气、神的结果。如同许多学者所指出的，在后来成熟的理论中，金丹是内丹及其成果"圣胎"的常见称呼。[1] 碑刻《坐忘论》是使用金丹这一称呼来指示形、气、神内修成果的少数早期文本之一。

四 薛元君碑铭的观念

《薛元君升仙铭》是与《坐忘论》刻于同一碑面的铭文，并可以确知是由柳默然撰写的。此文呈现一些与《坐忘论》相似的观念，说明两者之间具有内在的联系，并解释了

---

[1] 例如，Fabrizio Pregadio and Lowell Skar, "Inner Alchemy," Kohn Livia, ed., *Daoism Handbook*, p. 464。

为什么柳默然会将这两个文本刻录在一起。

《薛元君升仙铭》全文如下：

> 男之高仙曰真人，女之高仙曰元君。南岳薛元君体混沌之奥，登生生之妙，神合于真，躯化为神，以陈代得道于神溪洞。本记云：昼行则紫云垂覆，白猿黄雀引路；夜坐则青龙斑虎侍卫，神童玉女给使。尔者久，一旦而去。晚学女弟子柳凝［默］然自天台谒朱陵，感慕芳德，敬为铭曰：
> 玄哉至人兮超彼乾坤，含神内炼兮形合乎真。
> 阴淳落兮淳气为云，无心德留兮异物来宾。
> 阳精证兮尘世分，千乘万骑兮朝玉晨。
> 下视炼丹兮何纷纷。①

这篇碑文未提供多少关于薛元君的传记信息。文中仅述薛氏通过内炼而得道，上升为仙；接着引用一篇早期的传记，简要描述在薛元君的内在修炼过程中，祥云出现，各种神秘动物和神童玉女侍候左右。这些是道教圣传的陈套描述。

这篇碑文的重要性在于，柳默然在文中讨论道教的内修理论和实践，而这一讨论又与碑刻《坐忘论》相呼应。在薛元君碑文中，柳默然强调通过内在修炼，薛元君的身体和气首先转化为神和阳精，然后神和阳精合真成仙，如铭文所述："神合于真，躯化为神。""含神内炼兮形合乎真。阴淳落兮淳气为云……阳精证兮尘世分。"文中还突出描述薛元君以形和神两者合真升仙，与碑刻《坐忘论》的"形神俱

---

① 见石碑《有唐贞一先生庙碣》阴面，存济渎庙；《道家金石略》，第176页。

全"观念相应。

此外，碑文在强调内修的同时，还公开批评外丹的无效："下视炼丹兮何纷纷。"虽然许多唐代道教学者提倡内修，如上面所提及的几篇冥思文本的作者，但大多数理论家，包括司马承祯和吴筠，依旧将内丹和外丹并举，作为两种有效的成仙途径。柳默然是最早公开提倡内修并同时反对外丹的道教学者之一，这再次体现出她对逐步发展中的内丹理论和实践的贡献。

薛元君铭文的另一重要意义是表达了柳默然关于道教女性宗教经验的性别意识。在"阴滓落兮淳气为云"和"阳精证兮尘世分"这几行里，柳氏刻画女性身体的修炼过程。薛元君修炼其阴气，将之转化为阴滓而消落，同时培养淳气，使之演化为阳精而升天。后来明清时期出现的女丹理论，也同样将女性修炼看作努力将纯阴的身体转换生成纯阳的身体。① 从这个意义上来说，柳默然所撰铭文还可以被视为后来女丹理论的萌芽之作。

此篇碑文还蕴含着柳默然对延续道教女性谱系的自我意识。大约在一个世纪之前，女道士黄灵微重建早期道教女宗师魏华存的仙坛，通过这一行动表达"因性别相同而对魏夫人产生的认同感"。② 其后黄灵微的弟子黎琼仙重建由黄灵微所开创的道院，并列竖立起魏华存、黄灵微的雕像，从而进一步认同她自己和两位先辈由于共同性别而形成的宗教谱系。柳默然对薛元君的纪念同样传达相同的性别自觉意识，以及在时间和空间上延续道教女性谱系的意图。

---

① 见 Elena Valussi, "Female Alchemy: Transformations of a Gendered Body," in Jinhua Jia, Xiaofei Kang, and Ping Yao, eds., *Gendering Chinese Religion: Subject, Identity, and Body*, pp. 201 – 24。

② Russell Kirkland, "Huang Ling-wei: A Taoist Priestess in T'ang China," *Journal of Chinese Religions* 19 (1991): 47 – 73；及本书第三章。

五　结语

与其他许多女道士一样，柳默然的生平和宗教经历是儒家、佛教和道教传统自然融合的范例：作为一位妻子和母亲，她身体力行儒家的妇德；在完成家庭责任之后，她先学习佛教教义，而后正式度为女道士，成为一位理论家。

本章通过详细考辨比较，说明两篇《坐忘论》的作者都不是传统上所归属的司马承祯。长篇的七章《坐忘论》可以确知由赵坚（字志坚）所撰写，他还撰有对《道德经》的注疏，其中的术语和思想与《坐忘论》表达一致。同时，短篇的《坐忘论》由柳默然刻石，保存于王屋山。此文本的语词和观念与柳默然所作《薛元君升仙铭》相似，并且都刻于同一碑面，再加上其他各种证据，表明柳默然不但是此文的传播者，而且有可能是其作者。

碑刻《坐忘论》呈现出一些关于道教内修理论的重要观念，对这一理论加以发展，并与后来的内丹理论相关联。此文强调修道者应该空却一切感知和意识的机能，直接进入坐忘或太定。文中还简化由较早的道教大师们所主张的各种内修七阶步骤，提出一个三阶的修炼理论：炼形合气、炼气合神、炼神合道。这三个阶段已经非常接近宋初成熟的典型内丹三阶段。此文还进一步强调"形神俱全"，以及修道者努力达到肉体和精神共同不朽的能动力量。这些后来也成为成熟内丹修炼的核心观念和信仰。此外，此文是最早使用金丹的名称来指示内修成果的文本之一，此名称随后被广泛用来指称内丹及其成果"圣胎"。所有这些观念都表明，碑刻《坐忘论》是连接内修理论实践与内丹理论实践的一个重要环节。

在《薛元君升仙铭》中，柳默然以相似的观念阐述道教的内修理论，描述薛元君如何通过内在修炼，先将形和气转化为神和阳精，再将神和阳精合真成仙，并强调她是以合真的神和形两者升仙的。在突出内修的同时，柳默然还批评外丹的无效，是最早提倡内修胜过外丹的理论家之一，对道教理论逐渐向内丹发展做出一定的贡献。

最后，薛元君碑文还体现柳默然对道教女性谱系构建的性别自觉。通过纪念和歌颂一位成仙的女道士，描写女性身体的修炼，此文表达作者保持和延续道教女性宗教实践和谱系的自觉意识。

第五章
道教修炼和医学养生：
女道医胡愔的遗产*

胡愔（活跃于848年），号见素女，是唐代又一位杰出的女道士。她是一位女道医和理论家，撰有阐述道教和医学理论的著作《黄庭内景五脏六腑补泻图》（下文简称《补泻图》）。此书有一个独立文本，保存于《道藏》中。[①] 此外，同样收入《道藏》的《修真十书》含有一个署名胡愔的《黄庭内景五脏六腑图》。[②] 两个文本的内容基本相同，差异很少，显然是同一著作的不同版本。[③]

胡愔这一著作含有插图，以图文并茂的方式对道教重要经典《黄庭内景经》进行详细阐释和发展。[④] 书中以传统宇宙论的五行说作为结构框架，描述五脏一腑（心、肺、肝、脾、肾、胆）的神灵、生理运作、病理机制及治疗方法，

---

* 本章基于 Jinhua Jia, "Longevity Technique and Medical Theory: The Legacy of Tang Daoist Priestess-Physician Hu Yin," *Monumenta Serica*: *Journal of Oriental Studies* 63, No. 1 (2015): 1 – 31。

① 《道藏》第432号，第686页 c ~ 693页 b。

② 《修真十书》卷五四，《道藏》第263号，第835页 c ~ 843页 c。

③ 关于两个版本的比较，见 Jean Lévi, "*Huangting neijing wuzang liufu buxie tu*," in *Taoist Canon*, pp. 348 – 49；及下文的讨论。

④ 此经书的完整题目为《太上黄庭内景玉经》，《道藏》第341号。

并结合道教的修炼技术和医学养护知识，创建一套综合而系统的季节性养生方案，包括通过季节性和规律化的吐纳练习、按摩导引及膳食节制以养护脏腑，调动身体之气（呼吸或精力）的流动，并使之与宇宙节律一致，以达到强化健康和获得长生的效果。这些阐述和方案深远地影响后来道教内丹理论和实践的发展，并对传统中医和养生学做出贡献。

然而，尽管她的著作具有重要的价值，胡愔却很少受到现代学者的关注。直到二十世纪四十年代，胡愔的著作才首次被著名的道教学者王明（1911～1992）所注意，他高度评价这部著作：

> 唐女子胡愔，为黄庭学者之巨擘。……是论析五脏六腑之生理及病态，以药物治其标，行气导引固其本，所言绝少神秘之宗教性质，庶为实际摄生之医经。《黄庭经》原理医学与宗教思想糅合而为一。今乃蠲涤宗教色彩而复归于医术。对黄庭经义，发明实多，是《黄庭内景五脏六腑补泻图》可谓黄庭学之一大衍变也。[①]

王明肯定胡愔对《黄庭内景经》这部重要道教经典的研究和发展的重大贡献，并称赏她在传统医学方面的成就。

随后，严一萍（1912～1987）对胡愔的女道士身份及其著作的书目著录和保存情况进行了研究。[②] 李约瑟（Joseph Needham）、贺碧来、王家祐、郝勤、盖建民和乐唯（Jean Lévi）

---

① 王明：《黄庭经考》，《道家和道教思想研究》，中国社会科学出版社，1984，第 351 页。
② 严一萍：《洞仙传》，《道教研究资料》第 1 辑，艺文印书馆，1976，第 1～2 页。

等也做了对《补泻图》内容的简要分析。① 近来一些有关道教和传统医学史的著作，也往往对胡愔的著作做出简要介绍。

然而总体而论，对胡愔及其著作的研究还很不充分，各方面的问题都有待更为精细的考察。本章对胡愔及其著作进行综合而深入的研究，以便更全面地揭示她对道教和传统医学的杰出贡献。

一 胡愔的生平和《黄庭内景五脏六腑补泻图》的撰写

《崇文总目》（成书于 1041 年）在医类著录"《黄庭内景五脏六腑图》一卷，女子胡愔撰"，又在道书类著录"《黄庭内景图》一卷。《黄庭外景图》一卷，胡愔撰"。② 此外，《新唐书·艺文志》道家类著录"女子胡愔《黄庭内景图》一卷"。③《通志·艺文略》道家类著录"《黄庭五藏内景图》一卷，唐女子胡愔撰"，及"《胡愔方》二卷"。④《宋史·艺文志》在道家类和道书类列出《崇文总目》中著录的三部书名，在《黄庭内景五脏六腑图》下注"太白山见素

---

① Joseph Needham, *Science and Civilization in China*, Volume 5, *Chemistry and Chemical Technology*, part 5, *Spagyrical Discovery and Invention*: *Physiological Alchemy* (Cambridge: Cambridge University Press, 1983), p. 82; Isabelle Robinet, *Taoist Meditation*: *The Mao-shan Tradition of Great Purity*, trans. Julian F. Pas and Norman J. Girardot (Albany: State University of New York, 1993), pp. 67 – 73, 94 – 96; 王家祐、郝勤：《黄庭碧简 琅嬛奇姝——胡愔及其〈黄庭内景五脏六腑补泻图〉》，《中国道教》1993 年第 1 期，第 28～34 页；盖建民：《唐代女道医胡愔及其道教医学思想》，《中国道教》1999 年第 1 期，第 22～24 页；盖建民：《道教医学》，宗教文化出版社，2001，第 124～130 页；Jean Lévi, "Huangting neijing wuzang liufu buxie tu," in *Taoist Canon*, pp. 348 – 49.
② 王尧臣（1003～1058）等编：《崇文总目》（《粤雅堂丛书》本）卷三，第 89 页 a；卷四，第 46 页 b。
③ 《新唐书》卷五九，第 1522 页。
④ 郑樵：《通志二十略》卷六七，第 1611 页；卷六九，第 1722 页。

女子胡愔",并增录"胡愔《补泻内景方》三卷"。①《道藏》
所收《黄庭内景五脏六腑补泻图》一卷,序文署名"太白
山见素子胡愔",注为唐宣宗大中二年(848)。②"见素子"
是男子的称号。但如同上文所述,《补泻图》的另一个版本
是收入《修真十书》的《黄庭内景五脏六腑图》,其作者归
属为"太白山见素女胡愔"。③ 对比这两个版本与宋元书目
中的记载,可以推测,《黄庭内景五脏六腑补泻图》应该是
完整的书名,《黄庭内景五脏六腑图》和《黄庭内景图》可
能是简称,《补泻内景方》和《胡愔方》则有可能是从书中
摘录出药方而独立流传。由于《黄庭外景图》不见于任何传
世文献,因此它或者已经亡佚,或者是对《黄庭内景图》题
目的误抄,因为"黄庭外景"应指《黄庭外景经》,内容与
《黄庭内景经》大致相似。现代学者对此有各种推测,有的
认为《外景经》是对《内景经》的简要总结,有的则断定
《内景经》是对《外景经》的详细阐释。④

---

① 脱脱(1314~1355)等:《宋史》卷二〇五,中华书局,1977,第
5179 页;卷二〇五,第 5193 页;卷二〇七,第 5316 页。"太白山"原
作"大白山",当是传写之讹。
② 此序文亦收录于《全唐文》卷九五四,第 9817 页 a~9818 页 a。
③ 《黄庭内景五脏六腑图》,《修真十书》卷五四,第 835 页 c。
④ 此经的完整题目为《太上黄庭外景玉经》(《道藏》第 342 号,第 913
页 a~914 页 c)。王明认为内经先出现,在魏晋时期可能存在一份秘传
草稿,为魏华存随后于西晋太康时期(280~289)所得。她死后,外
经作为内经之概要现世。见王明:《黄庭经考》,《道家和道教思想研
究》,第 324~371 页。贺碧来亦认为外经出现更晚(The Taoist Medita-
tion,p. 56)。然而施舟人(Kristofer Schipper)的看法恰恰相反,认为
外经先出现,内经是详细阐述外经的产物。见其 Concordance du
Houang-t'ing ching (Paris:Ecole Française d'Extrême-Orient,1975),
Preface。司马虚(Michel Strickmann)持相同观点,见其 Le taoïsme du
Mao Chan:Chronique d'une révélation (Paris:Collège de France,1981),
p. 68。虞万里、杨富程、龚鹏程进一步阐释了此观点,见虞万里:《黄
庭经新证》,《文史》第 29 辑,中华书局,1988,第 385~408 页;虞
万里:《黄庭经用韵时代新考》,《榆枋斋学术论集》,江苏古籍出版
社,2001,第 551~580 页;杨富程:《黄庭内外二景考》,《世界宗教
研究》1995 年第 3 期,第 68~76 页;龚鹏程:《黄庭经论要(一)》,
《中国书目季刊》1997 年第 1 期,第 66~81 页。

由于胡愔的生平没有出现在其他任何记载中，因此我们必须依靠她本人为《补泻图》所撰写的序，以及宋元书目的著录，来获得有关其事迹的信息。如同上文所述，胡愔著作的两个版本保存于《道藏》中，独立版署为"见素子"，《修真十书》版则称为"见素女"。宋代所有公私书目均称其为"女子胡愔"，而元代所撰《宋史·艺文志》则署为"见素女子"。由于没有任何其他文献提到胡愔，所以宋元人知晓胡愔是女子，应来源于胡愔自己的著作。因此，《修真十书》和《宋史》看来保存了正确的记录，胡愔应是一位女子，其道号应是"见素女"。

"见素"一词可能取自传统医学经典《素问》。这一文献包含在《黄帝内经》中，可能编成于战国末至西汉初，其后出现各种叠加了新内容的版本。[1] 有关《素问》这一书名，全元起（活跃于南朝齐梁）将"素"解释为"本"（根本、本源、本质），而林亿（活跃于 1057~1077 年）则清楚地将"素"定为"太素"，意为"质之始也"。[2] 因此，与英文著作一般将之译为 *Basic Questions*（基本问题）不同，《素问》更准确的英译应该是 *Plain Questions*（质素问题）。

---

[1] 传世《黄帝内经》包含《素问》和《灵枢》，而《黄帝内经太素》则是之后的修订本（七世纪）。关于《素问》的讨论和翻译，主要见丸山昌朗：《针灸医学と古典の研究：丸山昌朗东洋医学论集》，创元社，1977；任应秋、刘长林：《黄帝内经研究论丛》，湖北人民出版社，1982；Nathan Sivin, "Huang ti nei ching," in Michael Loewe, ed., *Early Chinese Texts*: *A Bibliographical Guide*（Berkeley: University of California, 1993），pp. 196 - 215；郭霭春编著：《黄帝内经素问校注语译》，天津科学技术出版社，1981；Paul U. Unschuld, *Huang di nei jing su wen*: *Nature*, *Knowledge*, *Imagery in an Ancient Chinese Medical Text*（Berkeley: University of California Press, 2003）；张灿玾：《黄帝内经文献研究》，上海中医药大学出版社，2005；Y. C. Kong, *Huangdi neijing*: *A Synopsis with Commentaries*（Hong Kong: Chinese University Press, 2010）。

[2] 见王冰（710~805）、林亿编：《黄帝内经素问补注释文》卷一，《道藏》第 1018 号，第 3 页 b ~ c。

这部医学经典对《黄庭内景经》和胡愔的《补泻图》影响很深。《补泻图》常常引用它，尤其是沿袭《素问》以发展脏腑补泻、依四季而进行养生等理论，以气的观念为基础，强调"补写勿失，与天地如一"。生活在胡愔之前的王冰，在对《素问》的注解中强调补泻是"应天地之常道"。他进一步指出，补一般用来治疗体弱的病人，而泻则主要用来治疗强壮的病人，两者均使用吐纳疗法，吸气为补，呼气为泻。① 这些观念被吸收进胡愔的著作里（详见下文），这正是书名题为"补泻图"的原因。

有关胡愔生活的太白山，盖建民根据葛洪（283~363）在其《抱朴子》中给出的理想炼丹地点的记载，认为此山位于婺州（今浙江金华）。② 然而，葛洪首先提到的是位于岐州（今陕西眉县）的太白山，认为此山是享誉全国的名山。接着葛洪称如果无法达至此山，则可代以选择长江以东的名山，包括浙江的太白山等。③ 因此，当一部道教文献仅仅提到太白山时，它常常是指更出名的、位于陕西的那一座。而且，《补泻图》受到孙思邈著作的重要影响（详见下文），而孙思邈正隐居陕西太白山多年。④ 因此胡愔居住的太白山，应是陕西的太白山。

胡愔在序言中描述自己："愔夙性不敏，幼慕玄门，炼志无为，栖心澹泊。"⑤ "玄门""无为""澹泊"等词语皆与道教相关，学者由此推测她可能是在年少时入道，受度为女道士。⑥

① 《脉要精微论篇》，王冰：《黄帝内经素问》卷一三，第 71 页 c。
② 盖建民：《唐代女道医胡愔及其道教医学思想》，《中国道教》1999 年第 1 期，第 22 页。
③ 王明校释：《抱朴子内篇校释》，中华书局，2010，第 85 页。
④ 孙思邈的传记见《旧唐书》卷一九一，第 5094~5097 页；《新唐书》卷一九六，第 5596~5598 页。
⑤ 胡愔：《黄庭内景五脏六腑补泻图》，《道藏》第 432 号，第 687 页 a。
⑥ 见严一萍：《道教研究资料》第 1 辑，第 1~2 页。

此外，由于她拥有医学理论和实践方面的丰富知识，学者还推测她应是一位经验丰富的医者。[①] 序言署为唐宣宗大中二年（848），在此之前胡愔就已在生命中"屡更岁月"，因此她在完成此书时当已届中老年，其活跃的时期大约在九世纪上半叶。

在序言中，胡愔还指出，她撰写这样一部图书的目的，在于详细阐明《黄庭内景经》中的脏腑理论，纠正以前注疏中的错误。《黄庭内景经》以七言诗形式撰成，是早期道教的代表作品。经中从很多早期经典和思想中汲取传统医学知识，如《素问》、战国至汉代有关五脏与五行系统关系的讨论、《太平经》及《老子河上公注》中出现的脏腑神理论和观想之法等。此经进一步描述主要的身体器官及其神灵，讨论如何通过观想这些神灵和运用诸如吐纳等养生技术，来达到长生成仙的目的。经中尤其突出强调五脏（肺、心、肝、脾、肾）六腑的重要性，但文中只列述六腑之一的胆。[②] 因此，全书实际上讨论了六种脏腑。有关《黄庭内景经》的成书时间问题，学者持有不同意见，但大多数将其定于晋代（265~420）。

从晋至唐，一些道教学者对这部经书做出注疏解读，[③]但在胡愔的眼中，其中不少存在或轻或重的误解：

---

①　唐代早期，朝廷曾禁止僧侣和道士行医。例如，《唐会要》记载："永徽四年四月敕：道士女冠僧尼等，不得为人疗疾及卜相。"（《唐会要》卷五〇，第876页）然而，依据不少唐史对道教医师的记载、墓志铭以及其他文献，此禁令应不久after解除。见姜生、汤伟侠：《中国道教科学技术史·南北朝隋唐五代卷》，科学出版社，2010，第443~446页。

②　六腑的组成有不同说法，一种指胆、胃、大肠、小肠、膀胱、三焦，另一种以命门代替三焦。

③　宋代书目有许多关于《黄庭内景经》的文献记录，现存者包括白履忠（号梁丘子，722~729）：《黄庭内景玉经注》，《道藏》第402号；白履忠：《黄庭外景玉经注》，《修真十书》卷五八至卷六〇，《道藏》第263号，第869页b~878页c；务成子：《太上黄庭外景经注》，张君房编：《云笈七签》卷一二，第282~317页；蒋慎修：《黄庭内外玉景经解》，《道藏》第403号；佚名：《上清黄庭养神经》，（转下页注）

伏见旧图奥密，津路幽深。词理既玄，赜之者鲜。
指以色象，或略记神名。诸氏篡修，异端斯起。遂使后
学之辈，罕得其门。差之毫厘，谬逾千里。①

因此，为了给初学者提供一个优良的文本，胡愔总结以往所
有相关著作，详细阐述自己的看法，从宗教和医学两个维度
构建关于脏腑的新叙述框架。她运用五脏与五行宇宙论之间
的传统关联来组织自己的叙述，逐一讨论六种脏腑，为每一
器官绘出其神灵的图像，并展开"图说""修养法""相病
法""六气法""月禁食忌法""导引法"等方面的论述。所
有这些内容将在以下各节中展开讨论。

二 五脏与五行宇宙论的关联

胡愔《补泻图》的最重要特色之一是其理论、结构和叙
述都建立在五脏与五行宇宙论系统的对应关联上。阴阳五行
宇宙论在战国至秦汉时期逐渐发展完善，而五脏在这一系统
的建构过程中扮演重要的角色。在《管子》《吕氏春秋》
《淮南子》《太玄》等早期著作中，五脏已经与五行系统关
联在一起。② 《素问》尤其细致地讨论外部世界的"五"系

（接上页注③）《道藏》第 1400 号；佚名：《上清黄庭五脏六府真人玉
轴经》，《道藏》第 1402 号；李千乘（晚唐）：《太上黄庭中景经》，
《道藏》第 1401 号；佚名：《黄庭遁甲缘身经》，《道藏》第 873 号。
见 Schipper and Verellen, *Taoist Canon*, pp. 347–51, 360–61。

① 胡愔：《黄庭内景五脏六腑补泻图》，《道藏》第 432 号，第 687 页 a。

② 见黎翔凤撰，梁运华整理：《管子校注》卷一四，中华书局，2004，第
815~816 页；许维遹撰，梁运华整理：《吕氏春秋集释》卷一，中华书
局，2009，第 12 页；卷五，第 275 页；何宁：《淮南子集释》卷四，中
华书局，1998，第 311~378 页；卷五，第 379~442 页；扬雄撰，司马
光集注，刘绍军点校：《太玄集注》卷八，中华书局，1998，第 195~
201 页。参见姜生、汤伟侠编：《中国道教科学技术史·汉魏两晋卷》，
科学出版社，2002，第 507~508 页。

列（五行、五方、五季、五气、五色、五声、五味等）与身体内部的"五"系列（五脏、六腑、五官、五感、五情、五体、五液等）之间的相生相克关系。① 于是，天地和人体被设想为相互对应和相互作用的宏观宇宙和微观宇宙。②

其他汉代著作进一步发展出五脏神的观念。如《太平经》称："此四时五行精神，入为人五脏神。"③《老子河上公注》称："人能养神则不死也。神谓五藏之神也。肝藏魂，肺藏魄，心藏神，脾藏意，肾藏精与志。五藏尽伤则五神去。"④ 因此，追求长生不死的人，不需要寻求天神的帮助，而是要护养自己身体内的神灵，尤其是那些主要器官的神灵。

《黄庭内景经》继承这些观念，进一步形成有关人体的宗教理论和修行实践。《黄庭内景经》对五脏一腑进行定义，并将之人格化，描述每个内脏的名称、颜色、衣着以及每个脏腑与五行系统更为具体密切的对应关系。例如，心神名丹元，字守灵，象征红、火、南；肺神名皓华，字虚成，象征白、金、西；肝神名龙烟，字含明，象征青、木、东；肾神

---

① 郭霭春编著：《黄帝内经素问校注语译》，第 8～42、369～376、399～416 页。

② 主要见 Manfret Porkert, *The Theoretical Foundation of Chinese Medicine: Systems of Correspondence* (Cambridge, Mass.: MIT Press, 1974); Paul U. Unschuld, *Medicine in China: A History of Ideas* (Berkeley: University of California Press, 1985), pp. 51 – 91; Nathan Sivin, "State, Cosmos, and Body in the Last Three Centuries B. C.," *Harvard Journal of Asiatic Studies* 55, No. 1 (1995): 5 – 37; Y. C. Kong, *The Cultural Fabric of Chinese Medicine* (Hong Kong: The Commercial Press, 2005), pp. 24 – 32; 李经纬、张志斌编：《中医学思想史》，湖南教育出版社，2006，第 78～83 页。

③ 王明编：《太平经合校》卷七二，中华书局，1960，第 292 页。见 Isabelle Robinet, *Taoist Meditation*, pp. 61 – 66。

④ 王卡编：《老子道德经河上公章句》第 6 章、第 21 章，中华书局，1997。见 Isabelle Robinet, *Taoist Meditation*, pp. 61 – 75。

名玄冥，字育婴，象征黑、水、北；脾神名常在，字魂停，象征黄、土、中；胆神名龙曜，字威明，象征青、木、东。① 梁丘子在其为《黄庭经》所做的注中陈述："五脏六腑各有所司，皆有法象，同天地，顺阴阳，自然感摄之道。"② 通过观想脏腑神，人可以与天地阴阳产生感通和关联，从而达到长生不死的目的。③ 南北朝（420～589）后期编纂的《五脏论》，也将五脏与五行、五星、五岳等关联在一起。④

胡愔的序言一开头即详细阐述五脏与五行的关联：

> 夫天主阳，食人以五气；地主阴，食人以五味。气味相感，结为五脏。五脏之气，散为四肢十六部、三百六十关节，引为筋脉、津液、血髓，蕴成六腑、三焦、十二经，通为九窍。故五脏者，为人形之主。一脏损则病生，五脏损则神灭。故五脏者，神明魂魄志精之所居

---

① 《黄庭内景经》，第 909 页 b～910 页 a。作为六腑之一，胆气在五行中和肝气代表相同的象征。

② 梁丘子：《黄庭内景玉经注》卷一，《道藏》第 402 号，第 521 页 a。

③ 关于《黄庭内景经》的内容，主要见王明：《黄庭经考》，《道家和道教思想研究》，第 338～351 页；陈撄宁（1880～1969）：《黄庭经讲义》，《道协会刊》1980 年第 1 期，第 24～38 页；卿希泰主编：《中国道教史》第一卷，第 351～377 页；Isabelle Robinet, *Taoist Meditation*, pp. 55－96；Livia Kohn, *The Taoist Experience: An Anthology*（Albany: State University of New York Press, 1993），pp. 181－88；Paul W. Kroll, "Body Gods and Inner Vision: The Scripture of the Yellow Court," in Donald S. Lopez Jr., ed., *Religions of China in Practice*（Princeton, NJ: Princeton University Press, 1996），pp. 149－55；龚鹏程：《黄庭经论要（一）》，《中国书目季刊》1997 年第 1 期，第 66～81 页；萧登福：《试论道教内神名讳源起，兼论东晋上清经派存思修炼法门》，《宗教学研究》2004 年第 3 期，第 1～9、82 页。

④ 宋代编目记载张仲景（150～219）有《五脏论》，已佚。同题有四篇残稿发现于敦煌写本（P. 2115v, S. 5614, P. 2755, P. 2378v），其中引用汉代至南北朝的文献。因此，此文本可能是在南北朝末期出现的。见马继兴等编：《敦煌医药文献辑校》，江苏古籍出版社，1998，第 54～150 页。

也，每脏各有所主。是以心主神，肺主魄，肝主魂，脾主意，肾主志。发于外则上应五星，下应五岳，皆模范天地，禀象日月。①

天地的五气五味进入人身，形成五脏，其中包含物质和精神两种能量。五脏之气进一步在体内散发而形成所有器官，在体外则与星宿和山岳对应，所有这些都以宇宙运动为模式。胡愔吸收前人对五脏在五行宇宙论系统中的重要地位的讨论，并进一步加以发展，② 更为清楚地指出五脏在人体微观宇宙与天地宏观宇宙之间的双向功能。在体内，五脏是身体的精神核心和基本能量，将身体的所有其他部分整合为有机的整体，形成一个微观宇宙。在外部，五脏形成象征性的渠道，宇宙的韵律、能量和模式通过它们而被身体感应、吸收和模仿。

通过对五脏与五行宇宙论对应关联的阐释和发展，胡愔为其对脏腑神的描绘和季节性养生模式提供理论框架。接下来两节的讨论将展示胡愔关于脏腑神和季节性养生的论述，这是她对道教和传统医学最有影响力的贡献。

三　胡愔对脏腑神形象的描述及其影响

胡愔在《补泻图》中为居住在五脏一腑中的每位神灵都提供一幅图像。这些图像呈现为动物的形貌（见图 5 - 1 ~ 5 - 6）：肺神为白虎，心神为朱雀，肝神为苍龙，脾神为玉凤，肾神为双头鹿，胆神为玄武（即龟蛇）。

这些脏腑神像图具有重要的影响和意义。首先，在所有

---

① 胡愔：《黄庭内景五脏六腑补泻图》，《道藏》第 432 号，第 686 页 c。
② 虽然阴阳观念在传统宇宙论和中医理论中一直与五行观念密切相关，但胡愔对此观念基本上未涉及，大概是因为她专注于五脏和五行序列的联系。

图 5 - 1　肺神　　　　　　　　图 5 - 2　心神

图 5 - 3　肝神　　　　　　　　图 5 - 4　脾神

图 5 - 5　肾神　　　　　　　　图 5 - 6　胆神

资料来源：胡愔：《黄庭内景五脏六腑补泻图》，《道藏》
第 432 号。

传世和出土文献中，这些神像最早出现在胡愔的著作中，这
与她在序言中所自述的"按据诸经，别为图式"是一致
的。① 虽然在《黄庭内景经》中已经出现脏腑神像，但都描

---

① 胡愔：《黄庭内景五脏六腑补泻图》，《道藏》第 432 号，第 687 页 a。

绘成男童的形象。在《黄庭中景经》中，肺神被描述为骑着
白虎，肝神骑着苍龙，肾神骑着乌龟，但这些神灵仍然还是
以男童的形象出现。[①] 虽然务成子在对《黄庭外景经》的注
解中提到"肝为青龙，肺为白虎"，但他并没有为它们绘制
图像。[②] 青龙和白虎是起源于上古的传统星宿四象中的二象，
另外二象是朱雀和玄武。降至战国和西汉时期，在《吕氏春
秋》和《淮南子》等文献中，四象被确定为二十八宿和四方
的神灵，与五行系统相匹配：白虎象征包含西天七宿的西宫、
西方、金等；苍龙是包含东天七宿的东宫、东方、木等；朱
雀是包含南天七宿的南宫、南方、火等；玄武是包含北天七
宿的北宫、北方、水等。[③] 胡愔在其著作中，将此四个星宿和
方位神转化为脏腑神，并描绘出它们的图像，其中白虎代表
肺神，朱雀代表心神，苍龙代表肝神，玄武代表胆神。

此外，胡愔还增加了代表肾神的双头鹿图像和代表脾神
的玉凤图像。这些新增入的图像也有其上古渊源。例如，约
为公元前九世纪中期至前七世纪中期的虢国墓出土的铜镜，
以及著名的战国早期曾侯乙墓中发掘出的漆盒，都展示出战

---

① 李千乘：《太上黄庭中景经》，《道藏》第 1401 号。
② 务成子：《太上黄庭外景经注》，张君房编：《云笈七签》卷一二，第 305、
309 页。
③ 关于这些动物形象与星象、二十八宿、五方及五行之间的关系，见徐
复观：《阴阳五行观念之演变及若干有关文献的成立时代与解释的问
题》，民主评论社，1961；岛邦男：《五行思想と礼记月令の研究》，
汲古书院，1971；John Major, "The Five Phases, Magic Squares, and
Schematic Cosmography," in Henry Rosemont, Jr., ed., *Explorations in
Early Chinese Cosmology* (Chico, CA: Scholars Press, 1984), pp. 133 –
66；艾兰、汪涛、范毓周主编：《中国古代思维模式与阴阳五行说探
源》，江苏古籍出版社，1998；Aihe Wang, *Cosmology and Political Cul-
ture in Early China* (Cambridge: Cambridge University Press, 2000)；冯
时：《中国天文考古学》，中国社会科学出版社，2007；Michael Nylan,
"Yin-yang, Five Phases, and Qi," in Michael Nylan and Michael Loewe,
eds., *China's Early Empires: A Re-appraisal* (Cambridge: Cambridge Uni-
versity Press, 2010), pp. 398 – 414。

国初期之前，北方星宫的象征是鹿（或麒麟，带有鹿的特征的传说动物）。[1] 在唐代以前的谶纬文献和道教仪式文献中，鸾凤代表五行宇宙论的中央土，还与位于天空中宫的北斗相关联，而北斗的功能与北极星相同。[2]

胡愔对脏腑神的创造性改造和描绘，为人体的宇宙结构学说提供了重要的象征意义。通过将脏腑神等同于星宿神和方位神，胡愔将人体的微观宇宙与天地的宏观宇宙更加严密地对应关联。正如同星宿神和四方神守护着天空和地上的中央王国，脏腑神守护着人体的重要器官，运用其自然精气在人体的微观宇宙中运作，确保其和谐健康。脏腑神还象征人体的神圣性，为道教的长生不死追求以及内丹道在宋代的最终成熟提供宗教信仰的理论依据。

然而，胡愔《补泻图》的两个传世版本在图像和解释上存在一些差异。单行本《补泻图》完整地保存六幅神像，但除"存神修养"外，[3] 其他解释部分未再提及这些神灵，而是专注于描述每个脏器的生理结构和功能，以及它们与五行系统的关联。在《修真十书》版《补泻图》中，六幅神像不见踪影，但解释部分却显得较为完整。这些部分根据《黄庭内景经》以及其他道教和医学文献，[4] 描述出六个神灵的名

---

① 冯时：《中国天文考古学》，第 427～432 页。

② 见黄奭（1809～1853）编：《礼斗威仪》（《黄氏遗书考》本）卷一，江苏广陵古籍刻印社，1984，第 13 页 a；亦见欧阳询（557～641）等编：《艺文类聚》卷九九，上海古籍出版社，1982，第 1707 页。参见 Paul Andersen, "The Practice of Bugang," *Cahiers d'Extrême-Asie* 5（1989 - 90）: 15-55, esp. 43-44; Catherine Despeux, *Taoïsme et corps humain: le Xiuzhen tu*（Paris: Guy Trédaniel Editeur, 1994）, pp. 96-97.

③ 胡愔：《黄庭内景五脏六腑补泻图》，《道藏》第 432 号，第 686 页 c。

④ 这些道教和医学文献包括《太上灵宝五符序》，《道藏》第 388 号，第 315 页 a～343 页 a；《元始五老赤书玉篇真文天书经》，《道藏》第 22 号，第 774 页 b～799 页 b；孙思邈撰，高文柱、沈澍农校注：《备急千金要方》，华夏出版社，2008；等等。

字、外貌、化形、个性、品德、侍从等。以肝神的解释
为例：

> 肝神龙烟字含明。夫肝者，震之气，木之精，其色
> 青，其象如悬匏，其神形如青龙。肝主魂，化为二玉
> 童，一青衣，一黄衣，各长九寸，持玉浆出于肝藏。一
> 云肝有三童子，六玉女守之。其神好仁，仁惠盖发于
> 肝藏。①

由于胡愔描述出六位脏腑神的形象，她应当也将这些图像与
"图说"部分的解释结合在一起。因此两个版本分别遗漏了
一些内容：一者缺少部分解释，另一者则缺少图像。只有将
二者结合起来，我们才能获得胡愔此著作较为完整的原始
文本。②

　　其次，胡愔的脏腑神观念发展《黄庭内景经》以来的道
教内修理论传统。《黄庭内景经》强调观想体内诸神，并被
上清传统进一步阐发，后来为宋代以降的道教传统尊为内丹
的源头。在胡愔生活的晚唐时期，外丹已开始遭受质疑。胡
愔在其《补泻图》中公开批评外丹：

> 若能存神修养，克己励志，其道成矣。然后五脏坚
> 强，则内受腥腐，诸毒不能侵；外遭疾病，诸气不能
> 损。聪明纯粹，却老延年，志高神仙，形无困疲。日月

---

① 《黄庭内景五脏六腑图》，《修真十书》卷五四，《道藏》第 263 号，第
　　838 页 c～839 页 a。
② 一些学者未考察比较两个版本，因而得出一些不够全面的结论，认为
　　胡愔的研究彻底摒弃了《黄庭内景经》的神秘和宗教元素。见王明：
　　《黄庭经考》，《道家和道教思想研究》，第 351 页；王家祐、郝勤：
　　《黄庭碧简　琅環奇姝——胡愔及其〈黄庭内景五脏六腑补泻图〉》，
　　《中国道教》1993 年第 1 期，第 33 页。

精光来附我身，四时六气来合我体。入变化之道，通神
明之理，把握阴阳，呼吸精神，造物者翻为我所制。至
此之时，不假金丹玉液，琅牙大还，自然神化冲虚，气
合太和而升云汉。五脏之气，结五云而入天中。[①]

这段话对理解胡愔的身体神观念和内修理论非常重要。观想
神灵的方式包括呼唤脏腑神的名字及想象它们的形象、功能
和力量。修行者还必须精心护养脏腑，在日常生活中节制自
己，并努力进行形神修炼。修炼完成后，脏腑就会变得强
壮，身体的能量就会增强，由此而足以阻抗疾病。当达到完
美的健康状态时，衰老过程就可被逆转，生命就可被延长。
于是，日月、四季等宇宙精华和能量被自然而然地吸纳融合
进身体之中。凭借宇宙化的身体，人们进入不断运转变化的
大道之中，与神灵原理和阴阳运作和谐无间。胡愔自豪地宣
布，通过所有这些实践，人们最终可以将生死命运掌握在自
己手中，使"造物者翻为我所制"，不用依靠金丹即可白日
升仙。胡愔在此处比较了内修和外丹，清楚地宣称前者比后
者更为优越。她还表达出强烈的信念，相信通过道教的修炼
和人类的努力，可以超越死亡的终极命运。

最后，胡愔的脏腑神观念不仅发展了《黄庭内景经》的
内修理论，还对晚唐至宋初逐渐发展起来的内丹理论和实践
产生了重要影响。虽然胡愔的长生目标可能会使人联想到早
期道教延长肉体生命的诉求，但她的脏腑神观念实际上标志
着内丹理论的初步发展。这一理论强调修炼独立的、不朽的
形神，以返回永恒的大道母体。胡愔的脏腑神像及与之相配
的解说在一定程度上体现了这一理论的萌芽，因而为其后的
道教文献所反复引用发挥。例如，《道藏》中存有一部题为

---

① 胡愔：《黄庭内景五脏六腑补泻图》，《道藏》第 432 号，第 686 页 c。

《上清黄庭五脏六府真人玉轴经》的文本，未署作者。① 此文本的开头和结尾由虚构的元始天尊与黄帝的对话组成，但中间部分却是"五藏六府图文"。除了为每一脏腑神像额外配上相应的脏腑器官图形外，此文本中的神像和解说与胡愔的著作大体相同。王明认为此书应是胡愔著作的缩略版，其中仅稍加改动。② 这一看法是合理的，因为这部作者不详的著作表现出改编和拼凑的状态。此外，收入《云笈七签》的《黄庭遁甲缘身经》中也有《上清黄庭五脏六府真人玉轴经》的删略版本，其中包含六个脏腑神的类似图像。③ 归属于刘鼎的《四气摄生图》也包含六位脏腑神的相似图像，但这些神灵像被放置于相应的脏腑图形之中，图像的后面列有依照季节护养脏腑的方法，④ 与胡愔著作中的阐述相同（详见下文）。由于《崇文总目》及其他宋代书目著录这部著作，因此它可能出现于唐末五代时期。⑤

更为明显的是，《道枢》中有一篇《百问》，记述传说人物吕洞宾和钟离权有关内丹理论的虚构对话，其中援引胡愔将方位神和星宿神转变为脏腑神的内容，称肝为苍龙，肺为白虎，心为朱雀，肾为玄龟，但将脾改为麒麟。《道枢》中另有一篇《众妙》，记述宋代的另一种内丹理论，称肝是苍龙和汞，肺是白虎和铅，青龙、白虎互动，内丹即告完成。⑥ 同书的《太清》篇，又记录了另一种内丹理论，认为

① 《上清黄庭五脏六府真人玉轴经》，《道藏》第 1402 号，第 289～292 页。

② 王明：《黄庭经考》，《道家和道教思想研究》，第 351 页注 1。

③ 张君房编：《云笈七签》卷一四，第 363～371 页；但是这些图像未在《道藏》版《黄庭遁甲缘身经》（《道藏》第 873 号）中出现。参见 *Taoist Canon*, pp. 350 – 351，360 – 361。

④ 刘鼎：《四气摄生图》，《道藏》第 766 号。参见 *Taoist Canon*, pp. 352 – 53。

⑤ 见 Piet Van der Loon, *Taoist Books in the Libraries of the Sung Period: A Critical Study and Index*, p. 96。

⑥ 《道枢》卷三五，第 792 页 c；亦见此书卷三一《九仙篇》，第 767 页 b。

肝气为青龙，肺气为白虎，心气为朱雀，肾气为龟，脾气为蛇，五气在人体鼎炉中熔炼，随即凝成内丹。[①] 所有这些论述中的脏腑神的动物形象，都与胡愔所描绘的相同或相似。

此外，著名的《修真图》从清代（1644~1911）开始流行。这种人体修炼图由全真道龙门派所创作，用以形象地展示内丹的理论和实践。此图有多种版本，包括保存在广州（今属广东省）三元宫的《修真图》、保存在武当山的《炼性修真全图》、保存在北京白云观的《修真图》，以及保存在龙虎堂由李兆生重新制作的《修持真元图箓》等。所有这些图都含有六位脏腑神的图像及相应的解说，而两者基本上是从胡愔的著作中直接抄述（见图5-7），[②] 由此可证胡愔对道教内丹理论的形成和发展确实具有深远的影响。

四 胡愔的季节性脏腑养生体系

尽管胡愔的《补泻图》并非如同一些学者所述，抛弃了《黄庭经》的神秘性和宗教性，但她的著作确实不局限于经书描述身体神和强调观想神灵的中心主题，而是对医学、养生和长生之术给予同等的重视。在名为"图说"的部分，胡愔不仅描述出每位脏腑神，而且说明相关脏腑的颜色、重量、形状、位置、功能及传统上与五行系统的关联，并将这些视为治病和养生的基础。在名为"相病法"的部分，胡愔列举体现每个脏腑在虚弱状态下的一系列症状，给出补泻器官的方法，并提供治疗最严重疾病的复合草药验方。

这些部分显示出丰富的解剖学、生理学、病理学和治疗学等医学知识。其中大多数知识是从传统医学著作中总结出

---

① 《道枢》卷一〇，第 662 页 b。

② 关于《修真图》不同版本的详细研究，见 Catherine Despeux, *Taoïsme et corps humain：le Xiuzhen tu*。

图 5 – 7　《修真图》

资料来源：存北京白云观，承尹志华惠赠照片。

来的，包括《素问》，陶弘景（456～536）的《养性延命录》，① 归属于陶弘景但可能是其后学编撰的《辅行诀脏腑用药法要》，② 可能编撰于魏晋南北朝晚期的《五脏论》，③巢元方（活跃于610年）的《诸病源候论》，孙思邈的《备急千金要方》，等等。然而，在胡愔的叙述中，也有一部分无法追溯到任何更早的资料，因此很可能是出自她自己作为医者的治疗经验。

然而，胡愔著作的最重要贡献并不是治疗理论，而是养生方法和长寿之术。她在"修养法""六气法""月禁食忌法""导引法"各部分讨论了修养脏腑的各种技法，并将季节性修养的实践与五脏和五行宇宙论系统的关联相结合。被胡愔融入传统五行系统的道教修炼技术和医学养生方法，包括冥思、吐纳、叩齿、咽液（吞服口中津液）、导引、按摩以及食疗等。所有这些修炼方法结合起来，形成一个季节性修养脏腑的富有创新意义的体系，接下来我们将逐一展开讨论。

1. 修养脏腑的方法

如同表5-1所示，胡愔的"修养法"整合多种道教养生延寿的技术，包括咽服口中津液、叩齿、吸气、闭气、循环呼吸、冥思观想等。这套养生法主要是从《黄庭经》中发展而出，强调对身中神的观想，同时提倡咽液和纳气练习。《黄庭内景经》称：

---

① 陶弘景：《养性延命录》，《道藏》第838号。此书亦被归属于孙思邈。汤用彤和朱越利分析书中所引文本和词语，认为作者应是陶弘景。见汤用彤：《读道藏札记》，《汤用彤学术论文集》，中华书局，1983，第404～406页；朱越利：《养性延命录考》，《世界宗教研究》1986年第1期，第101～115页。

② 此书未有任何编目或被引用的记录。敦煌曾发现过一份大致完整的手稿，归属于陶弘景，但很多引文注为"陶云"或"陶隐居云"。因此，此书更可能为其追随者汇编。见马继兴等编：《敦煌医药文献辑校》，第170～206页。

③ 马继兴等编：《敦煌医药文献辑校》，第54～150页。

表 5 - 1　胡愔的修养脏腑之法

脏腑	肝	心	脾	肺	肾	胆
五行	木	火	土	金	水	水
季节	春（一、二、三月）	夏（四、五月）	季夏（六月）	秋（七、八、九月）	冬（十、十一、十二月）	冬（十、十一、十二月）
修养之法	每月初一，叩齿三次，闭气九，从东方吸气九次	每月初一、初七、初八、二十二、二十三日清晨，面南而坐，叩齿九次，咽液三次，从南方吸气三次，闭气三十次	每月初一和每个季节的最后十八日的清晨，正坐，闭气五七次，咽液三次，冥想，从大地吸气十二次	每月初一、十五日清晨，面西静坐，叩齿七次，咽液三次，思观想，从西方吸气七次，闭气七十次	此三月中，常常面北静坐，叩齿三次，咽液三次，从北方吸气五次	冬季的三个月里，生活有规律，冥想，观想，从北方吸气三次

资料来源：此表和下文三个表格以《道藏》收录的《黄庭内景五脏六腑补泻图》单行本为基础制成，并根据《修真十书》收录的《黄庭内景五脏图》进行校订和补充。在书中，胡愔还列述五脏与五方、五岳、五星、五音、五色、五味、五官、五情等的对应关联。由于这些内容是传统五行系统中的陈套，因此在表格中将之略去。

闭口屈舌食胎津，使我遂炼获飞仙。①

《太上黄庭外景玉经》亦称：

玉池清水灌灵根，审能修之可长存。②

"胎津"和"玉池清水"均指口中津液，被称为生命之水，可以用来延长寿命。至迟在汉代，人们已经开始运用咽液的实践来改善健康状况，延长寿命。《后汉书》记载，王真采用咽液之法，百岁时看上去只有不到五十岁的模样。③ 以叩齿的方式来养护牙齿的方法，在张家山出土的西汉甚至更早的《引书》手稿中就已可看到。④ 孙思邈在其《备急千金要方》中记载，皇甫隆（活跃于 249～254 年）在回复曹操（155～220）的书信中，提到道士蒯京的咽液叩齿之法。⑤ 葛洪在《神仙传》中保存类似的记载。⑥ 根据在很多道教和医学文献中所见到的情况，道士自魏晋（220～420）以来就在修习咽液叩齿之法。⑦

---

① 《黄庭内景经》，第 911 页 b。
② 《太上黄庭外景玉经》卷一，《道藏》第 332 号，第 913 页 a。
③ 范晔（398～445）：《后汉书》卷八二，中华书局，1973，第 2750～2751 页。陶弘景的《养性延命录》（卷一，《道藏》第 838 号，第 476 页 a～476 页 b）引用汉代纬书《洛书宝予命》以讨论食津之法。
④ 张家山汉简整理组：《张家山汉简〈引书〉释文》，《文物》1990 年第 10 期，第 82 页。参见彭浩：《张家山汉简〈引书〉初探》，《文物》1990 年第 10 期，第 87～91 页。
⑤ 孙思邈：《备急千金要方》卷二七，第 480 页。
⑥ 胡守为校释：《神仙传校释》卷七，中华书局，2010，第 245 页。
⑦ 例如，王明校释：《抱朴子内篇校释》，第 111 页，第 274 页；《上清大洞真经》卷一，《道藏》第 6 号，第 515 页 b；《灵宝无量度人上品妙经》卷一，《道藏》第 1 号，第 3 页 a；陶弘景：《养性延命录》，《道藏》第 838 号，第 475 页 a～485 页 b；孙思邈：《备急千金要方》卷二七，第 480 页。

《黄庭内景经》对呼吸练习也很重视："积精累气以为真。""呼吸元气以求仙。"[1] 战国时期的古典思想家已将气视作人体和生命的根本和精华，他们观察到"有气则生，无气则死"，[2] "人之生，气之聚也。聚则为生，散则为死"。[3] 其结果是产生出"食气者神明不死"的观念。[4] 比《黄庭内景经》要早，通过吸纳天地元气能量以养护身心的方法就已经包含在很多传世和出土文献中，诸如《管子》、《庄子》、《行气铭》、马王堆帛书《却谷食气》和《十问》、双谷堆竹简《行气》、《淮南子》、《太平经》、《素问》等。[5] 自魏晋时期开始，呼吸修炼的方法普遍为道教长生术所采用。例如，陶弘景《养性延命录》所征引的《元阳经》和《服气经》，[6] 署名京里先生的《神仙食气金匮妙录》，[7] 署名司马承祯的《服气精义论》等，[8] 所有这些文献都讨论服气、闭气止息及观想气在身体内的循环等问题。[9]

---

① 《黄庭内景经》，第 910 页 c ~ 911 页 b。

② 黎翔凤撰，梁运华整理：《管子校注》卷四，第 241 页。

③ 王先谦（1842 ~ 1917）编：《庄子集解》卷六，中华书局，1987，第 186 页。

④ 王明校释：《抱朴子内篇校释》，第 266 页。讨论气及其作用的著作很多，主要见 Livia Kohn, *Health and Long Life: The Chinese Way*, in cooperation with Stephen Jackowicz（Cambridge, MA: Three Pines Press, 2005）。

⑤ 见 Donald Harper, *Early Chinese Medical Manuscripts: The Mawangdui Medical Manuscripts*（London: Wellcome Asian Medical Monographs, 1998）；李零：《中国方术正考》，第 269 ~ 281 页。

⑥ 陶弘景：《养性延命录》卷二，《道藏》第 838 号，第 481 页 b ~ 482 页 b。

⑦ 京里（亦写作京黑）：《神仙食气金匮妙录》，《道藏》第 836 号，第 459 页 c ~ 465 页 b。

⑧ 司马承祯：《服气精义论》，张君房编：《云笈七签》卷五七，第 1243 ~ 1278 页。

⑨ 关于这些文本的讨论与翻译，见 Ute Engelhardt, *Die klassische Tradition der Qi-Übungen, Eine Darstellung anhand des Tang-zeitlichen Textes Fuqi jingyi lun von Sima Chengzhen*（Wiesbaden: Franz Steiner, 1987）；Engelhardt, "Qi for Life: Longevity in the Tang," in Livia Kohn, ed., *Daoist Meditation and Longevity Techniques*（Ann Arbor: Center for Chinese Studies, University of Michigan, 1989）, pp. 263 – 96; Livia Kohn, （转下页注）

　　胡愔将所有这些传统方法和技术——服气、吐纳、闭气、冥思、观想①、叩齿、咽液——整合为六套修养法。她进一步为每套方法设计每日练习的特定时间和长度，定下练习的次数频率，同时将此六套修养法与六种脏腑、五行、四季、十二月、四方及其他五行系列相匹配。这种与时空的和谐匹配是人体与宇宙韵律相互感应的前提，其结果是形成一个节律化的程序，有效地吸纳宇宙的生机元气，激发其在人体内的循环，以此滋养脏腑，达到完满的健康状态。

　　2. 治疗脏腑疾病的六气法

　　上面讨论的吐纳修炼涉及服气和气的体内循环的方法。虽然"六气法"也是一种呼吸练习方法，但主要涉及的是"呼气之法"，② 将呼气发为六个中文字的声音，即嘘、呵、呼、呬、吹、嘻（见表 5 - 2）。这一方法用来治疗脏腑疾病，恢复脏腑功能，如胡愔清楚表示："人用宜知之，但为除疾，非胎息也。"③

　　这些字最早出现在《庄子》中，称"吹呴呼吸，吐故纳新"是一种长生之术，④ 六字中有三个——吹、呴（同呵）、呼——已经出现在这里。西汉时期，马王堆帛书《却谷食气》将吹和嘘定为两种呼气练习。⑤ 与此同时，张家山汉简《引书》将吹、嘘、呼作为呼气方法，与吸气和闭气相

（接上页注⑨）Chinese Healing Exercises: The Tradition of Daoyin（Honolulu: University of Hawaii Press, 2008）, pp. 84 - 90, 150 - 58; Kohn, A Source Book in Chinese Longevity（St. Petersburg, FL: Three Pines Press, 2012）, pp. 74 - 94。

① 胡愔提到冥思和存想，但未讨论细节。
② Henri Maspero, Taoism and Chinese Religion, p. 498.
③ 胡愔：《黄庭内景五脏六腑补泻图》，《道藏》第 432 号，第 683 页 b。
④ 王先谦编：《庄子集解》卷四，第 132 页。
⑤ 魏启鹏、胡翔骅：《马王堆汉墓医书校释》（贰），成都出版社，1992，第 1~9 页。

表5-2　胡愔治疗脏腑疾病的六气法

脏腑	肝	心	脾	肺	肾	胆
五行	木	火	土	金	水	水
季节	春	夏	季夏	秋	冬	冬
六气法	以鼻渐长引气，以口嘘之。大嘘三十遍，细嘘十遍	以鼻微长引气，以口呵之。大呵三十遍，细呵十遍	以鼻渐长引气，以口呼之。大呼三十遍，细呼十遍	以鼻微长引气，以口咽之。大咽三十遍，细咽三十遍	以鼻渐长引气，以口吹之。大吹三十遍，细吹十遍	以鼻渐长引气，以口嘻之

结合，形成一套有序的呼吸训练，并将这些呼气法与四季联系起来。[1] 其后六朝时期（220～589）的《服气经》列出所有六种呼气方法——吹、呼、唏（同嘻）、呵、嘘、呬，用来治疗伤寒和发烧。[2] 此外，《明医论》可能最早使用六气之法来治疗五脏的疾病，呼和吹分别用来治疗心脏的冷热之疾，嘘治疗肺病，唏治疗脾病，呵治疗肝病，呬治疗肾病。[3] 此论还对如何进行这些练习进行解释："已上十二种调气法，依常以鼻引气，口中吐气，当令气声逐字吹、呼、嘘、呵、唏、呬吐之。"[4] 十二种调气法指六种呼气法和六种吸气法。这些治疗训练用鼻吸气，用口呼气。呼气时，病人口念这些字并按其发音呼气，因此六气法在后世也被称为"六字诀"。[5] 于是，六气法在六朝时期逐渐形成，并从呼吸练习方法逐渐转变成为治疗疾病的方法。隋至初唐，有多部医学、佛教、道教文献诸如《诸病源候论》《摩诃止观》《备急千金要方》等继承《明医论》的讨论，将六气法描述为治疗五脏疾病的方法。《备急千金要方》中还规定了特定的呼气时间、次数及强度。[6]

---

① 《引书》，第 84～85 页。凯瑟琳·戴思博（Catherine Despeux）已注意到这些早期的发展，见其 "The Six Healing Breaths," in Livia Kohn, ed., *Daoist Body Cultivation: Traditional Models and Contemporary Practices* (Magdalena, NM: Three Pines Press, 2006), pp. 38－42。

② 陶弘景《养性延命录》中引此条，《道藏》第 838 号，第 481 页 c～482 页 b。

③ 引文未包含最后一种方法，但是从文本提到"五脏"和"六气"，可以推论"呬"及其功用可能是因抄录之误而佚失。

④ 陶弘景《养性延命录》引此条，《道藏》第 838 号，第 481 页 c～482 页 b。

⑤ 马伯乐和戴思博将与六气相应的六字按词典的定义来将之解释为有力的、柔和的或急促的呼吸。见 Maspero, *Taoism and Chinese Religion*, pp. 497－98；Despeux, "The Six Healing Breaths," p. 40。然而，这种阐释与六气练习方法并不吻合。

⑥ 丁光迪主编：《诸病源候论校注》卷一五，人民卫生出版社，1991，第 459～497 页；智顗（531～597）、灌顶（561～632）：《摩诃止观》（《续修四库全书》本），第 565～566 页；孙思邈：《备急千金要方》卷二七，第 486 页。

胡愔继承了这一传统，但改变了六气与五脏的匹配模式，加入了胆腑，以形成六六相配的更完整模式。她还设计出新的练习频率，强健和轻柔呼吸的力度变化，并将六字和呼吸的发音改变为无声的发音和呼气（"勿令耳闻"）。胡愔进一步将此模式与五行系统相关联，将它宇宙化和节律化。此外，她将传统医学理论中的补泻原理引入六气法，将六吸定为补，六呼定为泻。吸气将新鲜的、生机勃勃的宇宙之气纳入身体，因此具有补养脏腑的功能；而呼气则将体内陈旧的"死"气排出，因此具有泻除和治疗重要脏腑疾病的功能。所有这些新的设计有可能基于胡愔自己的医疗经验，她的六气法也很快就成为标准，为后世医学和养生书籍反复引用（详见下文）。①

3. 脏腑导引法

导引是身体和呼吸的协调练习，战国至秦汉时期已经流行。《庄子》中记有"熊经鸟伸"的运动，② 汉初的马王堆帛书《导引图》和张家山竹简《引书》生动形象地描绘和介绍大量动作。③ 汉末名医华佗（145？～208）据说发明了

---

① 戴思博区分六气法的三种传统，包括支道林、宁先生和《黄庭内景经》，见 Despeux, "The Six Healing Breaths," in Livia Kohn, ed., *Daoist Body Cultivation: Traditional Models and Contemporary Practices*, pp. 44 - 59。她首先说，《备急千金要方》中的六气被置于支道林的方法之下。然而，在《备急千金要方》卷二七，支道林的方法被列为第二，而六气法被列为第五，两者之间并没有联系。其次，戴思博提到，《太清导引养生经》引用宁先生的模式，将三焦首次引入六气。但是，我仔细地考察文本，发现此引用仅描述以六气法治疗五脏疾病，与《明医论》中的讨论相同，并未提到三焦，直到宋代才以三焦代替胆囊（见下文）。见《太清导引养生经》，《道藏》第 818 号，第 399 页 c～340 页 a。另外，戴思博所说的《黄庭内景经》传统，实际上指的是胡愔所设计的方案，此方案发展了此前的传统。因此，戴思博关于此三个传统的区分颇成问题，而且并无必要。

② 王先谦编：《庄子集解》卷四，第 132 页。

③ 马王堆汉墓帛书整理小组编：《马王堆汉墓帛书导引图》，文物出版社，1979；《引书》，第 82～86 页。

五禽戏及其他运动。① 从陶弘景《养性延命录》中的《导引按摩》②、司马承祯《服气精义论》中的《导引论》③ 以及其他文献可知,④ 道教的长生术一直与导引结合在一起。

孙思邈在其《备急千金要方》中记载了两套导引术,一套名为"天竺国按摩法",亦称"婆罗门法",另一套名为"老子按摩法"。⑤ 隋唐时期,"按摩"一词含有导引和按摩的双重意思,⑥ "婆罗门法"可能指传到中国的印度瑜伽术。孙思邈在其著作中列举天竺国按摩法的十八种动作招式,其中诸如缩紧身体弯曲脊椎、正直站立向后弯折、用手勾住远

① 《后汉书》卷八二,第 2739 页;陶弘景:《养性延命录》,《道藏》第 838 号,第 483 页。见李零:《中国方术正考》,第 281~299 页;高大伦:《张家山汉简引书研究》,巴蜀书社,1995;Donald Harper, *Early Chinese Medical Manuscripts*, pp. 310 - 27; Ute Engelhardt, "Daoyin tu und Yinshu: Neue Erkenntnisse über die Übungen zur Lebenspflege in der frühen Han-Zeit," *Monumenta Serica* 49 (2001): 213 - 26;猪饲祥夫:《张家山汉墓汉简引书に见る导と引について》,《医谭》第 79 期,2003 年,第 30~32 页;Livia Kohn, *Chinese Healing Exercises*, pp. 36 - 61。

② 陶弘景:《养性延命录》,《道藏》第 838 号,第 482 页 b~483 页 c。

③ 司马承祯:《服气精义论》,张君房编:《云笈七签》卷五七,第 1257~1259 页。

④ 这些文本引用了四世纪汇编的《养生要集》,此书很可能在安禄山(703~757)之乱后佚失。见 T. H. Barret, "On the Transmission of the *Shen tzu* and of the *Yang-sheng yao-chi*," *Journal of the Royal Asiatic Society* 2 (1980): 168 - 76, esp. 172;阪出祥伸:《张湛の养生要集佚文とその思想》,《东方宗教》1986 年第 68 期,第 1~24 页;Catherine Despeux, "Gymnastics: The Ancient Tradition," in Livia Kohn, ed., *Taoist Meditation and Longevity Techniques*, pp. 228 - 237; Stephan Stein, *Zwischen Heil und Heilung: Zur frühen Tradition des Yangsheng in China* (Uelzen: Medizinisch-Literarische Verlagsgesellschaft, 1999)。关于这些文本所记载的导引法,见 Livia Kohn, *Chinese Healing Exercises*, pp. 62 - 161;姜生、汤伟侠编:《中国道教科学技术史·南北朝隋唐五代卷》,第 687~720 页。

⑤ 孙思邈:《备急千金要方》卷二七,第 484~485 页;亦见《太清道林摄生论》,《道藏》第 1427 号,第 471 页 c~472 页 b;《正一法文修真旨要》,《道藏》第 1270 号,第 572~579 页。

⑥ 例如,唐代太医署有按摩博士和按摩师,主要"掌教导引之法以除疾",见《新唐书》卷四八,第 1245 页。

伸的同侧脚并将脚拉回放在对侧膝盖上等动作，都是直到今天还在练习的典型瑜伽动作。①

胡愔的导引法明显地以孙思邈介绍的天竺按摩法为基础。她从孙思邈的十八式中借鉴的动作有：两手相叉，翻覆向胸（孙的第 2 式，胡的第 2 式）；两手作拳，左右相击（孙的第 6 式，胡的第 3 式）；手臂向上，如举重石（孙的第 7 式，胡的第 4 式）；两手据地，缩身曲脊，躯干上举（孙的第 11 式，胡的第 8 式）；双拳反捶后背（孙的第 12 式，胡的第 9 式）；两手据地，回顾虎视（孙的第 14 式，胡的第 7 式）；双手交叉，足踏掌中（孙的第 16 式，胡的第 5 式），等等（见表 5-3）。

然而，胡愔并不是简单地抄袭孙思邈的天竺按摩法，而是做出一定的修改。她为每个动作提供更为具体的描述，设计更多细节，确定每组动作重复的次数，并在练习结尾加入止息、咽液、叩齿等放松套路。胡愔还将导引术与五行、季节、月份、脏腑相匹配，指出每组动作针对每个脏器的治疗功能。因此，可以说胡愔的导引术将印度的瑜伽术与中国传统的导引练习、医学理论、道教长生术整合在一起。她提炼外来动作和传统动作，制定出一套新的练习方法以调动整个身体，包括手、臂、足、膝、头、胸、腹、背等。通过转动、弯曲、伸展、推举、击打、摇晃、缠绕等多种肢体运动和按摩技法。这套导引法能暖和身体、缓解紧张、活动肌肉、刺激能量循环，是十分适合老年人的运动方式。于是，胡愔的导引法很快成为标准，为后世的医学和养生著作所反复征引（详见下文）。

此外，早期导引术如马王堆《导引图》和华佗五禽戏等主要使用站立的姿势，而陶弘景《养性延命录》和孙思邈

---

① Swami Vishnudevananda：《瑜伽大全》，李小青译，上海中医学院出版社，1990，第 92~93 页；Livia Kohn, *Chinese Healing Exercises*, pp. 136-39；马伯英：《中国医学文化史》卷二，上海人民出版社，2012，第 183~186 页。

表 5-3　胡愔的脏腑导引法

脏腑	肝	心	脾	肺	肾	胆
五行	木	火	土	金	水	水
季节	春	夏	季夏	秋	冬	冬
导引法	正坐，以两手相重按髀，徐徐转身，左右各15次（第1式）。正坐，两手交叉，翻覆向胸，重复向胸，15次（第2式）	正坐，两手作拳，用力左右相击，各30次（第3式）。正坐，一手向上，如举重石（第4式）。正坐，两手交叉，以脚踏手中，各30次（第5式）	双脚交逿正坐，伸出一脚，弯曲一脚，两手向后反击，各15次（第6式）。跪坐，以两手据地，回顾如虎视，左右各15次（第7式）	正坐，以两手据地，缩身曲脊，躯干上举，共3次（第8式）。反拳捶背，左右各15次（第9式）	正坐，以两手上耸，如举重石，伸展腰部，共15次（第10式）。手按膝部，转身左右（第11式）。前后踏足，左右各数10次（第12式）	正坐，合两脚掌，昂头，以两手拉拔摇动脚腕，共15次（第13式）。双脚交逿正坐，以两手据地，举身伸腰，共15次（第14式）

《备急千金要方》混合使用坐、跪、站、斜倚的姿势。胡愔的导引术则主要以坐姿练习，这有可能受到唐代流行的佛教坐禅和道教坐忘的影响。因此，胡愔的导引术还成为《坐式八段锦》《二十四气坐功导引治病图》等后世坐式运动的先驱。[①]

4. 月禁食忌法

尽管此方法题为月禁食忌，但是胡愔此法并不是简单地讲食物禁忌，而是提供有关宜食和禁食的季节性饮食养生法，以此滋养脏腑。自文明初期开始，中国人就意识到食物对身体的影响以及均衡饮食的必要性，而食物与预防功效、治疗价值和宗教精神追求之间的关系也逐渐发展。早在西周时期（前1046?~前771），已经有一种名为食医的官职，负责为君王制定均衡的、符合季节的食谱。[②]《汉书·艺文志》著录了一部题为《神农黄帝食药》的七卷本书，[③] 但此书早已亡佚。汉代的双古堆竹简《万物》、马王堆帛书《养生方》、辑本《淮南万毕术》，都描述可用来滋养生命或获得超凡力量的植物类、草本类、矿物类、动物类物品的食谱和药物。[④]

---

① 王家祐和郝勤已经注意到此点，见其《黄庭碧简　琅嬛奇妹——胡愔及其〈黄庭内景五脏六腑补泻图〉》，《中国道教》1993年第1期，第32页。关于《坐式八段锦》和《二十四气坐功导引治病图》的讨论，见 Livia Kohn, *Chinese Healing Exercises*, pp. 169 – 83。

② 郑玄（127~200）注，贾公彦（650~655）疏：《周礼注疏》[《十三经注疏（整理本）》] 卷五，北京大学出版社，2001，第129页 a~131页 a。虽然《周礼》的编撰时代尚存在争议，但由于《周礼》所记与西周青铜铭文及新出土先秦文献有很多相符之处，学界现在普遍认同这一文本至迟在战国时已成型，有些内容可能出自西周，虽然也可能有汉初的添加。

③ 班固（32~92）：《汉书》卷三〇，中华书局，1962，第1777页。在传世《汉书》中，"药"被写作"禁"，但根据贾公彦的引用，"禁"应是抄录之误。见郑玄注，贾公彦疏：《周礼注疏》卷五，第129页 a。

④ 阜阳汉简整理组：《阜阳汉简〈万物〉》，《文物》1988年第4期，第36~47、54、99页；裘锡圭主编：《长沙马王堆汉墓简帛集成》第6册，中华书局，2014，第35~71页；《淮南万毕术》（《丛书集成初编》本）。见李零：《中国方术正考》，第255~260页；Donald Harper, "Gastronomy in Ancient China," *Parabola* 9（1984）：39 – 47。

《列仙传》中所记载的神仙,大约有一半服用天然草药。① 《神
农本草经》也列举了很多滋养生命的草药和其他物质。②

道教的饮食养生法中包含一些金属和矿物材料,但绝大
多数的材料是草药,例如葛洪《抱朴子·仙药》和《太上灵
宝五符序》中所记载的药物。③ 肖恩·亚瑟(Shawn Arthur)
通过对较晚文献的研究,认为道教饮食中的"辟谷"实践应
该被理解为"避免吃日常主食"。④ 然而,到了初唐时期,孙
思邈重拾对日常食物的提倡。在《备急千金要方》的《食
治》篇中,孙思邈指出一些药物和治疗方法的危险效果,并
在食物列表中介绍很多日常食品,包括水果、蔬菜、谷物及
肉类。他描述这些食物的治疗效果,并指出它们在一些情况
下的食用禁忌。⑤ 在701年至704年前后,孙思邈的弟子孟诜
(621~713)编纂出三卷《补养方》。张鼎(活跃于713~741

---

① 王叔珉编:《列仙传校笺》,中华书局,2007。
② 《神农本草经》可能编撰于一世纪后期或二世纪。汉代之后有多个版
　本出现,被陶弘景收集汇编到《神农本草经集注》中。后来,陶弘景
　的版本佚失。许多近现代学者致力于重构此著作,出现多种辑本。其
　中两个重要的辑本是马继兴主编《神农本草经辑注》(人民卫生出版
　社,1995)和尚志钧校注《神农本草经校注》(学苑出版社,2008)。
　关于传世和佚失的食疗文本的详细讨论,见 Joseph Needham, Lu Gwei-
　djen, and Nathan Sivin, *Science and Civilization in China*, *Volume* 6, *Biol-
　ogy and Bilogical Technology*, *Part* 6: *Medicine*(Cambridge: Cambridge
　University Press, 2004), pp. 78 – 84。
③ 葛洪(283~343):《抱朴子》卷一一,第196~223页;《太上灵宝五符
　序》卷二,《道藏》第388号,第322页 c~335页 b。见 Akira Akahori,
　"Drug Taking and Immortality," in *Taoist Meditation and Longevity Tech-
　niques*, pp. 73 – 95, esp. 75 – 83;李零:《中国方术正考》,第238~
　242页;姜生、汤伟侠编:《中国道教科学技术史·汉魏两晋卷》,第
　528~533页;Shawn Arthur, *Early Daoist Dietary Practices: Examining
　Ways to Health and Longevity*(Lanham: Lexington Books, 2013)。
④ Arthur, *Early Daoist Dietary Practices*, p. 204。
⑤ 孙思邈:《备急千金要方》卷二六,第463~476页。见 Ute Engelhardt,
　"Dietetics in Tang China and the First Extant Works of Materia Dietetica," in
　Elisabeth Hsu, ed., *Innovation in Chinese Medicine*(Cambridge: Cam-
　bridge University Press, 2001), pp. 176 – 84。

年）在 721 年至 739 年撰写的《食疗本草》三卷对《补养方》进行扩充，此书所包含的绝大多数食谱是日常食物。①

或许是受到孙思邈及其后继者的影响，胡愔在其宜食、禁食、忌食的养生法中也包括了各种日常食物，如麻子、豆、李子、大麦、小麦、藿、大米、枣、葵、黍、桃、大豆、黄卷、葱、大蒜、小蒜、山茱萸、肉、鱼等（见表 5－4）。这一养生法显示出道教食疗朝向普通治疗和日常生活的发展趋势。尽管胡愔对其食疗养生法的描述很简略，但她以创新的方式将饮食宜忌与脏腑、季节、五行相匹配，由此再次强调内外世界之间和谐互动的结构系统。胡愔在食物禁忌中一丝不苟地区分禁食和宜食，此现象在较早的食疗论著中未曾看到，由此展示出她在食品保健方面的特别用心。

综上所述，受五行宇宙论的影响，汉初（或可能更早）的《引书》已经开始讨论与四季和谐相应的日常活动，② 而《素问》也提出依据季节变化养护脏腑的方法，③ 但这些仅是简短的描述。胡愔将医学治疗法和道教养生术整合进五行系统，以脏腑作为框架，调和冥思、存想、吐纳、叩齿、

---

① 《食疗本草》佚失已久，但有一些片段见于丹波康赖（912～995）著、槇佐知子注的《医心方》（筑摩书房，1993）以及唐慎微（1056～1136）的《证类本草》（上海古籍出版社，1991）等。此文本的一个片段亦在敦煌写本（S.0076）中发现。参见中尾万三：《食疗本草の考察》，《上海自然科学研究所汇报》第 1 期，1930 年，第 5～216 页；马继兴等编：《敦煌医药文献辑校》，第 673～686 页；谢海洲等编：《食疗本草》，人民卫生出版社，1984；Paul Unschuld, *Medicine in China: A History of Pharmaceutics* (Berkeley: University of California Press, 1986), pp. 208－11；郑金生、张同君译注：《食疗本草译注》，上海古籍出版社，1993；Ute Engelhardt, "Dietetics in Tang China," pp. 184－87.

② 《引书》，第 82 页。参见李学勤：《引书与导引图》，《文物天地》1991 年第 2 期，第 7～9 页；李零：《中国方术正考》，第 283～284 页。

③ 郭霭春编著：《黄帝内经素问校注语译》，第 8～13 页。亦见丁光迪主编：《诸病源候论校注》，第 459～497 页；孙思邈：《备急千金要方》卷二七，第 478～479 页。

表5-4 胡愔的月禁食忌法

脏腑	肝	心	脾	肺	肾	胆
五行	木	火	土	金	水	水
季节	春	夏	季夏	秋	冬	冬
月禁食忌法	宜食麻子、李子。禁辛。正月不食葱，二月、三月不食蓼、小蒜、百草心，勿食肝、肺	宜食大小麦、杏、薤。禁咸食。四月勿食大蒜，五月勿食韭，勿食心、肾	宜食粳米、枣、葵。禁酸味。六月勿食脾、肝、羊血	宜食黍、桃、葱。禁苦味。七月勿食黄，八月、九月勿食生姜，勿食肝、心、肺	宜食大豆、黄卷、栗。禁甘物。十月勿食椒，十一月、十二月勿食鳞甲之物，勿食肾、脾	

服津、导引、食疗等众多方法，成为建立季节性养生体系的第一人。这个体系的运作与季节变迁和宇宙循环保持一致，其结果将人体从受制于生死的客体转化为生生不息的自然过程中的主体。遵从这一自然过程的节律，人们可以自我提升，建立自己与宇宙力量之间的和谐感应关系，如同胡愔所述："日月精光来附我身，四时六气来合我体。"人们由此可以获得完美健康，达到长生成仙，于是"造物者翻为我所制"，最终得以掌握自己的生死命运。

更为重要的是，在道教的早期阶段，其救赎学说并不是普世性的，而是主要针对精英道人，而胡愔将道教长生术转变为易行的、治疗性的和世俗的体系，从而向普通人打开自我炼养的大门。的确，胡愔是第一位提倡普遍性的季节养生的人。宋代以降，出现众多这一趋向的作品，诸如姚称（活跃于十世纪）的《摄生月令》，周守忠（活跃于1208～1220年）的《养生月览》，姜蜕（活跃于1276年）的《养生月录》，吴球（活跃于十五至十六世纪）的《四时调摄论》，及高濂（1573～1620）的《遵生八笺》，等等。

此外，许多有关医学和保健的作品皆征引和抄袭胡愔的著作。例如，在陈直（活跃于1078～1085年）编纂、邹铉（活跃于1307年）补编的《寿亲养老新书》中，《四时养老》一章逐字地征引胡愔的"六气法"。①《道枢》中的《洞真》篇也继承胡愔的六气法，仅将其中的"嘻"法从治疗胆病改为治疗三焦。② 三焦是某些身体器官的独特中文名称，有关三焦的所指存在不同的记载和看法。根据《素问》和《灵枢》，三焦是六腑之一，胆也包含在三焦之中。因此，将胆改为三焦也是从胡愔的模式进一步演化的结果。《修真十

① 陈直、邹铉编：《寿亲养老新书》（《四库全书》本）卷一，第18页a、22页a、27页b、32页b。
② 《道枢》卷一九，第700页b。

书》中还包含一个名为《去病延寿六字法》的文本，内容
与胡愔的六气法相同，但同样以三焦替代胆。① 朱权（号涵
虚子，1378 ~ 1448）在其《臞仙活人方》中，从胡愔的著作
里引用"六气法"和"导引法"。② 周履靖（活跃于 1597
年）编集的《赤凤髓》所包含的《太上玉轴六字气诀》《六
气诀》《六气歌诀》《去病延年六字法》，均含有胡愔六气法
的内容，其中一些保留以嘻法治疗胆疾的说法，另一些则代
以三焦。③ 这些著作告诉我们，至迟在明代晚期，六字法已
经被转变为歌诀，以便于传播和记忆。在高濂著名的《遵生
八笺》中，有题为《四时调摄笺》和《延年却病笺》的两
个部分，几乎逐字抄录胡愔著作中的各种内容，包括六个脏
腑神的图像、这些图像的解说、修养脏腑法、六气法和导引
法等。④ 沈金鳌在其《沈氏尊生书》中，也引述胡愔的导引
法。⑤ 所有这一切均显示出胡愔对后世医者、养生专家、士
大夫及普通民众的深远影响。

五　结语

　　人的身体和生命是道教理论和实践的关注点。由于道教
的生命哲学强调"贵人重生"，因此养生和修道在本质上是

---

① 《修真十书》卷一九，《道藏》第 263 号，第 694 页 c ~ 695 页 a。
② 朱权（署以其号涵虚子）：《臞仙活人方》（存于北京大学图书馆）卷一，第 15 页 a ~ 18 页 a。
③ 周履靖（1549 ~ 1640）编集：《赤凤髓》卷一，上海古籍出版社，1989，第 23 ~ 27、41 ~ 42、60 ~ 62 页。
④ 高濂：《遵生八笺》，人民卫生出版社，2007，第 26 ~ 243、394 ~ 398 页。关于此文本的研究和翻译，见 John H. Dudgeon, "Diet, Dress and Dwellings of the Chinese in Relation to Health," in *Health Exhibition Literature*, Vol. 19, *Miscellaneous Including Papers on China* (London：William Clowes and Sons, 1884), pp. 253 - 486。
⑤ 沈金鳌：《沈氏尊生书》，萧天石编：《道藏精华》，自由出版社，1980。

相同的。正如陶弘景所强调的："养生者慎勿失道，为道者慎勿失生。"[1] 其结果是中国道教和中国医学共同致力于促进身体健康和延长寿命，二者在理论和实践两方面体现出很多共通的特征，如施舟人（Kristofer Schipper）所指出的："对人体的愿景既属于道教，也属于中医。"[2]

自《黄庭内景经》出现以来，涌现出众多关于这部道教经典的注疏著作。这些著作可以大致划分为两种趋向。第一种关注身体众神的道教理论，以及存想体内神灵的内炼实践，如务成子和梁丘子的注疏。这一趋向在后来逐渐发展为宗教性的内丹理论和修炼方法。第二种趋向将道教的修炼技术与传统的中国医学相结合，逐渐发展为世俗的、流行的保健养生理论和实践。[3]

胡愔的《补泻图》对这两种趋势都加以发展并产生了重大影响。她对脏腑神形象的创新性描述，进一步象征人体的宇宙和神圣层面。脏腑神守护人体的重要器官，保证身体的和谐与活力。由于脏腑神与星宿神和四方神等同，因此人体的小宇宙与自然的大宇宙更严密地吻合。脏腑神还象征人体的神圣性，为道教长生成仙的目标以及最终成熟的内丹道提供理论依据。

更重要的是，胡愔将道教的身体观念、修炼技术与医学理论和身体锻炼结合起来。她运用五行宇宙论、补泻、诊病、治疗、保健等理论，分析脏腑的生理功能、病理机制以及治疗方法，采用医学知识和草药治疗病症。她总结和发展吐纳、导引、食疗等方法，用来激发和养育人体的精力，在

---

① 陶弘景：《养性延命录》，《道藏》第 838 号，第 475 页。

② Schipper, *The Taoist Body*, p. 100.

③ 王明：《黄庭经考》，《道家和道教思想研究》，第 351 页；Isabelle Robinet, *Taoist Meditation*, pp. 67, 95；王家祐、郝勤：《黄庭碧简　琅嬛奇姝——胡愔及其〈黄庭内景五脏六腑补泻图〉》，《中国道教》1993 年第 1 期，第 33~34 页。

此基础上为季节性养生建立起一套综合而系统的方案，引导修炼者自然而然地与宇宙的律动和能量产生共鸣。

通过发展和推动《黄庭内景经》的两种趋向，胡愔的《补泻图》代表对道教和医学这两个传统的完美融合。她在这一著作中探索宗教信仰、身体、医学和自然环境间的关联，设计出改善人的身体和精神层面的各种修炼方案，将人体融合进宇宙律动和能量的永恒循环中，从而达致长生的目标。尽管胡愔的生平经历依旧晦涩不明，但她的著作却成为中国宗教信仰和养生文化的一份重要遗产。

第六章
《瑶池新咏集》与三位女道士诗人

　　唐蔡省风于九世纪编纂的《瑶池新咏集》（以下简称《瑶池集》）是唐代唯一一部女诗人选集，原本收有 23 位女诗人的 115 首诗，但久已散佚。幸运的是，该集的一些残卷重现于敦煌写本中，这使得此集成为现存最早的中国古代女性作品选集。① 这些残卷经整理，恢复为原集卷首四位诗人的 23 首诗，包括三位女道士诗人李季兰（？～784）、元淳（？～779？）和崔仲容（活跃于八世纪下半叶）的 15 首诗，其中有一些诗篇未见于她们的传世作品中，从而为研究这些女道士诗人提供新的维度。

　　宋代公私书目都著录了《瑶池集》，② 但是自元代以降就再无相关的确切记录。③ 因此，此集可能失传于元代某个时期。重现的《瑶池集》残卷收于俄国圣彼得堡所藏的敦煌

---

① 胡文楷考述唐以前的六种女性作品选集，见其《历代妇女著作考》（上海古籍出版社，2008，第 875 页）。这些女性作品选集皆未传世。

② 王尧臣等编：《崇文总目》卷五，第 13 页 a；《新唐书》卷六〇，第 1624 页；晁公武撰，孙猛校证：《郡斋读书志校证》卷二〇，上海古籍出版社，1990，第 1069 页；尤袤：《遂初堂书目》（《海山仙馆丛书》本），第 49 页 a；郑樵：《通志二十略》卷八，第 1780 页。

③ 《宋史·艺文志》和明代《汲古阁毛氏藏书目》都著录了此集，但从其著录方式可看出仅是转抄以前的书志。见徐俊编：《瑶池新咏集》，傅璇琮、陈尚君、徐俊编：《唐人选唐诗新编》（增订本），第 886～887 页。

文献中。荣新江和徐俊从浩繁的俄藏文献中，整理出 6 个残片 23 首诗（有些不完整），将它们汇集起来以恢复原有次序，并对该集做了总体描述。[①] 徐俊还将这些诗篇重编为《瑶池新咏》，收入《敦煌诗集残卷辑考》，后来又以《瑶池新咏集》为题收入《唐人选唐诗新编》中。[②]

敦煌残卷包括《瑶池集》卷首四位诗人的作品。[③] 值得注意的是，这四位诗人的次序，与其在韦庄所编《又玄集》和陈应行所编《吟窗杂录》的次序完全相同。[④] 这种巧合使陈尚君、徐俊和荣新江推断这三部集子间可能存在关联。[⑤] 但是，徐俊在重辑《瑶池集》时十分谨慎，未收入不见于敦煌写本的诗人和诗作。在 2010 年，陈尚君肯定以前关于《又玄集》和《吟窗杂录》直接从《瑶池集》中抄录诗歌并保留原来顺序的推论，并直接根据此三集列出 23 位诗人的

---

① 荣新江、徐俊：《新见俄藏敦煌唐诗写本三种考证及校录》，《唐研究》第 5 卷，北京大学出版社，1999，第 59～80 页；荣新江、徐俊：《唐蔡省风编〈瑶池新咏〉重研》，《唐研究》第 7 卷，北京大学出版社，2001，第 125～144 页。

② 徐俊纂辑：《敦煌诗集残卷辑考》，中华书局，2000，第 672～685 页；徐俊编：《瑶池新咏集》，傅璇琮、陈尚君、徐俊编：《唐人选唐诗新编》（增订本），第 883～912 页。王卡亦曾重辑此集，所录增加 Дх.3927 一件残片，但总体来说未有徐俊等所辑完整，见其《唐代道教女冠诗歌的瑰宝——敦煌本〈瑶池新咏集〉校读记》，《中国道教》2002 年第 4 期，第 10～13 页。

③ 俄罗斯科学院东方研究所圣彼得堡分所、俄罗斯科学出版社东方文学部、上海古籍出版社：《俄罗斯科学院东方研究所圣彼得堡分所藏敦煌文献》（以下简称《俄藏敦煌文献》），上海古籍出版社，1992，Дх.3861、3872、3874、6654、6722、11050。

④ 韦庄编：《又玄集》，傅璇琮、陈尚君、徐俊：《唐人选唐诗新编》（增订本），第 868～871 页；陈应行：《吟窗杂录》卷三〇，中华书局，1997，第 837～860 页；卷三一，第 861～863 页。

⑤ 陈尚君：《唐人编选诗歌总集叙录》，《唐代文学丛考》，中国社会科学出版社，1997，第 195 页；荣新江、徐俊：《唐蔡省风编〈瑶池新咏〉重研》，《唐研究》第 7 卷，第 139～140 页。

名单，但未展开细致的论证。[①] 也是在 2010 年，我参考陈尚君、徐俊和荣新江对这三部选集之间可能存在关联的推断，撰写了一篇英文论文，递交英文期刊《男女：中国的男性、女性和性别》（*Nan Nü：Men，Women and Gender in China*），并于 2011 年刊发。我在该文中证实此种关联，并经过细致的比较分析，提出一份 23 人的名单。[②] 这个名单与陈尚君的大致相合，但我是在同一时间经由不同的方法和考证得出这一结论的。

以上述研究成果为基础，本章首先考察和重辑《瑶池集》，然后将新发现的诗作与传世诗作相结合，全面地研究三位女道士诗人李季兰、元淳和崔仲容的生平和诗歌。

一 《瑶池集》重辑

宋代公私书目著录此集，有三种相近的异题：《瑶池新咏》、[③]《瑶池新集》、[④]《瑶池集》。[⑤] 在敦煌写本残片中，此集卷首题为《瑶池新咏集》，签题为《瑶池集》。[⑥] 由此可以推测，《瑶池新咏集》应是完整的题目，而其他三种异题均

---

① 陈尚君：《唐女诗人甄辨》，《文献》2010 年第 2 期，第 10 ~ 25 页。王三庆根据《又玄集》及韦縠所编《才调集》、计有功撰《唐诗纪事》所收女诗人，也推测《瑶池集》23 位诗人的名字，见其《也谈蔡省风瑶池新咏》（《北京大学中国古文献研究中心集刊》第 7 辑，北京大学出版社，2008，第 408 ~ 430 页）。但是，由于《才调集》和《唐诗纪事》所收女诗人的次序与《瑶池集》残卷、《又玄集》和《吟窗杂录》完全不同，王三庆的名单缺乏可靠的证据。

② Jinhua Jia，"*Yaochi ji*，" pp. 205 – 43.

③ 王尧臣等编：《崇文总目》卷五，第 13 页 a；《新唐书》卷六〇，第 1624 页；郑樵：《通志二十略》卷八，第 1780 页。

④ 晁公武撰，孙猛校证：《郡斋读书志校证》卷二〇，第 1069 页。

⑤ 尤袤：《遂初堂书目》，第 49 页 a。

⑥ 《俄藏敦煌文献》，Дх. 6654、3861、6722。

为不同程度的简称。① 这一题目应是对《玉台新咏集》的模仿。②

宋晁公武在其《郡斋读书志》中援引编者蔡省风的总序，对此集做了较为详细的描述：

> 《瑶池新集》一卷。右唐蔡省风集唐世能诗妇人李季兰至程长文二十三人题咏一百十五首，各为小序，以冠其首，且总为序。其略云："世叔之妇，修史属文；皇甫之妻，抱忠善隶。苏氏雅于回文，兰英擅于宫掖；晋纪道韫之辨，汉尚文姬之辞。况今文明之盛乎！"③

晁公武称蔡省风为唐人，敦煌写本则署其官职为著作郎。④ 根据晁公武的描述，此集原收 23 位女诗人的 115 首诗，始于李季兰，终于程长文。蔡省风为全集撰有总序，并为每一位女诗人撰有小序。这是唐人选唐诗的典型形式。遗憾的是，在敦煌写本中，所有序文皆被略去。从晁公武所引总序中，我们看到蔡省风将唐代女诗人与唐以前最著名的才女相比，包括班昭（曹世叔之妻，49？~120？）、皇甫规之妻、苏蕙、韩兰英、谢道韫、蔡文姬（117~？）等。蔡省风指出，唐代女诗人的才能可与历史上的才女媲美，她们在文学上的成就值得同时代人的称赏。这篇序文代表唐人对当时女性文学成就的认可。

《瑶池集》敦煌写本残卷包含原集卷首四位诗人的 23 首诗：李季兰，七首；元淳，七首；张夫人，八首；崔仲容，

---

① 荣新江、徐俊：《唐蔡省风编〈瑶池新咏〉重研》，《唐研究》第 7 卷，第 125~144 页。

② 《玉台新咏》原题可能为《玉台新咏集》，见刘跃进：《〈玉台新咏〉原貌考索》，《玉台新咏研究》，中华书局，2000，第 92 页。

③ 晁公武撰，孙猛校证：《郡斋读书志校证》卷二〇，第 1069 页。

④ 《俄藏敦煌文献》，Дx. 6654、3861。

一首。① 这些约占原集 23 位诗人和 115 首诗的 1/5。② 如前所述，此四位诗人的次序与她们在韦庄（836？～910）所编《又玄集》及陈应行所编《吟窗杂录》中的次序完全一样。③《又玄集》选入 22 位女诗人的作品，始于李季兰、元淳、张夫人和崔仲容，终于程长文和鱼玄机（843？～868）。《吟窗杂录》选入更多唐代女诗人，但从李季兰至程长文共为 21 位，其中梁琼和崔萱两位未见于《又玄集》，而《又玄集》收入的宋若昭和宋若荀则被提前置于宫廷后妃之列。④ 如果我们将梁琼和崔萱加入《又玄集》的 21 位女诗人之列（不计鱼玄机，因为她被列于程长文之后，因此应当未收于《瑶池集》），或将宋若昭和宋若荀加入《吟窗杂录》的 21 位女诗人之列，那么两部选集就都收有始于李季兰而终于程长文、名字相同的 23 位女诗人。这一次序和数字与晁公武在《郡斋读书志》中的描述完全吻合，应该就是收于《瑶池集》中的那些女诗人。

　　韦縠编于 947 年的《才调集》十卷中，也有一卷专收唐代女诗人的作品，其中有 20 人见于《又玄集》和《吟窗杂录》，但次序完全不相同。因此，虽然韦縠也有可能基于《瑶池集》和《又玄集》而编选这些女诗人的作品，但他显然对次序重新做了编排。《才调集》的另一个特点是收有叙事作品中的人物如关盼盼和崔莺莺，⑤ 而《瑶池集》和《又玄集》所收，则可以考知皆为历史人物（详见下文注释）。

---

① 《俄藏敦煌文献》，Дх. 3861、3872、3874、6654、6722、11050。
② 见荣新江、徐俊：《唐蔡省风〈瑶池新咏〉重研》，《唐研究》第 7 卷，第 129～135 页。
③ 韦庄编：《又玄集》，傅璇琮编撰：《唐人选唐诗新编》，陕西人民教育出版社，1996，第 581 页；陈应行编：《吟窗杂录》，第 60～61 页。
④ 宋若荀在《又玄集》中写为宋若茵，但根据《旧唐书》（卷五二，第 2198 页）及计有功辑撰《唐诗纪事》卷七九（上海古籍出版社，1987，第 1132 页），茵应为荀之形讹。
⑤ 韦縠编：《才调集》，傅璇琮编撰：《唐人选唐诗新编》，第 695～696 页。

　　《瑶池集》原来的诗篇总数是 115 首。重新发现的敦煌残卷有 23 首，《又玄集》有 28 首，二者都不完整。《吟窗杂录》收有 22 位诗人的 106 首诗（包括残联），其中宋若昭（761~828）有名无诗，宋若荀的名和诗皆不见。如果加上可能归属于这两位诗人的作品，将几乎达到原集的 115 首诗之数，或者至少加上《又玄集》所选两人的两首诗，我们就有了 108 首。另外，敦煌残卷收有元淳的七首诗，而《吟窗杂录》只收六首，因此可再加一首达至 109 首。但是，在这 109 首诗中，李季兰一人有 17 首；而在敦煌残卷中，李季兰虽位居卷首，却仅收七首。考虑到在敦煌残卷和《吟窗杂录》中，其余诗人所收诗歌最多的分别是八首（张夫人和薛涛）和七首（元淳和张窈窕），因此《瑶池集》原本可能只收李季兰七首诗，我们应减去陈应行编《吟窗杂录》时可能增加的 10 首。最终，我们总共得到 99 首诗，也就是恢复 86% 的《瑶池集》。①

　　另有两个理由可以证明这 99 首诗在很大程度上代表了《瑶池集》的原貌。首先，重新发现的《瑶池集》残卷和《又玄集》所收的诗篇，与《吟窗杂录》所收基本重合，顺序也基本相符。其次，大部分女诗人的身份和诗篇都是首次见于《瑶池集》和《又玄集》，说明《瑶池集》及其诗人小序可能是后来选集中有关这些诗人的主要甚至唯一的资料来源。《唐诗纪事》选收上考《瑶池集》诗人名单中 20 位诗人的作品并附有小传，这些作品和小传与《又玄集》和《才调集》中的几乎完全一样。② 后来，在清代所编的《全唐诗》中，这些诗人的作品和小传再次与上面提到的选集中的几

　　① 《吟窗杂录》中归于崔萱的《戏赠》残联，《又玄集》中录有全诗，但归于崔仲容。根据《又玄集》，此诗作者应为崔仲容。由于《吟窗杂录》未将此诗归于崔仲容，《瑶池集》重辑的总数仍是 99 首。

　　② 计有功辑撰：《唐诗纪事》卷七八、卷七九，第 1123~1136 页。

乎一致，其中例外者主要是传世作品较多的李季兰和薛涛。①

表 6 - 1 是 23 位女诗人的比较列表，所列项目包括《瑶池集》《又玄集》所给出的称呼，生卒年或活动年代（简要经历见注释），在《瑶池集》、《又玄集》和《吟窗杂录》中的出现次序，以及在此三种选集和《全唐诗》（及《全唐诗补编》）中所收诗篇（包括残联）的数量。②

表 6 - 1　23 位女诗人及其收入《瑶池集》《又玄集》
《吟窗杂录》《全唐诗》的次序和诗篇数量

序号	称呼及姓名	《瑶池集》次序/篇数	《又玄集》次序/篇数	《吟窗杂录》次序/篇数	《全唐诗》篇数
1	女道士李季兰（？～784）①	1/7	1/2	1/17	20
2	女道士元淳②	2/7	2/2	2/6	6
3	张夫人③	3/8	3/2	3/8	8
4	崔仲容④	4/1	4/2	4/5	7
5	鲍君徽（活跃于798年）⑤		5/2	5/6	4
6	赵氏（活跃于789～821年）⑥		6/1	6/4	4
7	梁琼⑦			7/4	8
8	张窈窕⑧		7/1	8/7	7
9	倡伎常浩⑨		8/1	9/3	4
10	女郎薛蕴⑩		9/1	10/3	4
11	崔萱⑪			11/5	5
12	女郎刘媛⑫		10/1	12/4	5
13	女郎廉氏⑬		11/1	13/3	3
14	女郎张琰⑭		12/1	14/3	3
15	女郎崔公达⑮		13/1	15/3	3

---

① 《全唐诗》卷七九九至卷八〇五，第 8985～9061 页。
② 陈尚君辑校：《全唐诗补编》，第 1558～1592 页。

序号	称呼及姓名	《瑶池集》次序/篇数	《又玄集》次序/篇数	《吟窗杂录》次序/篇数	《全唐诗》篇数
16	女郎宋若昭（761~828）⑯		14/1	前置于宫妃之列，无诗	1
17	女郎宋若荀（活跃于788~798年）⑰		15/1		1
18	女郎田娥⑱		16/1	16/3	4
19	薛涛（770？~832）⑲		17/2	17/8	89
20	女郎刘云⑳		18/1	18/3	3
21	女郎葛鸦儿㉑		19/1	20/2	3
22	女郎张文姬㉒		20/2	19/4	4
23	女郎程长文㉓	23/？	21/1	21/3	3
	总数（诗人/诗篇数目）	5/23	21/28	22/106	23/201

注：

①关于李季兰的生平，见下节所考述。

②关于元淳的生平，见本章第三节所考述。

③张夫人为吉中孚（766？~788）之妻。吉中孚为大历十才子之一，入仕前曾为道士，后官至中书舍人。以下有关诸位女诗人的生平考述，除另行考证者，皆参考傅璇琮主编：《唐才子传校笺》（中华书局，1987~1995）；周祖譔主编：《中国文学家大辞典·唐五代卷》，其中有不少条文为我所撰写。为节省篇幅，兹不一一出注。

④关于崔仲容的生平，见本章第四节所考述。

⑤鲍君徽，字文姬，贞元（785~805）中寡居，有文名。贞元十四年（798）召入宫，参与宫中唱和。百余日后以母老乞归养。

⑥赵氏一作刘氏，为杜羔（？~821）之妻。刘崇远《玉泉子》记杜羔累举不第，其妻刘氏寄一首七绝讽之。见《太平广记》卷二七一，第2133页引。其后钱易《南部新书》又加述杜羔及第后，刘氏复以一首七绝讽其勿游青楼（卷四，第53页）。虽然这些故事出自叙事甚至虚构作品，但杜羔是实际的历史人物，官至振武节度使（《新唐书》卷一七二，第5205页）。《又玄集》（卷三，第675页）收赵氏《杂言寄杜羔》诗，为长篇五言古诗，诗中表达思念丈夫的强烈感情，风格古朴，与上述故事中所录二首绝句的嘲讽情调完全不同。因此，赵氏应该也是历史人物。

⑦梁琼生平不详。

⑧张窈窕客寓蜀中，有诗名。《全唐诗》将其置于娼妓之列。

⑨常浩一作常皓，《又玄集》称为倡伎，《唐诗纪事》《全唐诗》等从之；事迹不详。

⑩薛蕴，字馥馥，《又玄集》和《吟窗杂录》录为蒋蕴，但《又玄集》记其为玄宗朝大理评事薛彦辅之孙女，则以"薛"为是。

⑪崔萱字伯容，仅见于《吟窗杂录》（卷三〇，第 852 页）。

⑫刘媛生平不详。

⑬廉氏生平不详。

⑭张琰生平不详。

⑮崔公达生平不详。

⑯宋若昭为贝州青阳（今河北清河）人，与姊若莘及妹若伦、若宪、若荀皆有文名。五姐妹于贞元四年（788）应召入宫，参与宫廷文学活动。若昭，宫中称为女学士，元和十五年（820）代姊若莘掌宫中文奏，拜尚宫。唐宪宗、穆宗、敬宗皆呼为先生，宫嫔、诸王、公主、驸马皆师之，进封梁国夫人。宝历元年（825）卒。

⑰宋若荀为宋氏五姐妹中最年幼者，早卒。《全唐诗》收其诗 1 首（卷七，第 68 页），但误属于宋若宪。

⑱田娥生平不详。

⑲薛涛为著名的女伎诗人，有 89 首诗传世，为唐代女诗人中存诗最多者，已被学者广泛研究。生平主要可见张蓬舟：《薛涛传》，《薛涛诗笺》，人民文学出版社，1983，第 79 ~ 118 页；陈文华校注：《唐女诗人集三种》，前言，第 5 ~ 11 页；傅璇琮主编：《唐才子传校笺》卷三，第 3 册，第 103 ~ 113 页。

⑳刘云生平不详。

㉑葛鸦儿的生平不详。《又玄集》于其名下收《怀良人》诗。此诗在《本事诗》中记为朱滔时一河北士人代妻作，见孟棨（841？ ~ 886）：《本事诗》，上海古籍出版社，1991，第 8 ~ 9 页；王梦鸥：《唐人小说研究三集》，艺文印书馆，1974，第 36 ~ 37 页。由于葛鸦儿本身未与叙事作品相关联，河北士人的故事可能基于葛诗而编造。

㉒《又玄集》记张文姬为鲍参军之妻（卷三一，第 861 页），其他事迹不详。

㉓根据其《狱中书情上使君》诗，程长文为鄱阳（今江西鄱阳）人，貌美，能诗善书，16 岁时为强暴者所欺诬而陷狱，于狱中作诗自白，献刺史求雪冤。

根据表 6-1 及注释的考述，此 23 位女诗人应皆为历史人物。考虑到《瑶池集》收入卒于 832 年的薛涛，却没有收入生活于 843 年至 868 年的著名女道士诗人鱼玄机（详见第七章），而且韦庄在 900 年编《又玄集》时已经参考此集，因此可以合理地推断，此集可能编纂于九世纪中叶。另外，因为位于卷首的李季兰、元淳和张夫人皆可确知生活于八世纪中期，可以进一步推测，该集所收诗人活跃于八世纪中期至九世纪中期，大致包括了传统上所区分的中唐和晚唐初期。考察现存唐代女诗人的作品，中唐之前以宫廷和其他上层女性的诗歌活动为主。而在上述名单中，我们可以看到社会各阶层的各类型人物，包括女道士、倡伎、宫廷女性、士大夫女眷、普通家庭的女儿等。此外，这些不同阶层的女诗人被混合在一起排序，看来更强调的是文学才能和成就，而不是社会地位。例如，李季兰、元淳和张夫人大致生活于同一时期，但出自上层的张夫人却被排列于李季兰和元淳两位女道士之后。这些新变化说明唐代女诗人的群体在中晚唐时期迅速扩大，渗透于社会各阶层，以及男性编集者和批评家在批评观念和标准方面发生了新变化。《瑶池集》中的诗篇显示，诗人们在女性亲属和朋友间自由地进行诗歌交流，这可能标志着女性文化的萌芽。集中作品不但在题材、主题、体式和风格方面皆丰富多彩，而且真实地表达作者独特的经历和感受，表现出相当高的文学成就，标志着中国女性文学发展的一个重要新阶段。

瑶池出自西王母的传说。在神话传说和道教的神殿中，西王母是女神、女仙的最高统治者，而在唐代女道士被称为"女仙"。这一点使得一些学者考虑《瑶池集》是否为女道士诗人的作品集。[①] 然而，可确知收于此集的程长文有三首诗传世，而诗中所展现的生活经历不似女道士；根据前考名单，也可知集中大多数诗人与道教无关。不过从另一角度看，卷首的四位诗人中，李季兰、元淳和崔仲容皆可确知是女道士，而张夫人的丈夫吉中孚在出仕前曾为道士，故她与道教也有一定因缘。因此，当蔡省风以"瑶池"命名此集时，他的头脑中有可能联想到唐代这些出类拔萃的女道士诗人。

由于本书的主题所限，本章接下来将集中于研究三位女道士诗人李季兰、元淳和崔仲容。[②] 除了《瑶池集》残卷

① 荣新江、徐俊：《唐蔡省风编〈瑶池新咏〉重研》，《唐研究》第7卷，第140页。
② 笔者另有专文讨论《瑶池集》的其他诗人诗作，见 Jinhua Jia, "New Poetry from the Turquoise Pond: Women Poets in Eighth and Ninth Century China," *T'ang Studies* 37, No. 1 (2019): 59–80；贾晋华：《〈瑶池新咏集〉：8 至 9 世纪中国女诗人研究》，《江海学刊》2020 年第 1 期，第 220~227 页。

外，另有三个敦煌写本也抄有李季兰和元淳的诗篇：其一为伯3216，抄有李季兰的两首诗和元淳的三首诗；其他为伯2492 和 Дх. 3865，抄有李季兰的一首诗。[①] 以下三节将综合运用新发现的和传世的作品，分别考论三位女道士诗人的生平和诗歌。

二　李季兰的生平和诗歌

作为最早的有较多作品传世的中国女诗人之一，李季兰已经吸引了许多传统和现代学者的注意。虽然她的同时代人确认其身份为女道士，不少传统批评家也高度评价她的诗歌成就（详见下文），但是从宋代至清代，少数学者将李季兰和其他唐代女道士诗人的身份重新设定为"娼妓"。[②] 在现代学者中，陈文华的《唐女诗人集三种》精当地校注李季兰的传世诗作 16 首，[③] 成为后来学者研究李季兰的必用书。近年来出版的两部专收中国古代女性文学的英译选集，都分别选入李季兰的多篇诗作并给予详细的翻译和解说。[④] 中西方学者撰写了许多专论，从文学、宗教学、女性批评及物质文化等不同角度研究李季兰及其诗歌。[⑤] 然而，总的说来，有

---

① 徐俊纂辑：《敦煌诗集残卷辑考》，第 39 页。以下凡援引敦煌新发现的作品，皆参考荣新江和徐俊的辑考，为节省篇幅，兹不再一一出注。

② 例如，胡震亨：《唐音癸签》卷八，第 83 页；钱谦益：《绛云楼书目》，第 75 页。

③ 陈文华校注：《唐女诗人集三种》，第 1～24 页。

④ Kang-i Sun Chang and Haun Saussy, *Women Writers of Traditional China: An Anthology of Poetry and Criticism*, pp. 56 – 59; Wilt Idema and Beata Grant, *The Red Brush: Writing Women in Imperial China*, pp. 176 – 82.

⑤ 主要见 Suzanne E. Cahill, "Resenting the Silk Robes that Hide Their Poems: Female Voices in the Poetry of Tang Dynasty Taoist Nuns," 邓小南主编：《唐宋女性与社会》，第 519～566 页；孙昌武：《道教与唐代文学》，第 381～390 页；陈文华：《唐代女冠诗人李冶身世及作品考论》，《南京大学学报》2002 年第 5 期，第 119～125 页；周蕾：（转下页注）

关李季兰的生平和诗歌的许多问题还未得到细致的考证和深入的分析，敦煌写本新发现的诗篇还未引起批评者的注意，甚至还有不少现代学者沿袭和发展个别的旧话语，将李季兰称为"娼妓"或"半娼"。以有关学者的研究为基础，加上敦煌写本中新发现的三首诗，本节尝试对李季兰的生平和诗歌做一个较为全面深入的新探讨。

李季兰名冶，字季兰，以字行。① 在数篇诗歌中，她称呼李纾（731～792）为"兄"（见下文）。因此，她应生于731年（唐玄宗开元十九年）之后。在她去世（784）后不久，高仲武编《中兴间气集》，称她为"迟暮""俊妪"。② 因此，她去世时，至少应享年50岁。从784年上推，她可能出生于732～735年。

宋代公私书目皆著录李季兰诗集为一卷。③《四库全书》收其集一卷，共14首诗。馆臣认为原集已佚，此集为后来重编。④《唐音统签》从《吟窗杂录》中多检得两首诗和三联断句；《全唐诗》从《唐诗纪事》中多加一联断句，并在"补遗"部分从《分门纂类唐歌诗》中多加两首诗。⑤ 但此

（接上页注⑤）《〈中兴间气集〉李季兰评语疏证》，《中国诗歌研究》2008 年第 1 期，第 220～232 页。

① 《才调集》，《唐人选唐诗新编》卷一〇，汲古阁本，第 947 页。《才调集》的其他版本记其名为冶（第 947 页），当为抄写之讹，因为唐高宗（649～683 年在位）名李治，唐人应不敢与其同名。郑樵《通志二十略》卷六八（第 1778 页）和《宋史》卷二〇八（第 5388 页）记其名为"裕"，亦可能为形似之讹。参见陈文华校注：《唐女诗人集三种》，前言，第 1～2 页。

② 《中兴间气集》，《唐人选唐诗新编》卷三，第 506 页。

③ 王尧臣等编：《崇文总目》卷五，第 36 页 a；陈振孙：《直斋书录解题》卷一九，第 29 页 b；郑樵：《通志二十略》卷六八，第 1778 页。

④ 《四库全书总目》卷一八六，中华书局，1965，第 1690 页 b。

⑤ 胡震亨辑：《唐音统签》（《续修四库全书》本）卷九二二，第 1 页 a～4 页 b；《全唐诗》卷八五〇，第 9057～9060 页；卷八八八，第 10039 页。

二诗与李季兰诗歌的风格完全相异，可能为他人诗作误入。[①]敦煌写本的发现为李季兰新加三首诗，[②]虽然数量不多，但对于研究李季兰的生平十分重要，因为其中有两首作于她为叛军所擒而困于长安之时，从而使我们得以了解其生命中最后时刻的一些情况。

唐代的原始资料皆称李季兰为女道士，但未见有关于其家庭背景及出家缘由的记载。元代的《唐才子传》称她出自蜀地的"峡中"，[③]但著者辛文房可能仅是根据她的《从萧叔子听弹琴赋得三峡流泉歌》而推测。[④]《唐音统签》记她为吴兴（今浙江湖州）人，《全唐诗》从之，但这也可能仅是根据她的诗篇和活动地点而推测，并非实有证据。编于五代的《玉堂闲话》记有一个关于她五六岁时作诗咏蔷薇，其父预言其"必为失行妇人"的故事。[⑤]此故事显然为后来的编造，此类早熟天才的故事历来是中国传记书写的惯例。[⑥]

根据李季兰与士大夫文人的诗歌交流及其他相关记录，可知她于肃宗和代宗朝（756～779）曾长期住在湖州乌程县，可能居于某女道观，并时常漫游于江南一带。《中兴间气集》选入李季兰的六首诗。在小序中，高仲武称李季兰才貌双全，在乌程县开元寺的一次集会中，她巧妙地以诗句讥

---

① 也有可能误收金代诗人李冶（1192～1279）之作。另外，陈耀文（1550年进士）编《花草粹编》卷四，收有一首归属于李季兰的《减字木兰花》（《四库全书》本，第33页），显然也是误属，唐代未有这一词调。

② 伯2492，Дx. 6654、3861、3865、3872、3874。其中一首未见于传世文献，两首补足传世的两联断句，一首八行诗补足传世的一首四行诗。

③ 傅璇琮主编：《唐才子传校笺》卷二，第1册，第326页。

④ 陈文华校注：《唐女诗人集三种》，前言，第2页。

⑤ 王仁裕（880～956）：《玉堂闲话》，《太平广记》卷二七三，第2150页。

⑥ 宋初潘若冲《郡阁雅谈》也记有一个薛涛的类似故事，见《天中记》（《四库全书》本）卷二〇，第80页b～82页b。

诮著名诗人刘长卿（？~790?）。① 刘长卿于至德元载至广德二年间（756~764）宦游于江南地区，② 故李季兰在湖州与其交游约在这一时期。

李季兰有一首诗题为《寄十七兄校书》，③ 此位"十七兄"可能为李纾。李纾排行十七，并在天宝十四载（755）安史之乱爆发时任校书郎。他于次年避乱南奔苏州，投靠其父江东采访使、苏州刺史李希言。李纾在江南地区居留数年，与南方文士广泛唱酬，包括湖州诗僧皎然（720?~793?）。④ 唐代诗人经常称同姓的朋友为兄弟或伯叔，虽然在很多情况下他们并未有实际的亲属关系。由于李纾在762年已经带右补阙之衔，⑤ 李季兰此诗应作于756~761年。

此诗被普遍评判为李季兰最优秀的五律诗作之一。全诗如下：

> 无事乌程县，差池岁月余。
>
> 不知芸阁吏，寂寞竟何如。
>
> 远水浮仙棹，寒星伴使车。

---

① 《中兴间气集》，《唐人选唐诗新编》卷三，第506页。

② 贾晋华：《皎然年谱》，第40~44页。

③ 此题据《吟窗杂录》卷三〇，第842页。

④ 《旧唐书》卷一三七《李纾传》，第3763~3764页；《新唐书》卷一六一，第4983页。参见贾晋华：《皎然年谱》，第35~36页。此诗有多种异题：《寄校书十九兄》，《中兴间气集》卷二，第9页b，及《又玄集》卷三，第14页b；《寄韩校书十七兄》，《文苑英华》卷二五六，第1289页；《寄韩校书》，计有功辑撰：《唐诗纪事》卷七八，第1123页；《寄校书七兄》，《全唐诗》卷八五〇，第9057页。由于季兰姓李，一般不可能称姓韩的人为兄。李纾则符合所有的条件：任校书郎，排行十七，于同一时期活动于同一地区等。因此，此十七校书兄应为李纾，其他"十九兄""七兄"等皆可能为传抄之讹。

⑤ 独孤及：《唐故扬州庆云寺律师一公塔铭》，《全唐文》卷三九〇，第1页b；贾晋华：《皎然年谱》，第35页。

因过大雷岸，莫忘几行书。①

该诗首联描述别后的情境，诗人在乌程县闲居无事，已近一年，无聊而漫长的生活暗示了女诗人孤独的心境和对友情的渴望。次联转向所思念的友人，设想他亦应该如同自己一样孤独寂寞。此联未对偶，但首、二联之间的情感对应和流利叙述使得此句式显得恰到好处。三联进一步想象李纾出使的旅程，用浮槎上天和使星赴蜀两个恰当的典故描绘出使旅途中的景象。② 由于女诗人化典故为景象，即使不知典故出处，此联上下句所巧妙并置的意象——流水和寒星、低处和高处、水程和陆路、仙棹和使车——构造出一个含义丰富的"三维"景象，也会使人联想到友人日夜兼程、水陆并进的辛苦旅程及女诗人的深切关念。尾联运用了一个恰当的"兄妹"典故：如同南朝诗人鲍照（415？～470）的《登大雷岸与妹书》，女诗人的"兄长"也应记得送她一封信。此诗在优雅自然的叙写中蕴含深切的离情别绪，而其用典的技巧尤为后代批评家所激赏。

李季兰卧病于乌程县时，她再次寄《溪中卧病寄□［李］校书兄》一诗给李纾，寻求友情的安慰。③ 我们不知李纾是否给予她所需要的安慰，但根据她的《湖上卧病喜陆鸿渐至》一诗，另一文士友人陆羽（733～?）确实为她带来了慰抚的喜悦。被后代推尊为茶圣的陆羽在安史之乱爆发后亦迁居湖州多年，与诗僧皎然结为密友。④ 李季兰与皎然于大致同一时期居住湖州，并有许多共同的朋友，故二人

① 本章引传世李季兰诗，皆据陈文华校注：《唐女诗人集三种》，第 1 ～ 20 页；《全唐诗》卷八五〇，第 9057 ～ 9060 页。以下兹不一一出注。
② 范宁校证：《博物志校证》卷一〇，中华书局，1980，第 111 页；《后汉书》卷八二，第 27 页。
③ 《瑶池集》，《俄藏敦煌文献》，Дх. 3861、6654。
④ 贾晋华：《皎然年谱》，第 22、27 ～ 28、31、40 ～ 41 页。

应相识。有一首归属于皎然的诗题为《赠李季兰》,[①] 诗中以戏谑的口气暗示李季兰向皎然调情而被委婉谢绝。但此诗未收入传世皎然集,其可靠性颇成问题。从其戏谑的语调看,此诗很可能为宋代好事者所编造。

不过,李季兰确实与另一位文士阎士和(756?~779)有恋情。阎士和字伯均,排行二十六,为著名儒士萧颖士的弟子。与许多在安史之乱爆发后避难南方的官吏文士一样,阎士和在肃宗、代宗朝漫游于江南地区,并可确知于广德二年(764)在湖州与皎然、陆羽等联唱。[②] 李季兰与阎士和之间的恋情,应即发生于这一时期。

李季兰有《送阎二十六赴剡县》诗:

> 流水阊门外,孤舟日复西。
> 离情遍芳草,无处不萋萋。
> 妾梦经吴苑,君行到剡溪。
> 归来重相访,莫学阮郎迷。

这首五律通过设想别后的情景而传达难舍难分之情。剡县在越州(今浙江嵊州),阊门在苏州。颔联再次有意地不对偶,让惜别的强烈感情流畅地贯通于前两联之间。在对偶工整的第三联中,女诗人自称"妾",称阎士和为"君",明确地表达了二人之间的亲密关系,而梦中追逐情人的形象尤其新颖感人。尾联用阮肇与其仙女妻子的传说故事,[③] 再次以"妻子"/情人的身份敦请阎士和早日归来。

---

① 《文苑英华》卷二四四,第 12 页 a。
② 林宝:《元和姓纂》卷五,第 770 页;《新唐书》卷二〇二,第 5771 页;贾晋华:《皎然年谱》,第 40~44 页。有关李季兰与阎士和的恋情,我于 1992 年出版的《皎然年谱》中已有详细考述。
③ 刘义庆(403~444):《幽明录》卷一,文化艺术出版社,1988,第 1~2 页。

　　大约在大历元年（766），阎士和被任命为江州判官，[1]
李季兰伤心而无奈地送别情人，如同她在《送阎伯均往江
州》诗中所描述的。[2] 江州（今江西九江）远离湖州，而阎士
和为官职所羁，不能随意离开。李季兰由此度过一段充满离别
相思之情的时期。在七绝《得阎伯均书》中，女诗人感叹：

> 情来对镜懒梳头，暮雨萧萧庭树秋。
> 莫怪阑干垂玉箸，只缘惆怅对银钩。

女诗人长久地盼望情人的消息，秋天的萧瑟景象加深她的忧
愁。当情人的信终于抵达，她忍不住落下悲喜交加的泪水。
《登山望阎子不至》是李季兰另一首思念阎士和的情诗：

> 望远试登山，山高湖又阔。
> 相思无晓夕，相望经年月。
> 郁郁山木荣，绵绵野花发。
> 别后无限情，相逢一时说。

这首五言古诗更为自然流利地传达出女诗人长时间蕴蓄的深
厚情感。前半首在时间和空间上做文章。女诗人首先感叹遥
远的空间分隔她和情人：她尝试登上高山眺望情人，但看到
的却是更高的山和更阔的湖，从而加剧她的忧愁。女诗人接

---

① 贾晋华：《皎然年谱》，第 43 页。
② 阎伯均，《李季兰集》和《全唐诗》皆作阎伯钧。此诗收敦煌残本
　《瑶池集》，题为《送阎伯均》（《俄藏敦煌文献》，Дх. 6654、3861）。
　《才调集》（卷一〇，第 947 页）和《吟窗杂录》（卷三〇，第 840 页）
　均题为《送阎伯均往江州》。《中兴间气集》（卷三，第 508 页）题为
　《送韩揆之江西》，《又玄集》（卷三，第 672 页）题为《送韩三往江
　西》。根据阎士和在大历初任江州判官的经历及此诗中所包含的恋情，
　《送阎伯均往江州》应是正确的题目。

着感叹漫长的时间延迟她和情人的团聚：她等得越久，相思之情就越为深重。后半首借郁郁绵绵的春天花树表达相思之情的延续，并寄托将来团聚的美好希望。明代批评家钟惺（1574~1625）评此诗云："情敏，故能艳发，而迅气足以副之。他人只知其荡，而不知其蓄。所蓄即深，欲其不荡，不可得也。凡妇人情重者，稍多宛转，则荡字中之矣。"① 称深情的女性作家为放荡是男性批评话语的典型偏见，但钟惺仍然不得不承认和称赏李季兰真诚深厚的情感和宛转动人的表达。

此诗亦题为《寄朱放》。② 朱放（？~788）与李季兰同时，并同样于安史之乱后的初期活动于江南地区，但我们有两个理由推断《登山望阁子不至》是正确的题目。首先，诗中实际描述登山眺望情人而不见的情景，切合诗题。其次，朱放在安史之乱爆发后基本上隐居于越州，直到782年才离开江南，应征入江西观察使之幕；而李季兰则在783年春应征入宫，并在次年去世（见下文）。越州与湖州相距甚近，朱放又是自由自在的隐士，随时可访问李季兰。事实上，根据他与其他江南文士的诗歌唱酬，他时时游历于这一地区。③ 上引诗中所描述的处于李季兰及其情人之间的巨大时空阻隔并不适合朱放的经历，而与阎士和的经历完全相合。因此，《寄朱放》应是错误的归属。朱放有一首诗题为《别李季兰》，诗中表达了与女诗人离别的"肠断"之情。④ 由于唐代诗人往往以"肠断"表示与朋友离别之情，因此只凭此诗未能确定朱放和李季兰之间是否有恋情关系。

下引《相思怨》是李季兰又一首出色的情诗：

---

① 钟惺：《名媛诗归》卷一一，《四库全书存目丛书》本，齐鲁书社，1997，第1页b。
② 《中兴间气集》注云："一作《寄朱放》。"（卷三，第508页）
③ 贾晋华：《皎然年谱》，第112~113页。
④ 《全唐诗》卷三一五，第3542页。

> 人道海水深，不抵相思半。
> 海水尚有涯，相思渺无畔。
> 携琴上高楼，楼虚月华满。
> 弹着相思曲，弦肠一时断。

这首五言古诗是李季兰最激情洋溢的作品。前四句中的海水是一个古老的譬喻，但女诗人关于海水不及相思之情深广的宣称更新了这一譬喻。后四句中，空楼暗示人的孤独，月光则是离别相思的传统意象。高楼、月光、音乐及情绪的交织营造出含义丰富的张力，而断弦和断肠的巧妙双关又进一步增强感人的力量。"相思"一词的重复出现，也有效地传达出女诗人的强烈情感。

阎士和的诗歌作品仅有与皎然及其他南方诗人的四首联句诗保存下来，其中未见他写给李季兰的情诗。① 然而，有趣的是，阎士和的诗友在几首与他唱和的诗篇中，却真切地代他传达对女诗人的恋情。包何（748 年进士）作有一首题为《同阎伯均宿道士观有述》的诗：

> 南国佳人去不回，洛阳才子更须媒。
> 绮琴白雪无心弄，罗幌清风到晓开。
> 冉冉修篁依户牖，迢迢列宿映楼台。
> 纵令奔月成仙去，且作行云入梦来。②

根据此诗题目，可推知阎士和先写了一首题为《宿道士观有述》的诗，而包何作此诗相和，进一步发挥了原诗的含意。诗中的"洛阳才子"指阎士和。此诗描绘道观夜景，并用了

---

① 《全唐诗》卷七九四，第 8936～8937 页。阎士和的姓误作严。
② 《全唐诗》卷二二八，第 2170～2171 页。

嫦娥奔月和巫山神女的典故，因此诗篇开首的"南国佳人"
应指某位女道士；而根据阎士和与李季兰之间的恋情，此位
女道士应即为李季兰。虽然阎士和的原诗已佚，但从包何的
和诗中，我们可以推测原诗应表达对此位"南国佳人"的思
念之情。无独有偶，阎士和的另一位好友皎然也作有两首内
容相近的诗，一首题为《和阎士和望池月答人》，另一首题
为《古离别》，题下原有注云："代人答阎士和。"① 第一首
云："片月忽临池，双蛾忆画时。"第二首云："望所思兮若
何，月荡漾兮空波。"阎士和原诗所答之人拥有美丽的"双
蛾"，皎然代为回答之人则对阎士和脉脉含思，两诗所描述
的显然都是女性，并且应该是李季兰。②

上引诗篇中的"双蛾忆画时"一句值得特别的注意，因
为历史上确实曾经流传过一幅李季兰的肖像画。根据《宣和
画谱》所载，宋徽宗（1100~1125年在位）曾经藏有一幅
周文矩所绘的李季兰像。此像至十六世纪尚存世，但其后却
下落不明。③ 周文矩是十世纪中叶南唐王朝的宫廷画师，④
与李季兰遥不相接，故他的画很有可能基于周昉的原画。周
昉擅长仕女画，有数幅名画传世。他在安史之乱爆发后的初
期也活动于南方地区，并与皎然为朋友。⑤ 因此，他很有可

① 皎然：《昼上人集》（《四部丛刊》本）卷二，第13页a；卷六，第36
页b；《全唐诗》卷八一六，第9193页；卷八二〇，第9246~9247页。

② 我在出版于1992年的《皎然年谱》（第42页）中已经考述，以上三诗
所指应为阎士和的情人李季兰。

③ 参见荣新江、徐俊：《唐蔡省风〈瑶池新咏〉重研》，《唐研究》第7
卷，第141页；Carolyn Ford, "Note on a Portrait of Li Jilan," *T'ang Stud-
ies* 20-21（2002-2003）：151-59。

④ 《宣和画谱》（《丛书集成初编》本）卷七，第187页。

⑤ 朱景玄（806?~846）：《唐朝名画录》，四川美术出版社，1985，第5~
7页；贾晋华：《皎然年谱》，第98~99页。《唐朝名画录》称周昉为
德宗召入京为兴建中的章敬寺绘佛像，但章敬寺实由代宗建于767年。
见《唐会要》卷四八，第847页。

能认识李季兰，并为她画像。

　　大约在唐德宗建中四年（783）的春天，李季兰被召入宫，撰有《有敕追入内留别广陵故人》诗。①"内"应指"内道场"，即宫中寺观。以李季兰作为女道士的身份，她可能被召入居宫中的女道观玉晨观。值得注意的是，李季兰的老朋友李纾在782年授礼部侍郎的高位，② 他很可能向以喜好诗歌和赏识才女而著称的德宗推荐李季兰的诗歌。③ 由于李季兰在留别诗中描写"芳草"之景，而她卒于784年，故此诗可能作于783年春天，入宫也应在此时。

　　不幸的是，李季兰入宫不久，同年十月，叛将朱泚（742～784）占据长安并称帝，德宗仓促出逃。④ 李季兰为叛军所擒，被迫撰写了一首颂诗。此诗久佚，现在却在敦煌写本中失而复得。⑤ 诗中运用数个有关王朝更迭的典故，应作于朱泚登基之时。叛乱期间，李季兰另撰有一诗，题为《陷贼寄故夫》，见于敦煌所发现的《瑶池集》残卷。⑥诗云：

> 日日青山上，何曾见故夫。
>
> 古诗浑漫语，教妾采蘼芜。
>
> 鼙鼓喧城下，旌旗拂座隅。
>
> 苍黄未得死，不是惜微躯。

---

① 《瑶池集》，《俄藏敦煌文献》，Дх. 6654、3861。"故人"原作"故夫"，据《才调集》（卷一〇，第948页）和《全唐诗》（卷八〇五，第9058五）改。

② 《旧唐书》卷一三七，第3763～3764页；《新唐书》卷一六一，第4983页。

③ 如前所述，德宗于788年召宋氏五姐妹入宫，于798年召鲍君徽入宫。

④ 《资治通鉴》卷二三八，第7351～7361页。

⑤ 伯2492，Дх. 3865。此诗未收入《瑶池集》。

⑥ Дх. 3872、3874。"故夫"，《吟窗杂录》残联题作"故人"（卷三〇，第842页）。

叛军占领京城，僭据王座，皇帝放弃其妃嫔宫人而自顾出逃。女诗人于慌乱中未能殉死，被迫服从叛将的意愿。此诗以比兴手法自述被迫为朱泚撰写颂诗的原委，对于我们了解她陷贼后的处境具有重要的帮助。

次年七月，叛乱被平息，德宗返回京城。[①] 唐赵元一在记载此次叛乱过程的《奉天录》中称："时有风情女子李季兰上泚诗，言多悖逆，故阙而不录。皇帝再赳京师，召季兰而责之曰：'汝何不学严巨川有诗云"手持礼器空垂泪，心忆明君不敢言？"'遂令扑杀之。"[②] 余嘉锡（1884～1955）就此事而谴责德宗："夫朱泚之乱，帝且不能守社稷，委其臣妾以去。今季兰以一女子，屈于凶威，指斥本朝，盖非得已。德宗不谅其情，辄令扑杀，封建帝王之凶恶，于此可见。"[③] 李季兰《陷贼寄故夫》一诗的失而复得，证实了余嘉锡关于她被迫献诗的推测。

我们已经看到，李季兰在其一生中扮演了女道士、诗人、情人等多重角色，并活跃于社交场合，与官员、文士、隐士、僧人、艺术家甚至皇帝过往唱酬。对于她的同时代人来说，这些多重社会角色和社交活动不但是合适的，而且是值得称赞的。在阅读了李季兰的包括了众多情诗的诗歌之后，唐德宗征召她入宫担任宫廷女道士，可见皇帝和朝廷并不认为她的诗歌和生活态度有出轨之处。同时代的批评家高仲武编《中兴间气集》，选入李季兰的六首诗，并评其"形气既雄，诗意亦荡"。[④] 另一位同时的诗人刘长卿亦评她为"女中诗豪"。[⑤]"雄"和"豪"皆为男性特征，以这些特征

---

① 《资治通鉴》卷二三一，第7440页。
② 赵元一：《奉天录》（《丛书集成初编》本）卷一，第7页。
③ 余嘉锡：《四库提要辨证》卷二四，中华书局，1980，第1557页。
④ 《中兴间气集》，《唐人选唐诗新编》卷三，第506页。
⑤ 计有功辑撰：《唐诗纪事》卷七八，第1124页。

评判女性，是男性批评话语中的最高称赏。即使她后来被唐德宗处死，晚唐五代时《瑶池集》和《才调集》的编者仍然确认她的身份为女道士。[①]

如前所述，从宋代开始，一些学者将李季兰及其他唐代女道士诗人重新定义为"娼妓"，而有些现代学者也沿承这一说法。这种说法在很大程度上出自传统男性话语的偏见，基于礼教禁止女性表达自己的爱情的观念。如果除去这种偏见的视角，我们就会发现唐代的宗教、社会及政治背景既复杂又灵活。唐代女道士可以扮演多重角色，既是宗教领袖、导师及实践者，又活跃于道观之外的公共场合。出家受箓之后，她们可以自由地漫游各方，参与社交集会，与各种阶层和职业的男性过往。她们被称为"仙女"或"天仙"，而且如同众多的道教女神皆与艳情故事及文艺才华相关联，女道士中也出现了许多诗人、艺术家及情人。唐代道教传统中仍然流行的性实践，为女道士与男道士或士大夫文人的自由关系提供依据。此外，大量王室公主、妃嫔宫人及贵族女眷度为女道士，也使得官府及道观不可能严格约束她们。[②]

在数首诗中，李季兰自觉地将自己比拟为神女。《从萧叔子听弹琴赋得三峡流泉歌》开首即云：

妾家本住巫山云，巫山流泉常自闻。
玉琴弹出转寥夐，直是当时梦里听。

---

① 《俄藏敦煌文献》，Дx. 6654、3861；《才调集》，第 695 页。
② 见贾晋华：《唐诗中有关女道士的恋情诗考辨》，《道家文化研究》第 24 辑，第 126～143 页；Jinhua Jia, "The Identity of Daoist Priestesses in Tang China," in Jinhua Jia, Xiaofei Kang, and Ping Yao, eds., *Gendering Chinese Religion: Subject, Identity, and Body*, pp. 103–32；及本书前几章的讨论。

《三峡流泉歌》为琴曲，传为晋阮咸所作。① 巫山神女在梦中遇合楚王的故事及与之相关联的"云雨"意象，在中国文学中久已成为情欲的象征。李季兰诗中的"巫山云"和"当时梦"皆指向这一故事和象征，明显地自比巫山神女。②在另一首题为《感兴》的诗中，女诗人再次运用云雨意象以自比："朝云暮雨镇相随，去雁来人有返期。"李季兰重复而自觉地在诗中扮演古代艳情女神的角色，将其作为自己追求爱情和自由的力量。

如同一些学者已经指出的，在六朝以降的男性爱情诗中，女性的形象被色情化和对象化，成为被欲求的客体（desired object），被描绘成艳美、脆弱、无助及在情感上依求于男性赐予的形象。③ 李季兰的爱情诗将被欲求的客体转换成欲求的主体（desiring subject）。虽然她在诗中也混合了忧愁、焦虑、孤独等情感，但这些情感不再是无助的和依求的哭泣，而是对于爱情和欲望主动的、独立的、有力的追求。

李季兰的诗歌艺术成就十分突出。现存的 19 首诗几乎皆为杰出的作品，许多曾被编选入古今众多诗歌选集，并被选入许多英语及其他语种的中国文学译本。她擅长五言诗，

---

① 郭茂倩（活跃于 1084 年前后）编：《乐府诗集》卷六〇，中华书局，1979，第 876 页。

② 宇文所安已经指出此点，见其"Li Jilan," in Chang and Saussy, *Women Writers of Traditional China*, p. 59。

③ 见 Maureen Robertson, "Voicing the Feminine: Constructions of the Gendered Subject in Lryic Poetry of Medieval and Late Imperial China," *Late Imperial China* 13, No. 1 (1992): 69; Grace Fong, "Engendering the Lyric: Her Image and Voice in Song," in Pauline Yu, ed., *Voices of the Song Lyric in China* (Berkeley: University of California Press, 1993), pp. 107 – 44; Anne Birrell, "Women in Literature," in Victor H. Mair, ed., *Columbia History of Chinese Literature* (New York: Columbia University Press, 2001), pp. 200 – 1。

包括古、近二体，但也写有一些出色的七言绝句和歌行。她灵巧地将广博的典故转换成自然清新的词语和意象，从而使她的诗歌显得优雅而无锤炼的痕迹。传统批评家一致给予她高度的评价。例如，《四库全书》馆臣称她的五言诗"置之大历十才子之中，不复可辨"，并评定其诗"远在（薛）涛之上"。①

三　元淳的生平和诗歌

元淳原来仅有三首诗及三联断句传世，② 故她几乎为研究者所忽略。现在敦煌写本新增她的三首诗及一首仅存残句的诗，③ 此三首诗刚好补全原来传世的三联断句。我们还发现一篇为她所撰的墓志。因此，我们现在拥有较为充分的资料，可以对她的生平和诗歌做较为完整深入的考察。

洛阳出土的唐代墓志中，有一篇为《故上都至德观主女道士元尊师墓志文》。④ 此位元尊师名淳一，出身于洛阳的士族，⑤ 父亲曾任县丞。她在年少时受过良好的教育，由于信仰道教而出家，于玄宗天宝元年（742）度为女道士。不久，她被任命为长安至德女道观的观主，担任此职长达36年。⑥ 大历中，她返回洛阳，约于大历末（779）卒于洛阳

---

① 《四库全书总目》卷一八六，第 1690 页。
② 《全唐诗》收元淳诗两首及断句四联（卷八〇五，第 9060～9061 页）。另一首见于《又玄集》的《寓言》诗（卷三，第 673 页），其断句见于《吟窗杂录》（卷三〇，第 844 页）和《全唐诗》，但在《全唐诗》（卷七二三，第 8300 页）中又被误归属于李洞（？～897?）。见陈尚君辑校：《全唐诗补编》，第 302 页。
③ 《俄藏敦煌文献》，Дx. 3872、3974、11050。
④ 《唐代墓志汇编续集》，第 729～730 页。
⑤ 墓志称其为河南人。河南府治在洛阳，见李吉甫（758～814）：《元和郡县图志》卷五，中华书局，1983，第 129～130 页。
⑥ 至德观在长安兴道坊，见徐松：《唐两京城坊考》卷二，第 35 页。

开元观，享年 60 多岁。①

　　元淳的六首诗中，有许多内容与此篇墓志所述相合。在《寄洛阳姊妹》一诗中，女诗人称洛阳为其故乡，并怀念已离开多年的家业。她还记述战争引起的离乱，可能指的是摧毁了东西两京的安史之乱。在《感兴》一诗中，她再次感伤被废弃的家业。在另一首题为《秦中春望》的诗中，女诗人描绘宫殿、上苑及终南山的春天景象，表达在"休明代"而"蹑道踪"的喜悦心情，应该写的是战乱前长安的繁盛情况及其本身作为女道士的经历。这些诗篇所展现的元淳的家庭背景和生活经历：出身于洛阳一个富裕的、拥有田业的家庭，受到良好的教育，战乱前居长安为女道士，并经历了安史叛乱带给两京的离难。这些完全符合元淳一墓志中的记述。在《瑶池集》中，元淳列于李季兰之后、张夫人之前。这同样表明她与二人生活的年代相仿，皆生活于安史之乱前后的时期。因此，我推测元淳和元淳一应是同一人，"淳一"可能是元淳的道名或字。另一种可能性是由于道教崇拜"一"或"太一"，男女道士的名字常带有"一"字，"淳一"也有可能仅是"淳"的另称。例如，与元淳同时的道士卢鸿，也被称为卢鸿一。②

　　幸运的是，以上关于元淳和元淳一应为同一人的推测，可以经由一个敦煌写本加以证实。伯 3216 录有三首诗（第三首仅存断句），归属于"女道士元□懿"，而且抄写者在

---

① 墓志仅称元淳卒于大历年间（766~779）。然而，从她于 742 年度为女道士，其后任观主 36 年左右的经历，可推断她约卒于大历末。

② 卢鸿，《旧唐书》本传记其名为卢鸿一，字浩然，但同书其他地方又记其名为卢鸿（卷一九二，第 5119~5121 页；卷八，第 179 页）。在《新唐书》（卷一九六，第 5603~5604 页）、《资治通鉴》（卷二一二，第 6732 页）、佚名《宝刻类编》卷三（《丛书集成初编》本，第 81 页）、陈思《宝刻丛编》卷二〇（《丛书集成初编》本，第 516 页）及其他文本中，他的名字记为卢鸿。

此名字的右边添加了一"淳"字。① 颜廷亮将残字读为"法"，王卡读为"演"，徐俊读为"淳"。② 但残字并不似此三字，更可能的情况是抄写者写错字，因此在此字的右边添加了一个"淳"字以纠正。此种做法在敦煌写本中常见。由于"懿"字和"一"字同音，在古书中常通用，此位女道士的姓名可以解读为元淳一。而且所抄三诗与《瑶池集》《又玄集》《才调集》《全唐诗》等所收元淳诗相合，因此可确知元淳和元淳一为同一位女道士诗人。

元淳的六首诗表明她娴熟地掌握各种诗歌体式，并善于抒写内心的情感。如下引题为《闲居寄杨女冠》的七言古诗：

仙府寥寥殊未传，白云尽日对纱轩。
只将沉静思真理，且喜人间事不喧。
青冥鹤唳时闻过，杏蔼瑶台谁与言。
闻道武陵山水好，碧溪东去有桃源。

此诗描绘了女诗人的道观生活和情感意绪。"仙府"指她所居的道观，"桃源"指杨女冠在武陵的道观。女诗人的观中生活平静而闲适，她乐于道教的冥思实践以及与喧闹的人间生活的隔离，但也会感到孤独，渴求友情的安慰。

唐代诗人赠送别人诗篇，他们一般期待对方也以诗相答，故此诗中的杨女冠也有可能是诗人。此外，元淳另有一首诗题为《送霍师妹□□游天台》。这些诗篇值得特别的注意，因为它们代表了女性作者之间（或至少女性作者与女性

<hr>

① 黄永武编：《敦煌宝藏》第126册，第629页。
② 颜廷亮：《敦煌文学概论》，甘肃人民出版社，1993，第90、126页；王卡：《敦煌道教文献研究》，第243页；徐俊纂辑：《敦煌诗集残卷辑考》，第212~215页。

读者之间）以诗篇交流情感、增进友谊的初期形象。作为女
道观的观主，元淳似乎自觉地意识到了女道士们之间相对独
立的社会群体和姐妹情谊。

下引题为《寓言》的七言绝句可能作于玄宗天宝年间
（742～756）。

三千宫女露娥眉，笑煮黄金日月迟。

鸾凤隔云攀不及，空山惆怅夕阳时。

煮黄金指道教的外丹烧炼，攀鸾凤指成仙上天。诗中所描绘
的众多宫女在宫中炼丹的情景，未见于任何记载，或许可以
补史之空阙。在表层意义上，此诗嘲讽宫女对炼丹失败的惆
怅失望；在深层意义上，女诗人批评玄宗对求仙的过度着
迷。诗中所描绘的场景生动而富有戏剧性，诗风流畅自然而
又含蓄蕴藉，可与许多著名的盛唐七绝媲美。根据墓志，元
淳本身是擅长金丹修炼的女道士，故此诗的嘲讽主题似乎有
点奇特，也许她认为玄宗让宫女炼丹的做法近于儿戏。

在《寄洛阳姊妹》这首五言律诗中，元淳表达对同处战
乱之中的远方家人的深切思念之情。

旧业经年别，关河万里思。

题书凭雁足，望月想娥眉。

白发愁偏觉，乡心梦独知。

谁堪离乱处，掩泪向南枝。

诗篇一开始即直接抒写思乡情绪，这一情绪由于分隔女诗人
及其家人的漫长时间和巨大空间而深化。次联以雁足对蛾
眉，十分工巧贴切，细密地传达出姐妹深情。第三联抒写离
愁催老、梦中归乡的感受，真挚动人。最后一联点出战乱的

背景，以洒泪南枝将全诗的情绪推向高潮。① 此诗是元淳最优秀的诗篇，将其置于其他著名大历诗人的感时伤别的五言律诗中，不复区别。

从元淳的诗篇及为她而撰写的墓志中，我们看到她是一位出色的宗教领袖、道教信仰者和实践者及才华横溢的诗人。她在日常生活中实践冥思和炼丹等道术，安于宁静的道观生活，同时又对女冠同伴及家中亲人怀有深厚的情谊，并善于将这些情绪用诗歌动人地表达出来。

四　崔仲容的生平和诗歌

《又玄集》选编崔仲容的两首诗，分别题为《赠所思》和《戏赠》。② 《才调集》亦收入她的两首诗，一首即《赠所思》，另一首题为《赠歌姬》。《全唐诗》收集全部三首诗，并从《吟窗杂录》中增加四联断句。③ 敦煌发现的《瑶池集》残卷在张夫人的选诗后收有一首残破的诗，作者名和诗题皆残失，但与上述三个文本相对照，可知即为崔仲容的《赠所思》。④

关于崔仲容的生活，未见有任何早期资料的记载，但现存的诗篇和断句提供了有关其身份、经历及情感世界的一定线索。《戏赠》诗云：

> 暂到昆仑未得归，阮郎何事教人非。
> 如今身佩上清篆，莫遣落花沾羽衣。

---

① "南枝"出《古诗十九首》，后来成为思乡的传统意象。
② 《又玄集》卷三，第674页。
③ 《全唐诗》卷八一〇，第9011~9112页；《吟窗杂录》卷三〇，第846~847页。
④ 《俄藏敦煌文献》，Дx. 11050。

传说中的西王母居于昆仑山，羽衣在唐诗中指仙人之衣或道士之衣。女诗人关于其抵达昆仑山的宣称，及其所佩带的上清箓和所穿的羽衣，点明她不但已经受度为女道士，而且已经接受了较高层次的洞真经戒法箓。① "阮郎"用阮肇与仙女结为夫妻的典故，指此诗所赠的男子，故此男子所"教人非"之事，应指恋情。唐人称女道士为仙女，此处诗人以仙女自比，同样切合其身份。"落花"用天女散花引诱菩萨的佛典，② 亦蕴含引诱之意。虽然女诗人的回答是"莫"，但从全诗的戏谑语调及以阮郎称对方，我们可感受到她实际上乐于接受这一引诱。

在《赠所思》一诗中，女诗人本身成为主动的引诱者：

> 所居幸接邻，相见不相亲。
> 一似云间月，何殊镜里人。
> 目成空有恨，肠断不禁春。
> 愿作梁间燕，无由变此身。

这是一首工巧的五言律诗。诗篇开头叙述情境，女诗人对邻居的男子一往情深，但对方似乎并不知情。第二联用两个巧妙的比喻来描绘他们之间的关系，如同云中之月一样不能确定，如同镜中之影一样虚幻不实；而月亮、云层、镜子、映像同时也构成一个情景交融的境界：女诗人正凝望夜空，面对明镜，苦苦思念情人。第三联进一步凸显爱情未获回报的主题，每一次见到对方都加深她的忧伤，独自面对美丽的春景使她更加心痛。诗篇最后以一个新奇而真挚的愿望结尾：她希望变成一只燕子，以便能与他居住于同一房室。女诗人

① 关于唐代道教的法位系统，见本书第一章。
② 见《维摩诘所说经》，《大正新修大藏经》第 475 号，第 547 页 c。

将这些情感写入诗中并赠送所思念的男子，这一举动代表她对爱情的主动追求。

崔仲容的第三首诗《赠歌姬》精细地描绘一位歌姬的姣好容貌、优雅表演及内心情欲，表达对她的美丽、才能及情感的称赏。那位歌姬很可能也是一位诗人，而崔仲容可能期待着她的和诗。如同元淳的事例，我们可能又见到了女性作者之间的诗歌交流和社交纽带，或至少可以肯定是女作者和女读者之间的交流。

崔仲容的另四联断句也几乎皆是爱情诗。例如，《寄赠》断句："妾心合君心，一似影随形。"《春怨》断句："梁燕无情困，双栖语此时。"

综上所述，崔仲容是一位女道士、有才华的女诗人及多情的恋人。根据她在《瑶池集》中紧随于李季兰、元淳及张夫人之后的位置，她可能是她们较为年轻同时代人。

五　结语

本章在学界研究的基础上，对《瑶池集》进行重辑，恢复了约 86% 的原貌。由于敦煌写本和出土墓志的新发现，本章有机会对收入《瑶池集》的三位女道士诗人做出比前人更为全面的考察。李季兰和崔仲容都是深情的恋人，她们的诗篇主要抒写自己的爱情感受。元淳是一位宗教领袖和实践者，但她的作品也表达对于女冠同伴及家中亲人的深情。三位女诗人真诚地、直接地、娴熟地抒发自己的心声，既未模仿男性诗人的声音，也未像许多女性诗人那样叙写由男性诗人所建构的、程式化的"女性声音"。她们的诗歌将抒情女主人公的形象从被欲求的客体转换成积极欲求的主体。她们的作品表现对各种诗歌体式的驾轻就熟，并都呈现出流利、自然、真诚、动人的风格。这三位女道士诗人和《瑶池集》

其他诗人一起，代表唐代甚至整个中国古代女性诗歌发展的一个新阶段，这一新阶段不久就将被另一位杰出的女道士诗人鱼玄机推向高潮。我们可以有把握地说，女道士诗人的作品代表唐代女性诗歌的最高成就。

在唐代特殊的宗教文化和社会历史背景下，女道士诗人的作品被同时代人所接受和称赏，包括士大夫、文人、僧人、诗歌批评家，甚至皇帝。刘长卿称赞李季兰为"女中诗豪"。高仲武将她的六首诗选入《中兴间气集》，与同时代的其他著名诗人同列，这一异乎寻常的做法说明女道士诗人正在崛起。继高仲武之后，蔡省风进一步将三位女道士诗人置于唐代女性诗集的卷首，并将其与历史上最著名的才女相比。唐德宗征召李季兰入京，使其成为宫中女道观的女道士，这一举动是对其身份的权威确认。然而，从宋代开始，少数学者将唐代女道士诗人的身份重定为"娼妓"。这一误解一方面出自传统男性话语的偏见，另一方面由于忽视唐代特殊的社会历史和宗教文化背景。现代学者不应盲目地沿袭。

李季兰主要与男性诗人广泛交流唱和；元淳有两首诗赠送女道士同伴，一首诗赠送自家姐妹；崔仲容则有一首诗赠歌姬。其他收入《瑶池集》的女诗人，也存有一些女性作者之间或女性作者和女性读者之间相互交流的诗篇。张夫人有《拾得韦氏花钿以诗寄赠》诗，代表士大夫女眷之间的诗歌交流。① 女郎薛蕴有《赠郑女郎》诗，显示年轻女子之间的诗歌交流。② 常浩有《赠卢夫人》诗，奇特地代表倡伎与士大夫女眷之间的诗歌交流。③ 在《瑶池集》之后，鱼玄机和三位年轻姐妹光、威和衷（失姓）进行实际的诗歌酬和活

---

① 《俄藏敦煌文献》，Дx. 11050；《又玄集》卷三，第 673～674 页；《全唐诗》卷七九九，第 8986 页。
② 《又玄集》卷三，第 676～677 页；《全唐诗》卷七九九，第 8989 页。
③ 《又玄集》卷三，第 676 页；《全唐诗》卷八〇二，第 9025 页。

动，而三位姐妹之间则有联句诗，显示她们在自己的小圈子
内的诗歌联唱。① 鱼玄机另有四首诗赠送女道士同伴或歌
妓。② 这些诗篇是现存最早的体现女性之间超出家庭范围的
友谊和情感的作品，除了南朝梁女诗人刘令娴可能有一两首
传世。③ 高彦颐将十七世纪中女性作者之间的频繁诗歌交流
和密切关系，以及各种女性团体的出现，称为女性文化的崛
起。④ 罗贝森（Maureen Robertson）曾探讨女性文学文化在
更早的中世纪出现的可能性，但苦于证据不足。⑤《瑶池集》
残卷的重新发现实质性地扩充中世纪女性文学的档案。八、
九世纪间出现的女性作者之间的诗歌交流和友情关联代表中
国女性文学史上前所未有的新现象，或许可称为女性文化的
萌芽。唐五代其他女性群体，除本书所集中研究的女道士的
社会宗教群体，还有佛教尼姑的群体，以及其他类型的女性
结社，如敦煌发现了十多种有关女性社团的文献。⑥ 唐五代
时中国女性文化的实际发展，可能远远超出我们的设想。

由于许多唐代女道士是受过良好教育的、有才华的作

---

① 陈文华校注：《唐女诗人集三种》，第 134 ~ 137 页；《全唐诗》卷八〇
四，第 9055 ~ 9056 页；卷八〇一，第 9021 页。

② 陈文华校注：《唐女诗人集三种》，第 96 ~ 98、121 页；《全唐诗》卷
八〇四，第 9047 ~ 9048、9052 页。

③ 逯钦立所编《先秦汉魏晋南北朝诗》（中华书局，1983，第 2131 ~
2132 页）将两首赠妓诗归属于刘令娴的名下，其中之一在《玉台新
咏》中又被归属于其夫徐悱。穆克宏认为此诗既非刘令娴之作，也非
其夫之作，见《玉台新咏笺注》卷六，中华书局，1985，第 258 页。

④ Dorothy Ko, *Teachers of the Inner Chamber: Women and Culture in the Seven-
teenth-Century China*, p. 14.

⑤ Robertson, *Voicing the Feminine*, pp. 68 – 79.

⑥ 见 Denis Twitchett, "Chinese Social History from the Seventh to the Tenth
Centuries: The Tunhuang Documents and Their Implications," in *Past &
Present* 35 (1966): 28 – 53; Kenneth Chen, *The Chinese Transformation
of Buddhism* (Princeton: Princeton University Press, 1973), pp. 288 –
89；高世瑜：《唐代妇女》，第 134 ~ 135 页；郝春文：《再论北朝至隋唐
五代宋初的女人结社》，《敦煌研究》2006 年第 6 期，第 103 ~ 108 页。

者，而且她们通常居住于女道观，与观中及观外信仰道教的女性群体有天然的联系，更容易产生对于女性的性别、身份和群体的自觉意识，因此中国女性文学文化的这一新开端或许可以在很大程度上归功于她们。唐代女道士被称为"女仙"，专收女道士及其他女诗人的诗集被以西王母的瑶池命名，《瑶池新咏集》这一题名已经隐含对女道士诗人的成就和地位的认可。

第七章
女道士诗人鱼玄机的生活和诗歌[*]

　　唐代女道士鱼玄机（843？～868）的生命历程短暂而富有戏剧色彩：出生于长安都城中的普通人家，成长为美女和著名诗人，当过士大夫的小妾，被离弃后度为女道士，最终以"杀人犯"而被定罪并处以极刑，身后又被谤为"娼妓"。一千多年来，她的生活故事被戏剧化为笔记小说和表演艺术。晚唐五代时的两种笔记集，皇甫枚的《三水小牍》和孙光宪（卒于968年）的《北梦琐言》，皆记载鱼玄机的故事。^① 在明代，叶宪祖（1566～1641）将她的故事写入传奇戏剧《鸾镴记》。^② 在现代，森鸥外（1862～1922）写了一篇有关鱼玄机的短篇小说；^③ 高罗佩（Robert van Gulik，1910-1967）将她塑造为一部侦探小说的主角。^④ 在香港，

---

*　本章基于 Jinhua Jia, "Unsold Peony: Life and Poetry of the Daoist Priestess-Poet Yu Xuanji in Tang China (618 – 907)," *Tulsa Studies in Women's Literature* 35, No. 1 (2016): 25 – 57; 贾晋华：《重读鱼玄机》，《华文文学研究》2016 年第 1 期，第 31～41 页。

① 《太平广记》卷一三〇，第 922～923 页引。除非另外标明，以下所引《三水小牍》鱼玄机条皆出自此本。孙光宪：《北梦琐言》卷九，第 71～72 页。以下所引《北梦琐言》鱼玄机条皆出自此本。

② 叶宪祖：《鸾镴记》，汲古阁本。

③ 森鸥外：《鱼玄机》，《小说 4》，《鸥外全集》卷五，岩波书店，1937。

④ Robert van Gulik, *Poets and Murder* (Chicago: University of Chicago Press, 1968).

邵氏公司拍摄了一部以她为主角的电影；在另一部电视连续剧中，她是其中四集的主角。① 近年来又出现了许多基于她的诗作和生平的网络作品。②

鱼玄机有 50 首诗和 5 联断句传世，③ 这使她成为中国文学史上最早的有较多作品传世的女作家之一。因此，从唐五代至现代，她一直是诗歌批评和研究的对象。虽然唐五代人将她的身份定为女道士，许多后代批评家也高度称赏她的诗歌成就，但是从宋代初期至清代，有少数学者将她的身份重新定义为"娼妓"，并批评她的作品为"淫荡"。④ 在现代学者的研究中，温莎（Genevieve B. Wimsatt）在二十世纪三十年代即翻译了鱼玄机的诗歌作品，虽然其中渗有众多自由想象。⑤ 沃尔斯（Jan W. Walls）未出版的博士学位论文对鱼玄机的生平和诗歌做了较为全面的研究，以丰富的原始资料编写她的传记，并翻译、注释及评论她的全部诗作。⑥ 虽然此研究还较为初步，特别是鱼玄机的传记有不少疏讹之处，

---

① 邵氏公司：《唐朝豪放女》，1984；亚洲电视公司：《历代奇女子》，1988，第 7 ~ 10 集。

② 例如，Jean Elizabeth Ward, *The Beheaded Poetess*：*Yu Xuanji*, lulu. com, 2009。

③ 陈振孙于《直斋书录解题》中录鱼玄机诗集 1 卷（卷一九，第 29 页 b）。此集今存，题为《唐女郎鱼玄机集》，收诗 49 首（有数种宋本传世，收于《四部备要》和《续修四库全书》的两种较常见）。钱谦益（1582 ~ 1664）和季振宜（1630 ~ 1674）从《文苑英华》中辑诗 1 首（《折杨柳》），见《全唐诗稿本》第 71 册，联经出版公司，1979，第 245 页。胡震亨从《唐诗纪事》中辑断句 5 联，见《唐音统签》卷九二三，第 12 页 a ~ 12 页 b。《全唐诗》从之，见卷八〇四，第 905 页。

④ 孙光宪在《北梦琐言》中最早提出此类批评。其后跟随的学者有胡震亨和钱谦益等。见胡震亨：《唐音癸签》卷八，第 83 页；钱谦益：《绛云楼书目》，第 75 页。

⑤ Genevieve B. Wimsatt, *Selling Wilted Peonies*（New York：Columbia University Press, 1936）.

⑥ Walls, "The Poetry of Yü Hsüan-chi：A Translation, Annotation, Commentary and Critique"（PhD diss., Indiana University, 1972）.

但论文中包含一些出色的评述，后来体现于他为《印第安纳中国传统文学手册》所撰写的"鱼玄机"条文中。① 陈文华在其《唐女诗人集三种》中校对和注释鱼玄机的全部诗作，② 此集已成为研究此位女诗人的必备书。梁超然有关鱼玄机生平的考证十分翔实可靠，③ 本书在重构此位女诗人的传记时全面吸收其成果。罗贝森（Maureen Robertson）在一篇有关明清女诗人的著名论文中简要评述唐代女诗人，其中包括鱼玄机，对她们的作品给予很高的评价，但认为她们的作品仍然属于模仿男性诗人的"女性"声音，还不是女性自己的声音。④ 近年来出现的两部重要的中国女作家选集对入选的鱼玄机作品做了精美的翻译，但仍沿袭旧说，称鱼玄机为"娼妓"。⑤ Jowen R. Tung 对鱼玄机的部分诗作进行女性

---

① Walls, "Yü Hsüan-chi," in William H. Nienhauser, Jr., ed., *The Indiana Companion to Traditional Chinese Literature* (Taipei: SMC, 1986), p. 944.

② 陈文华校注：《唐女诗人集三种》，第 95 ~ 145 页。收于集中的另两位女诗人为李季兰和薛涛。

③ 梁超然：《鱼玄机》，傅璇琮主编：《唐才子传校笺》卷八，第 3 册，第 448 ~ 453 页；Dieter Kuhn 也撰有鱼玄机的传记，见其 *Yu Hsüan-chi: Die Biographie der T'ang Dichterin, Kurtisane und Taoistischen Nonne* (privately printed by Habilitationsvortrag, Heidelberg, 1985)。

④ Maureen Robertson, "Voicing the Feminine: Construction of the Gendered Subject in Lyric Poetry by Women of Medieval and Late Imperial China," *Late Imperial China* 13.1 (1992): 63 – 110.

⑤ Kang-i Sun Chang and Haun Saussy, eds., *Women Writers of Traditional China: An Anthology of Poetry and Criticism*, pp. 66 – 76; Wilt Idema and Beata Grant, *The Red Brush: Writing Women in Imperial China*, pp. 189 – 95. 另外还有一些完整的或不完整的关于鱼玄机诗的翻译，但往往呈现较为自由的意译，例如，David Young and Jiann I. Lin, trans., *The Clouds Float North: The Complete Poems of Yu Xuanji* (Hanover: Wesleyan University Press, 1998); Bannie Chow and Thomas Cleary, trans., *Autumn Willows: Poetry by Women of China's Golden Age* (Ashland: Story Line Press, 2003), pp. 77 – 117。

批评的解读，但也还是从"娼妓"的角度展开。① 中文和日文学界也有不少关于鱼玄机的研究，但许多论著或将其身份与"娼妓"联系起来并将其爱情诗评判为"淫荡"，或缺乏深入复杂的分析研究。② 柯素芝（Suzanne E. Cahill）关于鱼玄机的两篇论文体现迄今为止最为复杂的尝试。她沿袭鱼玄机为"娼妓"的习惯形象，但试图"绕过其声名狼藉的诱惑而直接移入其思想的核心"，叙述鱼玄机作为严肃的道教信仰者及"同性恋"的新故事。③ 这个新故事的代价是误读了此位女诗人的众多作品及完全忽略了她的爱情诗。

　　本章旨在推进学界现有的成果，澄清和发现关于这位重要诗人及其作品的信息。文中综合运用传记的、考据的、文学的、性别的等多重研究方法，重新考察鱼玄机的生平和诗歌，首次构建一个相对可靠的鱼玄机生平系年。基于这一系年，文中进一步对其诗歌作品进行文学的和性别的解读，并特别注意消除鱼玄机是"淫荡的娼妓"及"声名狼藉的诱惑"等偏颇批评。此处关键点并不完全在于她是否曾经扮演娼妓的社会角色，而在于这一角色已经被历代批评家赋予道德含义并被用来贬低女诗人及其诗歌为"淫荡""诱惑"等。这种由偏颇的批评话语构建出来的"淫荡的娼妓"的形象久

---

① Jowen R. Tung, *Fables for the Patriarchs：Gender Politics in Tang Discourse* (Lanham：Rowan & Littlefield Publishers, 2000), pp. 182, 205 – 18.

② 例如，小林彻行：《鱼玄机の诗の特质》，《东洋文化》第 303 期，1992 年，第 13～26 页；黄世中：《论全唐诗中所反映的女冠半娼式恋情》，《许昌师专学报》1996 年第 2 期，第 39～43 页；胡蔚：《道教的清修观与文人的白日梦》，《四川大学学报》2006 年第 5 期，第 112～117 页。

③ Cahill, "Resenting the Silk Robes that Hide Their Poems：Female Voices in the Poetry of Tang Dynasty Taoist Nuns," 邓小南主编：《唐宋女性与社会》，第 519～566 页；"Material Culture and the Dao：Textiles, Boats, and Zithers in the Poetry of Yu Xuanji (844 – 868)," in Livia Kohn and Harold D. Roth, eds., *Taoist Identity in Practice* (Berkeley：University of California Press, 2003), pp. 102 – 26。

已成为研究鱼玄机的诗歌（特别是其爱情诗）的重要障碍，许多学者或贬低其爱情诗或完全忽略它们，从而不能对其成就进行全面深入的理解和评价。因此本章的主要目标在于突破这一形象，以翔实的传记研究证明鱼玄机先为小妾后为女道士的身份，这一身份使得我们得以较为准确地认识其撰写于人生不同阶段的诗歌及这些作品中所表达的情感历程。

　　十世纪的两种笔记，皇甫枚的《三水小牍》和孙光宪的《北梦琐言》，记载了鱼玄机的生平故事。皇甫枚与鱼玄机同时，并于大致同一时间住于长安兰陵坊，邻近鱼玄机所居的咸宜观。① 因此，他关于鱼玄机的记叙应是相当可信的，虽然其中也不免有夸张渲染之处。孙光宪生活于约一个世纪之后，但他是一位严肃的学者，他关于鱼玄机的记述应基于较早的数据。遗憾的是，虽然皇甫枚的记叙较长，但他用了大部分篇幅敷演鱼玄机之死的悲剧故事，除此之外仅提供了关于她的姓名、家庭背景、才学、出家等基本信息；孙光宪也仅以寥寥数句叙述鱼玄机的姓名、才能、婚姻及悲剧结局。② 由于其有限的篇幅和内容，两种记叙文皆未提供有关鱼玄机的完整传记。

　　在此两种记叙文的基础上，本章采用鱼玄机自己的诗作、与其所过往士大夫文人相关的资料及有关的历史记载等，来重构其生平传记。如同学者已经指出的，在传统中国，诗歌被看成是让同时代及后代人认识诗人的工具，对于诗人和读者皆是如此。鱼玄机的诗篇同样是我们认识这位女诗人的最重要工具。通过细心的、批评的阅读分析，本章考

① 我们确知皇甫枚于 871 年住兰陵坊，仅在鱼玄机卒后三年，但他还有可能更早就住在那里，见《三水小牍》卷八五，第 549 ~ 550 页；徐松：《唐两京城坊考》卷二，第 39 页。

② 两种记叙文皆被译为英文，见 Walls, "The Poetry of Yü Hsüan-chi," pp. 45 – 50；Cahill, "Resenting the Silk Robes," pp. 563 – 66；Idema and Grant, *Red Brush*, pp. 190 – 93。

察鱼玄机的情感历程、自尊意识及性别觉醒，评价其诗歌风格和成就，并批驳古代至当代一些学者关于鱼玄机为"娼妓"及其诗"淫荡"的偏见。

一　重构鱼玄机的传记

虽然鱼玄机的生命仅有大约 25 年，有关她的研究论著也已经出现不少，但她的生平事迹仍然存在许多未解决的问题，关于她是否当过娼妓还有争论，她的行迹还未出现清晰可靠的系年，甚至连她的名字都还含混不清。本节试图以较为可信的资料和精细的考证解决这些问题。

1. 名和字

《三水小牍》称鱼玄机的字为幼微，《北梦琐言》则记其字为蕙兰。学者未曾尝试澄清这些自相矛盾的记载，但对这些名和字的语文学分析可以解决这一问题。幼微的"幼"应读为"yao"，与"幼妙"或"幼眇"同，意谓幽微。① 从字面上看，"玄机"意指"深奥玄妙的旨意"，"幼微"意指"幽深微妙"，"蕙兰"意指"兰草"。"玄机"和"幼微"皆蕴含道教意旨，并且在语义上相互呼应，符合中国传统的命名规则；而"蕙兰"仅是女子的流行名字。作为普通人家的女儿，鱼玄机不太可能有一个富含道教意旨的名及一个相对应的字。而在唐代，当某人度为道士或女道士，他们一般会被给予新的道教名字。② 因此，我们可以做出一个合理的推测：蕙兰是鱼玄机的本名，玄机是她度为女道士后的新名，幼微则是与玄机相对应的字。

---

① 见《汉书》卷五三，第2423页；萧统编：《文选》卷一六，第228页。
② 例如，无名氏撰《清河张氏女殇墓志铭》载："慕道受箓，因名容成。"见《道家金石略》，第169～170页。

2. 从都城女郎到士人小妾

《三水小牍》称鱼玄机为"长安里家女"。"里"指坊里，"里家女"字面上为"坊里人家的女儿"，亦即普通市井人家的女儿。《太平广记》及其后数种著作引《三水小牍》，皆称"里家女"。① 然而，重印于十九世纪的一个《三水小牍》的版本，却改"里家女"为"倡家女"，意谓娼妓。② 这一后代的更改未有任何早期的证据支持，很可能是被某位对鱼玄机有偏见的人所改动。但是，这一擅改却成为不少学者断定鱼玄机为娼妓的"有力"证据。③

此外，一些学者自由地将"里家女"的"里"字解释为"北里"，亦即平康里，唐时长安的青楼区，或其他相似的娱乐区。④ 然而，"里"未必指称北里或其他青楼区，唐人也从未用"里家女"指称青楼区的娼妓。相反，"戚里"一词被用来指称皇室及其他贵族官僚居住的城区，"戚里女"一词被用来指称皇室或贵族家族的女性。⑤ "里家女"及另一个相似的词语"里妇"则被用来指称普通家庭的女性。例如，《唐阙史》载："（杜牧）俄于曲岸见里妇携幼女。"⑥ 此外，由于娼妓仅居住于平康里中的三条曲巷，"曲"字而不是"里"字，被普遍用来指称她们。她们被称为"曲中"

---

① 例如，冯梦龙（1574～1646）：《情史》卷一八，《冯梦龙全集》第七卷，江苏古籍出版社，1993，第656～657页；刘于义（卒于1748年）、沈青崖（活跃于1735年前后）编：《陕西通志》（《四库全书》本）卷一〇〇，第119页a～120页b。

② 《三水小牍》卷二，缪氏云自在龛刻本，1891，《续修四库全书》本，第4页b。

③ 例如，Walls, "The Poetry of Yü Hsüan-chi," p. 54。

④ 例如，小林彻行：《鱼玄机の诗の特质》，《东洋文化》第33期，1992年，第13、26页。

⑤ 见《旧唐书》卷一三，第367页；《太平广记》卷四九一，第4032页。

⑥ 高彦休（854～?）：《唐阙史》（《四库全书》本）卷上，第20页b；周勋初编：《唐语林校证》卷七，中华书局，1987，第624页。

及"曲中诸妓";当一位娼妓初入青楼,她被称为"入曲";当一位娼妓被赎身,她被称为"出曲"。①

根据《三水小牍》,鱼玄机"色既倾国,思乃入神",美丽,聪明,受过良好的教育,尤其具有诗歌才华。《北梦琐言》记她于咸通(860~873)中嫁李亿为妾。②李亿于唐文宗大中十二年(858)进士及第为状元。③他的李姓及他在科举中的极大成功,皆说明他可能出自世家大族。④因此,尽管鱼玄机十分美丽聪明,但作为普通人家的女儿,她不可能成为李亿的正妻。许多学者已经指出,在唐代同等地位家族的联姻,特别是世家大族之间的联姻,仍然是十分重要的观念传统;⑤从中唐开始,世族也倾向于将女儿嫁给成功的举子。⑥考虑到李亿可能的世族背景及其在科举上的极大成功,许多大族应会急于将女儿嫁给他。

李亿与鱼玄机相识的最大可能机会则是他于857年至858年在长安应试时(在唐代,每年秋天举子赴京,次年春天应试),或稍早几年(如果他应考过不止一次)。⑦元代辛

① 孙棨:《北里志》(《丛书集成初编》本),第4、9、10页。
② 在唐代,妾通常出自普通良家女子,参见姚平:《唐代妇女的生命历程》,第160~161页。
③ 梁克家(1128~1187):《淳熙三山志》(《四库全书》本)卷二六,第4页b。参见梁超然:《鱼玄机》,傅璇琮主编:《唐才子传校笺》卷八,第3册,第449页。
④ 唐代的大家族中,有著名的赵郡李氏和陇西李氏。
⑤ 主要可参见陈寅恪:《记唐代之李武韦杨婚姻集团》,《金明馆丛稿初编》,上海古籍出版社,1980,第237~263页;David Johnson, "The Last Years of a Great Clan: The Li Family of Chao-chun in the Late T'ang and Early Sung," *Harvard Journal of Asiatic Studies* 37 (1977): 51–59; Patricia Ebrey, *The Aristocratic Families of Early Imperial China: A Case Study of the Po-ling Tsui Family* (Cambridge: Cambridge University Press, 1978)。
⑥ 参见姚平:《唐代妇女的生命历程》,第42~53页。
⑦ 梁超然已经指出这一可能性,见其《鱼玄机》,傅璇琮主编:《唐才子传校笺》卷八,第3册,第448页。

文房称鱼玄机在 15 岁时被李亿纳为妾。[①] 如果她于 857 年约
15 岁，她应约生于唐武宗会昌三年（843）。

3. 客寓湖北和山西

鱼玄机有十多首诗篇涉及旅行寓居湖北和山西的经历。
根据这些诗篇，学者同意她在生命中的某段时间确曾旅寓此
二地。[②] 通过细致分析这些诗篇及结合相关的历史记录，本
节进一步将这些旅寓事件系年。从大约 858 年至唐懿宗咸通
三年（862），鱼玄机旅寓湖北，李亿可能在当地观察使府任
职。从咸通四年（863）至咸通七年（866），鱼玄机和李亿
旅寓太原，李亿在太原尹、河东节度使刘潼的幕府任职。

鱼玄机有数首诗描绘她的第一次旅行。在《江行二首》
中，[③] 我们看到她在春天时节乘船沿着长江旅行，沿途观赏
武昌县、位于江夏县的历史名胜鹦鹉洲、位于蒲圻县的鸬鹚
港，最后到达汉阳县。在另一首诗《过鄂州》中，[④] 她又经
历三个著名的历史古迹：位于钟祥县的石城、屈原墓及位于
安陆县的白雪楼。

客寓湖北时，鱼玄机与李亿分开两地居住，但又时时相
聚。从她的两首诗的题目《隔汉江寄子安》和《江陵愁望
寄子安》（子安为李亿字），[⑤] 可知她抵达湖北后，曾与李亿
分住汉江的两岸，也曾独自居住于江陵县。根据她的另外两
首诗，《寄子安》和《春情寄子安》，[⑥] 可知在此段时间里，
他们有时分开，有时团聚。

---

① 参见梁超然：《鱼玄机》，傅璇琮主编：《唐才子传校笺》卷八，第 3 册，
第 448 页。
② 例如，Walls, "The Poetry of Yü Hsüan-chi," pp. 57–66；梁超然：《鱼玄
机》，傅璇琮主编：《唐才子传校笺》卷八，第 3 册，第 449~450 页。
③ 《唐女诗人集》，第 113 页；《全唐诗》卷八〇四，第 9051 页。
④ 《唐女诗人集》，第 123 页；《全唐诗》卷八〇四，第 9053 页。
⑤ 《唐女诗人集》，第 127~129 页；《全唐诗》卷八〇四，第 9054 页。
⑥ 《唐女诗人集》，第 129 页；《全唐诗》卷八〇四，第 9049、9054 页。

鱼玄机湖北之行的时间可能在 858 ~ 862 年，因为在 863 年，她和李亿已经在山西（见下文）。中晚唐时进士及第者先到地方使府任职的情况十分普遍，李亿也可能在 858 年登进士第后入鄂岳观察使幕任职。858 ~ 860 年的鄂州刺史、鄂岳观察使为张毅夫，861 ~ 862 年为于德孙。①

鱼玄机和李亿在湖北分住两地而又时时团聚的情况，最可能的原因是李亿可能携妻赴任，而其妻拒绝接受鱼玄机与他们同住，因此李亿只好让鱼玄机另住其他地方。另一种可能是鱼玄机并未成为李亿合法的妾，而只是作为"别宅妇"，这在唐代士大夫的家庭生活中也是常见的事。②

从 863 年至 866 年，鱼玄机和李亿一起住在太原，李亿在刘潼的河东节度幕府中任职。③ 在一首赠送刘潼的诗中，鱼玄机回忆她参与刘潼的宴会的情景，颂扬他在山西的政绩，并表达对他照顾丈夫李亿的感激之情。④ 在一首其后撰写的诗《情书寄李子安补阙》中，鱼玄机说"晋水壶关在梦中"，⑤ 晋水和壶关皆在山西。在另一首后来撰写的诗《左名场自泽州至京使人传语》中，⑥ 鱼玄机欢迎来自山西的老朋友左名场，并回忆了她在那里的快乐生活：她和丈夫及其他可能同在刘潼幕府的朋友一起吟诗、骑马、观赏山景及欢聚宴会。从一首题为《打球作》的诗，⑦ 我们还看到她

① 郁贤皓：《唐刺史考全编》卷一六四，安徽大学出版社，2000，第 2389 页。
② 关于此类"妾"，参见姚平：《唐代妇女的生命历程》，第 148 ~ 150 页。
③ 刘潼于 863 年至 866 年 3 月任太原节度使，见郁贤皓：《唐刺史考全编》卷九〇，第 1309 页。
④ 鱼玄机：《寄刘尚书》，《唐女诗人集》，第 99 页；《全唐诗》卷八〇四，第 9048 页。
⑤ 《唐女诗人集》，第 103 页；《全唐诗》卷八〇四，第 9048 页。
⑥ 《唐女诗人集》，第 132 页；《全唐诗》卷八〇四，第 9055 页。
⑦ 《唐女诗人集》，第 106 页；《全唐诗》卷八〇四，第 9049 页。

甚至有机会观赏士兵的球赛。① 鱼玄机和李亿此次得以住在一起的原因，可能是李的正妻未跟随他前往山西任职。

4. 女道士的生活

不幸的是，这种快乐生活维持不久。在咸通七年（866）三月，刘潼从太原移任成都。② 李亿约于此时携鱼玄机返回长安，在朝廷任补阙。③ 不久，鱼玄机即为李亿所抛弃，度为女道士，居长安咸宜观。④ 根据《北梦琐言》，李亿抛弃鱼玄机的原因是"爱衰"。但辛文房推测是由于李亿正妻的妒忌。⑤ 辛文房的推测有两条证据可以支持。首先，在被抛弃后，鱼玄机至少写了一首情诗赠李亿（《情书寄李子安补阙》）。其次，咸宜观本为唐玄宗之女咸宜公主于 762 年出家后所居，观中多名画珍玩；⑥ 其后长安城中士大夫贵族女眷出家多居此观。⑦ 如果没有李亿的支持，鱼玄机恐怕不可能进入这样一座"贵族"女道观。

有两个理由使我们推测鱼玄机应是自愿选择度为女道士。首先，道教的思想和实践似乎能给予她破碎的心以安慰。在一首大约撰于 866 年至 867 年题为《愁思》的诗中，

① 在唐代，尤其是在晚唐时，地方幕府的官员经常携带小妾赴任，将其正妻和子女留在京城或老家。他们还经常携妾参加宴会。参见姚平：《唐代妇女的生命历程》，第 159 页；Stephen Owen, *The Late Tang*: *Chinese Poetry of the Mid-Ninth Century* (*827 – 860*), p. 262。

② 郁贤皓：《唐刺史考全编》卷九〇，第 1309 页。

③ 如前所述，在题为《情书寄李子安补阙》的诗中，鱼玄机回忆了他们在山西的生活。因此，此诗应作于从太原返京后，而且从题目可知李亿此时已任补阙。

④ 咸宜观坐落于亲仁坊。见徐松：《唐两京城坊考》卷三，第 60 页。梁超然已经指出，鱼玄机入道之事发生于她和李亿从太原返回长安后，见其《鱼玄机》，傅璇琮主编：《唐才子传校笺》卷八，第 3 册，第 499 ~ 450 页。

⑤ 梁超然：《鱼玄机》，傅璇琮主编：《唐才子传校笺》卷八，第 3 册，第 448 页。

⑥ 《唐会要》卷五〇，第 875 页。

⑦ 钱易：《南部新书》，第 50 页；徐松：《唐两京城坊考》卷三，第 60 页。

诗人试图以道教典籍、实践及成仙的目标安慰自己。[1] 在大约作于同时的题为《夏日山居》和《题隐雾亭》的两首诗中，诗人描述了自己自由自在的、富有审美趣味的山居过夏生活。[2] 这些诗篇体现道教退隐生活的肯定，说明这是诗人生活中的一段快乐时间。[3]

其次，如同本书第一章所述，在唐代，女道士能够扮演较为活跃的社会角色，而鱼玄机充分意识到了其作为女道士和"女仙"的自由，以及由这些角色所带来的新的社会性别关系，从而主动地追求她的爱情和欲望。对于她 866 ~ 867 年在咸宜观与几位文人的情事，我们应从这一新性别关系、角色扮演及自我觉醒的背景加以了解和认识。在一首题为《迎李近仁员外》的诗中，鱼玄机用了牛郎和织女的传说故事。[4] 这一典故的运用说明她和李近仁（活跃于 860 ~ 873 年）是情人关系。李近仁约于咸通十一年（870）任礼部郎中，因此他应在此前数年任员外，正与鱼玄机居长安咸宜观的时间相合。[5] 在另一首题为《次韵西邻新居兼乞酒》的诗中，鱼玄机再次用了牛郎和织女的故事，及另外两个爱情

---

① 《唐女诗人集》，第 112 页；《全唐诗》卷八〇四，第 9050 ~ 9051。此诗另有一异题《秋思》。根据首行所描写的秋天氛围及诗篇的解脱主题，这一异题似乎更贴切。如前所考，鱼玄机约于 866 年度为女道士，并确知于 868 年春天入狱，卒于其年秋天。因此此诗的秋天体验应发生于 866 年或 867 年秋天。

② 《唐女诗人集》，第 124 页；《全唐诗》卷八〇四，第 9053、9051 页。与上述理由相同，鱼玄机的道教过夏体验应发生在此两年中的夏天。

③ Suzanne Cahill 已经指出这些诗篇体现鱼玄机从道教获得的安慰和快乐，见其 "Material Culture and the Dao," pp. 109 – 11。

④ 《唐女诗人集》，第 131 页；《全唐诗》卷八〇四，第 9050、9054 ~ 9055 页。

⑤ 梁超然：《鱼玄机》，傅璇琮主编：《唐才子传校笺》卷八，第 3 册，第 451 页。

故事：妻子望夫化石和潇湘二女思念其夫舜帝的传说。[①] 在这首诗中，诗人不仅公开表达她对邻居士人的情意，[②] 而且扮演主动求爱的"女神"角色，[③] 向对方提出约会的要求。

在这两年中，鱼玄机还与两位著名的诗人李郢（856 年进士）和温庭筠（812？～870？）酬答诗歌。李郢大致在此段时间里任侍御史，温庭筠则于 866 年任国子助教，皆与鱼玄机居咸宜观的时间相合。[④] 鱼玄机有两首与李郢赠答的诗篇，其中一首题为《闻李端公垂钓回寄赠》，[⑤] 诗中用了阮肇遇合仙女的传说，[⑥] 将自己比喻为主动追求的仙女。但是李郢似乎并未对这一追求给予回应。温庭筠是李亿的朋友，[⑦] 后代的戏剧故事将鱼玄机和温庭筠凑成一对，[⑧] 但是从她赠送温庭筠的两首诗中，我们只看到友情，[⑨] 而且也未见到关于二人有恋情的早期记载。[⑩] 温庭筠比鱼玄机年长 40 多岁，并以极端丑陋而著称。[⑪] 而根据鱼玄机的情诗，她似乎通常为年轻貌美的士人所吸引，因此二人之间应该仅是朋友关系。

---

① 刘义庆：《幽明录》卷六，第 183 页；David Hawkes, *The Songs of the South: An Ancient Chinese Anthology of Poems by Qu Yuan and Other Poets* (London: Penguin Books, 1985), pp. 104 - 109。

② 唐代士人常寄居长安道观，包括女道观，如陈可封于 796 年居华阳女道观，白居易于 804 年居于同一道观。参看李丰楙：《唐代公主入道与送宫人入道诗》，《幽与游：六朝隋唐游仙诗论集》，第 293 ~ 336 页。

③ 从传说中的巫山女神开始，女神常被描述成主动向世俗的男性对象求爱荐枕。

④ 梁超然：《鱼玄机》，傅璇琮主编：《唐才子传校笺》卷八，第 3 册，第 450 ~ 451 页。

⑤ 《唐女诗人集》，第 108 页；《全唐诗》卷八〇四，第 9050 ~ 9051 页。

⑥ 刘义庆：《幽明录》卷一，第 1 ~ 2 页。

⑦ 温庭筠：《送李亿东归》，《全唐诗》卷五七八，第 6716 页。

⑧ 叶宪祖：《鸾锿记》。

⑨ 《唐女诗人集》，第 107 页；《全唐诗》卷八〇四，第 9049、9053 页。

⑩ Jennifer Carpenter 已指出此点，见其 "Biography of Yu Xuanji," in Chang and Saussy, *Women Writers of Traditional China*, p. 67。

⑪ 孙光宪：《北梦琐言》卷一〇，第 78 页。

无论她是否满足于女道士的角色，鱼玄机仅扮演约两年的时间，她的年轻生命即悲剧性地结束。根据《三水小牍》和《北梦琐言》，在咸通九年（868）元月，由于鱼玄机怀疑女婢绿翘在她外出时与她的情人偷情，盛怒之下将绿翘打死。鱼玄机被捕入狱，其间虽然有许多朝廷官员为她说情，但她仍被京兆尹温璋（？～870）定罪，于同年秋天被处以极刑。[①]

一些现代学者试图为鱼玄机辩护，提出关于其谋杀的控诉是伪造的或此故事是编造的，[②] 但是他们的说法缺乏任何早期证据。不过，《三水小牍》记载鱼玄机发现绿翘死亡时十分惊恐，故她可能本意为严厉教训女婢，却误将其打死。值得注意的是，在唐代主人打死仆人的事件并不罕见，而那些杀人者并非都被判处死刑。例如，房孺复（756～797）杀死其妻的乳母，而其妻也杀死两个女仆，但房仅被罚贬官，其妻仅被罚离婚。[③] 其他许多曾杀死仆人的官员或其妻并未被法律所判刑，而是在传说中被变成鬼的受害者所处罚。[④] 这些例子说明唐代法律对士大夫阶层杀害仆人的容忍，而鱼玄机被立即处死则表明唐代女道士的社会地位仍然十分有限，她们的自由和特权不应被夸大。

综上所考，基于所有可找到的资料，本节首次对鱼玄机的生平事迹做了较为可靠的系年，可以总结为表 7-1。

表 7-1 鱼玄机的生平系年

年	岁	事迹
843	1	鱼玄机约于是年生于长安一个普通人家

---

① 关于鱼玄机打死女婢及被处死的过程，详见梁超然：《鱼玄机》，傅璇琮主编：《唐才子传校笺》卷八，第 3 册，第 452～453 页。

② 例如，David Young and Jiann Lin, *The Clouds Float North*, p. x。

③ 《新唐书》卷一一一，第 3325 页。

④ 《太平广记》卷一二九，第 914～918 页；卷一三〇，第 919～924 页。

年	岁	事迹
857	15	李亿在长安应试；鱼玄机约于是年遇李亿并嫁为其妾
858～862	16～20	李亿于858年进士及第为状元，其后可能入鄂岳观察使府任职。鱼玄机旅行至湖北，与李分开两处居住，但又时常相聚
863～866（3月）	21～24	李亿在刘潼河东节度幕中任职；鱼玄机与李同居太原
866（4月）	24	李亿回长安任补阙，抛弃鱼玄机；鱼度为女道士，居咸宜观
868	26	鱼玄机误杀女婢绿翘，于秋天被定罪处死

在这些事件中，李亿于858年进士及第，于863～866年入太原幕，及鱼玄机于868年的死亡，皆有可靠的历史记录可证。这样，她于866～868年居长安咸宜观为女道士的时间，不但与她此时所撰写的诗篇及所过往的三位文士李郢、温庭筠、李近仁在长安任职的时间相合，而且也是她在逝世前仅有的两年，故这一系年应是可靠的。她在858年至862年旅居湖北的时间，除了有她自己的诗篇和李亿的可能行迹为证，也是她短暂一生中所余下的唯一可系年的时间段，因此也是相当可信的。

关于鱼玄机生平事迹的这一较为可靠的系年说明，她在一生中未曾当过娼妓，她的基本身份是先为士人小妾而后为女道士。如前所述，更为重要的并不在于她是否曾当过娼妓，而是这一身份已经被后代学者赋予道德批评的意义。因此，这一系年考证对鱼玄机生平事迹的澄清，对于解读她那些撰写于人生不同阶段的诗篇，特别是她的爱情诗，以及了解她的情感历程，具有关键性的作用。以下两个小节将展开这方面的讨论。

二　爱和激情：欲求的主体

由于受"淫荡的娼妓"的偏见性标签的影响，不少学者或贬低或忽略鱼玄机的爱情诗。然而，根据前文的生平系年，鱼玄机的爱情诗大多数撰写于旅居湖北时，所抒发情感的对象是其丈夫李亿。这些诗篇并非"淫荡"，而是深情地表达她对李亿的强烈恋情，呈现给我们一个主动欲求的主体形象及女性爱情体验的真实声音。

1. 解构《庄子》的蝴蝶

鱼玄机善于将情感蕴含于习见的意象、隐喻、象征及典故之中。在她乘船前往湖北的旅途中，她撰写了两首诗，在其中抒发快乐的情感和欲望。

《江行二首》：

> 大江横抱武昌斜，鹦鹉洲前万户家。
> 画舸春眠朝未足，梦为蝴蝶也寻花。
>
> 烟花已入鸬鹚港，画舸犹题鹦鹉洲。
> 醉卧醒吟都不觉，今朝惊在汉江头。

第一首诗先以壮丽的大景领起：阔大的长江弯曲流过鹦鹉洲，拥抱繁盛的武昌城。诗人紧接着将视镜缩小，聚焦于一个小动物，将《庄子》中著名的蝴蝶意象翻新出巧。在《庄子》中，庄周梦见自己是一只翩翩飞行的蝴蝶，醒来后感到迷惘，不知自己是蝴蝶还是庄周。[1] 鱼玄机关于自己成

---

① 郭庆藩（活跃于 1894 年前后）编：《庄子集释》卷一，中华书局，1961，第 112 页。

为一只寻花蝴蝶的梦境创新性地改变这一古老的隐喻。在中国文学传统中，蝴蝶还是情人的隐喻，而"寻花"是带有性感的传统意象，通常指男子寻求女子或到青楼寻欢。由于是鱼玄机自己梦为蝴蝶，"蝴蝶"的性别被改变。这一改变不仅表达她追求爱情的强烈欲望，而且蕴含她想如同男子一样自由追求爱情的情感，与第二首诗中描绘她在旅途中对男性文士风度的模仿相一致：纵情饮酒，欣赏沿途风景和古迹，吟诵撰写诗篇，等等。唐代女子不论是否已婚，大多数主要被局限于家庭的领域。作为地方官员的小妾，鱼玄机得以迈出家庭的范围，获得如同男子一样从京城旅行往南方的自由。她为亲身经历那些在书中读过的著名历史遗迹而激动，不厌其烦地在诗篇中列举地名；而由于贯注真挚的欢快情感，这些罗列的地名并不使读者觉得呆板。她如同轻快飞行的蝴蝶一样，快乐地期待很快就能与丈夫在南方重聚；这一激情与她对蝴蝶意象的创新相融合，使得"梦为蝴蝶也寻花"的境界意味深长。①《庄子》中那迷惘的、哲学的蝴蝶被解构为快乐的、自由的、性感的意象。"庄生晓梦迷蝴蝶"，《庄子》的作者借此而询问存在的本质和意义，虽然深奥，却充满迷惘；而鱼玄机则肯定地回答：存在是有意义的，梦是美好的，虽然浅显，却富有活力。蝴蝶寻花的梦幻景象本身亦十分美丽迷人。明代诗评家陆时雍和黄周星（1611～1685）读到此诗时皆忍不住赞叹："种情无复余地！""妖冶之尤！"②

2. "蕙兰"渴求爱情

鱼玄机还擅长运用情景交融的传统诗歌技巧来抒写情感。根据前面的传记研究，她在旅寓湖北时与李亿时而分离

---

① 从诗篇看，鱼玄机是独自旅行的，可能李亿已经先携妻前往湖北任职。
② 陆时雍：《唐诗镜》（《四库全书》本）卷四八，第 32 页 a；黄周星：《唐诗快》卷一六，1687 年刊本，第 39 页 a。

时而团聚。在撰写于此时期的数首爱情诗中，她扮演了多愁善感的诗人和忧喜交加的情人角色。

寄子安

醉别千卮不浣愁，离肠百结解无由。

蕙兰销歇归春圃，杨柳东西绊客舟。

聚散已悲云不定，恩情须学水长流。

有花时节知难遇，未肯厌厌醉玉楼。[①]

这首七言律诗一开头即抒写团圆后分别的浓重忧愁，以酒浣愁的隐喻有效地表达了诗人的激情。接下来的描绘性对联呈现了一幅充满芳香和色彩的春天景象，并隐含了她的孤独、失落、失望的情绪：如同蕙兰（也是她此时的名字），她的美丽正逐日消退；不似杨柳，她未能绊住丈夫。三联灵巧地运用了两个传统意象：浮云被恰当地用来喻指她和丈夫离合悲欢的不确定境况，而绵延不断的流水与其丈夫变易的恩情形成鲜明对照。在与自然景物的交织中，诗人的相思之情真诚而有力地流贯全诗。

3. 爱和焦虑：情感的旅程

下面是另一首寄赠李亿的爱情诗：

春情寄子安

山路欹斜石磴危，不愁行苦苦相思。

冰销远涧怜清韵，雪远寒峰想玉姿。

莫听凡歌春病酒，休招闲客夜贪棋。

如松匪石盟长在，比翼连襟会肯迟。

---

① 陈文华校注：《唐女诗人集三种》，第 129 页；《全唐诗》卷八〇四，第 9054 页。

虽恨独行冬尽日，终期相见月圆时。

别君何物堪持赠，泪落晴光一首诗。①

这首七言排律描写一次旅行，将沿途景象与心中激情相融合。诗篇以诗人于寒冷的冬日行走于崎岖陡峭的山路为开端，点出全诗"不愁行苦苦相思"的主题。在次联，诗人继续山行，所见到的每一景物皆加深她的相思之情：清纯的山涧中融化的水流声使她充满怜爱地回想起李亿的清逸声音，高寒的峰顶上的白雪使她如同见到他的如玉姿容。此联对偶工整精致，包括自然景物的并置（冰与雪、溪与峰），官能的感受（潺潺涧水的声音与皑皑雪峰的寒光），空间的维度（低下的涧流和高耸的山峰），以及自然和人物的特质，这些合起来形成耐人回味的张力，并将诗人深爱的、内外皆秀的"王子"投影于壮丽的山景之中。三联自然地转向所思念的丈夫，以细微小事谆谆嘱咐对方：不要耽听凡庸歌女的乐声，不要过度饮用春酒，不要招集闲客下棋至深夜。这些事情是如此细微，只有深陷于爱情之中的人才会给予注意。诗人的情感交织着关怀和担忧：她关心他的身体健康，但也担心他耽溺于酒会歌女。她和所思念者的实际处境形成鲜明对照：她行走于寒冷陡峭的山路，而他居住于舒适放任的环境。这一对照使她的关切和担忧显得格外真挚动人。

　　由于这种混杂了关爱和忧虑的情感，诗人觉得有必要重申他们的爱情誓言。第四联的信誓旦旦虽然以诗人自己的语气表达，但更主要的是向对方要求。虽然她只用了古老的喻象，诸如常青的松树、可移动的石头、比翼双飞的鸟，但由

---

① 陈文华校注：《唐女诗人集三种》，第105页；《全唐诗》卷八〇四，第9049页。

于这些喻象也是山行中常见的景物，它们与诗人的旅行相关联，因而增强了鲜明生动的力量。第五联将当前艰难的旅程与将来幸福的团聚相比较，点明诗人能够忍受所有这些艰苦和忧愁的原因。诗人以这首正在撰写的诗篇结束旅程，在其中融进她所有的相思、忧虑、困苦、艰难、眼泪及希望。

此诗描述一次实际的旅行，但同时也是一次情感的和象征的旅行。这一旅行发生于诗人和丈夫的分别之时。冬天山路跋涉的艰苦经历与分离、孤独、不确定的痛苦感受相对应。诗人不屈服于实际的艰难旅程的意志，表达她在心理上对丈夫的坚贞爱情和强烈期望。七言排律扩展的六联诗句有效地将情感旅程中的心理变化交织入实际旅程中的景象变化：爱情和相思（第一、二联），关切和担忧（第三、四联），孤独和希望（第五、六联）。

明代批评家胡应麟（1551～1602）将此诗及鱼玄机的另一首诗列为全部唐宋诗歌中最优秀的七言排律："余考宋七言排律，遂亡一佳。唐惟女子鱼玄机酬唱二篇可选，诸亦不及云。"① 这一高度评价或许略为夸张，但此诗无疑是一首杰作。诗人轻松地驾驭中间四联对句，自如地应对自然风格和严峻格律之间的张力。这些对联形成完美的对偶，构造出多重富有意义和情感内涵的配对：自然景象与人的特质和感情，艰难的山路旅行与舒适的放纵生活，眼前的困苦与将来的欢聚，等等。诗篇描述的是冬天的旅行，却被题以"春情"。这看似不合理的题目隐含诗人的强烈欲望，因为冬天过后即是春天，而"春情"在中国文学传统中历来与爱情和欲望相关联。

如同学者所指出的，在六朝以来的男性诗人的爱情诗中，女性形象被色情化和客体化，成为欲求的对象，美丽动

---

① 胡应麟：《诗薮》卷四，上海古籍出版社，1979，第301页。

人但柔弱无助，在情感上完全依赖于男性。[1] 与前述李季兰等女道士诗人一样，鱼玄机的爱情诗将欲求的客体转化为欲求的主体。虽然她也在这些诗篇中交织忧愁、焦虑和孤独，但这些情感不再是无助的、依从的哭泣，而是呈现独立的、自强的对于爱和欲望的主动追求。

三　性别觉醒和自我认可

根据前文，在大约866年被丈夫抛弃后，鱼玄机选择度为女道士，进入长安城中的咸宜观。从她作于两年女道士生活的诗篇，我们看到被抛弃的痛苦经历和新的女道士身份唤起诗人的性别觉醒和自尊意识。她充分意识到作为女道士所获得的自由和社会地位，并以多情性感的传统女神形象自我强化。她为自己的美丽和诗歌才华而自豪，并肯定自我生存的无比价值，甚至公开表达对于父权社会强加于女性的不平等地位和机会的不满。所有这些性别化的主观情意皆以娴熟的诗歌技巧融贯于她的诗篇中。

1. "自能窥宋玉"的自由

在著名的《赠邻女》诗中，鱼玄机突出强调女性作为女道士和"女仙"在追求爱情方面的选择自由：

> 羞日遮罗袖，愁春懒起妆。
> 易求无价宝，难得有心郎。
> 枕上潜垂泪，花间暗断肠。

---

[1] 参见 Robertson, "Voicing the Feminine," p. 69; Grace Fong, "Engendering the Lyric: Her Image and Voice in Song," in Pauline Yu, ed., *Voices of the Song Lyric in China* (Berkeley: University of California Press, 1993), pp. 107 - 44; Anne Birrell, "Women in Literature," in Victor H. Mair, ed., *Columbia History of Chinese Literature* (New York: Columbia University Press, 2001), pp. 200 - 201。

自能窥宋玉，何必恨王昌！①

《三水小牍》列举此诗的第二联，并称此诗撰于鱼玄机在狱
中等待行刑时。《北梦琐言》也列举同一联，但认为此诗抒
发的是她被李亿抛弃后对他的怨恨之情。在编集于五代时期
的《才调集》中，此诗题为《寄李亿员外》，并列有另一诗
题《寄邻女》。② 根据此诗内容，《赠邻女》看来是最合适的
题目。诗中描写邻女断肠的伤心情感，并以性别化的自强劝
告安慰她。由于此位女子是邻居，诗篇显然无须"寄"她。

根据《三水小牍》，鱼玄机住于咸宜观中的一个小院。
故此位邻女应也是住于咸宜观中的女道士。宋玉在《登徒子
好色赋》中称自己十分英俊而有魅力，东邻一位女子经常登
墙窥视他。③ 王昌是魏晋时著名的美男子，后来成为南朝乐
府诗中年轻女子所追慕的人物。④

此诗前三联描写邻女被抛弃后的断肠之情。诗人以美好
的自然意象反衬邻女的悲苦心境：明亮光辉的阳光与她的羞
怯和眼泪相对比，春天的繁盛与她的倦怠相对比，美丽的花
丛与她的哀伤相对比。第二联是传诵千载的名句，以浅白的
口语表达出父权社会中一种普遍的现象：男人在婚姻爱情中
有权变易不定。这不仅是对邻女感受的描述，也是诗人自己
痛苦经历的表达。此联正如同陆时雍所评点，以"俚而旨"
取胜。⑤

---

① 陈文华校注：《唐女诗人集三种》，第 96 页；《全唐诗》卷八〇四，第
　　9047 页。
② 《才调集》（《四库全书》本）卷一〇，第 8 页 a。
③ 宋玉：《登徒子好色赋》，萧统编：《文选》卷一九，第 9 页 b ~ 11 页
　　b。
④ 吴兆宜（活跃于 1672 年前后）注，程琰删补：《玉台新咏笺注》卷
　　九，穆克宏点校，第 387 页；郭茂倩编：《乐府诗集》卷八五，第
　　1204 页。
⑤ 陆时雍：《唐诗镜》卷四八，第 30 页 a。

前三联所描绘的邻女形象还局限于传统的男性视角下无助的、依从的客体对象。然而，在最后一联诗人将这一形象做了彻底的颠覆。她提醒邻女她们作为女道士和"女仙"所具有的选择自由，劝告她摆脱所有忧愁，采取主动的行为，选择和追求所喜爱的男子——"自能窥宋玉"，从而不再忧惧和哀怨被抛弃——"何必恨王昌"！此联清楚地表达鱼玄机的性别觉醒意识。在传统中国，这一关于女子可以自由追求自己所爱和欲求的男子的呼声是十分罕见的。它为女性长久深埋的意愿和欲望发出独立的声音，一扫她们无助的、受辱的、依从的形象。黄周星半称赏半批评地评价此诗："鱼老师可谓'教猱升木，诱人犯法'矣。"①

在其他几首诗中，诸如《次韵西邻新居兼乞酒》及《闻李端公垂钓回寄赠》，鱼玄机用了阮肇遇仙、潇湘二女、牛郎织女等典故。虽然这些女神女仙的传说已经被男性诗人大量运用，成为传统的陈套典故，但在女诗人特别是女道士诗人的手中，这些典故获得不同的含义。女道士本身被设想为在将来会成仙，并被唐人称为"仙子""天仙"。通过以女神女仙比拟自己，鱼玄机将自己塑造为激情的、诱惑的女神女仙的形象，由此而有权主动地追求自己的爱情。

2. "卖残牡丹"的价值

在一个暮春的日子，鱼玄机在长安见到一些未卖出的牡丹。她为自己的相似命运而感叹，并思考自我存在的价值。

卖残牡丹

临风兴叹落花频，芳意潜消又一春。

应为价高人不问，却缘香甚蝶难亲。

红英只称生宫里，翠叶那堪染路尘。

---

① 黄周星：《唐诗快》卷一〇，第28页a。

及至移根上林苑，王孙方恨买无因。①

宇文所安将此诗的题目读为"卖＋残牡丹"，译为"出卖残败的牡丹"（Selling Tattered Peonies），并解为鱼玄机象征性地"出卖自己"（figuratively "sells herself"）。② 这是对诗题的误解，与诗的主题相矛盾："残败的牡丹"如何能被"移根上林苑"，并使得王孙后悔未买？鱼玄机为何会自豪地将自己比拟为"残败的牡丹"？此题的正确解读应为"卖残＋牡丹"，意谓"卖剩下的牡丹"或"未卖出的牡丹"。此类句法在唐宋诗中十分常见，例如乔知之（？~690）的诗联："匣留弹罢剑，床积读残书。"③ 及曹邺（活跃于847~865年）的诗联："昨日春风欺不在，就床吹落读残书。"④ 这里"读残书"显然不是指"阅读残破的书"，而是"读了一半的书"或"未读完的书"。再如许棐（？~1249）的诗联："仆温携剩酒，邻送卖残蔬。"⑤ 邻居并非送来"残败的蔬菜"，而是"卖剩下的蔬菜"或"未卖出的蔬菜"。

鱼玄机此诗首句的"临风兴叹落花频"，"落花"并非指牡丹，而是晚春时纷纷飘落的普通花卉，用来点明季节。事实上，牡丹通常在其他花卉飘落的暮春时节开放，如李山甫（活跃于860~888年）《牡丹》一诗所云："邀勒东风不早开，众芳飘后上楼台。"⑥ 因此，鱼玄机此诗首句的落花

① 陈文华校注：《唐女诗人集三种》，第101页；《全唐诗》卷八〇四，第9048页。"路"，集作"露"，此据《名媛诗归》（卷一一，第10页a）、《唐音统签》（卷九二三，第8页a）及《全唐诗》改。

② Stephen Owen, ed. & trans. , *An Anthology of Chinese Literature: Beginnings to 1911* (New York: W. W. Norton, 1996), p. 509.

③ 乔知之：《哭故人》，《全唐诗》卷八一，第878页。

④ 曹邺：《老圃堂》，《全唐诗》卷五九三，第6881页。此诗亦归于薛能（？~880），《全唐诗》卷五六一，第6511页。

⑤ 许棐：《田间》，《梅屋集》（《四库全书》本）卷一，第19页a。

⑥ 《全唐诗》卷六四三，第7377页。

在诗中为第二、三联中盛开的牡丹起了反衬的作用。

　　牡丹在中国一直被誉为花之皇后。在唐代，尤其是在九至十世纪，长安和洛阳两京士人格外喜爱牡丹。暮春时节，牡丹开放，诗人则外出观赏和撰写赞美牡丹的诗篇。[①] 在鱼玄机的诗中，那些未卖出的牡丹是最出色的：它们的价格是最高的，故无人买得起；[②] 它们的香味、色彩及姿容最为优美、高雅、动人。虽然它们未被卖出，这些骄傲的花仍然对自己的价值充满自信，相信将来会被移植入皇家花园。它们最终将自己从失败者转为胜利者：缺乏眼光的王孙贵族将后悔未在还可得到它们时购买。

　　花是女性的古老象征。这些高尚的、美丽的牡丹是诗人自己的象征，花的购买者象征那些不诚实的情人，而在唐诗中皇家宫苑总是与天上宫苑成为同义词。与这些美丽的牡丹相似，鱼玄机也是未被赏识和"售出"；也与这些骄傲的牡丹相似，她相信自己的价值：她是无价之宝，只能居住于最崇高的地方——帝王的宫苑或天上的仙境（即道教的神仙世界）。这种自尊自重、性别化的主体意识在中国古代妇女史上是十分突出的。明代批评家钟惺（1574～1625）评此诗云："如此语，岂但寄托，渐说向忿恨上去。千古有情人，所托非偶，便有不能自持以正意。此岂其之罪哉？亦有以使之者矣。"[③] 虽然钟惺仍然用的是男性权力话语，批评鱼玄机的自尊意识及对轻浮男子的蔑视不符合"正意"，但是他也明显地表示了对她的遭遇的同情，及对她的感情和尊严的理解和赞赏。

---

① 李肇（活跃于785～829年）：《唐国史补》卷二，上海古籍出版社，1979，第45页；段成式（卒于863年）：《酉阳杂俎》卷一九，中华书局，1981，第185～186页。关于中晚唐时咏牡丹诗的讨论，参看 Owen, *The Late Tang*, pp. 453 – 58。

② 如白居易的《秦中吟·买花》："一丛深色花，十户中人赋。"《全唐诗》卷四二五，第4676页。

③ 钟惺：《名媛诗归》卷一一，第10页a。

这首诗是鱼玄机写得最多和最得心应手的七言律诗，中二联对牡丹形象的描绘对偶工整而含蕴丰富。此诗还是一首出色的咏物诗。传统诗论对此题材的要求是既生动描绘所咏之物的外在形相和内在精神，又将诗人或其他人的个性或情感投射于所咏之物。此诗完美地达致此两个目标。诗中不仅描绘牡丹不同寻常的美丽外貌、香味和颜色，而且传达其高尚品性、精神和价值。更为重要的是，诗中字字皆既指牡丹，又指诗人，花即人，人即花，人花合一，不可分离。

3. "空美榜中名"的不满

在又一个春天的日子，鱼玄机游览长安城中的崇真观。① 当她看见新及第进士留在墙上的题名时，一股对于强加于女性的传统限制的强烈不满情绪涌上心头。

> 游崇真观南楼睹新及第题名处
> 云峰满目放春晴，历历银钩指下生。
> 自恨罗衣掩诗句，举头空美榜中名。②

在唐代，诗歌是科举考试的最重要科目，士人由此而获得入仕资格。"罗衣"象征鱼玄机的女性性别。③ 她在诗歌才华和政治抱负方面与这些及第进士相等，但却由于性别而被排除在考试和仕途之外。在表面上，她指责"罗衣"或女性性别使得她受到不能参加科举考试和入仕的限制；但是在更深的层面上，她发出"反对性别不平等"及"对强加于

---

① 崇真观建于开元、天宝年间（713~756），坐落于长安新昌坊，见宋敏求：《长安志》卷九，第66页。
② 陈文华校注：《唐女诗人集三种》，第111页；《全唐诗》卷八〇四，第9050页。
③ Tung, *Fables for the Patriarchs*, p. 211; Cahill, "Material Culture and the Dao," pp. 104–11.

她的限制的不满"的声音。① 这种大胆的、直接的反对和批评在中国妇女史上是十分罕见的。辛文房高度称赞她能够公开表达参与政治的抱负及对自己的诗歌才华的肯定："观其意激切，使为一男子，必有用之才。作者颇怜赏之。"②

四　结语

在其仅约 25 年的短暂生命历程中，鱼玄机扮演了多重角色，但是她不断变化的角色似乎并未使其同时代人感到吃惊。在《三水小牍》中，皇甫枚对她发出了衷心的赞美："色既倾国，思乃入神。喜读书属文，尤致意于一吟一咏。……而风月赏玩之佳句，往往播于士林。"皇甫枚高度称赏她的美丽容貌、高雅兴趣、杰出才能及优秀诗篇。即使记录她打死女仆的事件，他也未直接谴责她。在两部编选于唐末五代的诗歌选集《又玄集》和《才调集》中，编者韦庄和韦縠选入部分唐代女诗人的作品，并根据她们的身份而分别称之为"夫人""女郎""女道士""娼妓"等。两部集子皆选入鱼玄机的作品，并皆称她为"女道士"。③ 从同时代人的记录中，我们看到即使鱼玄机有一个不光彩的结局，唐人仍然承认和接受她作为女道士的身份。

如前所述，第一位否认鱼玄机这一身份的是生活于五代末北宋初的孙光宪。其后有少数传统学者和众多现代学者持续地重新界定鱼玄机的身份为"娼妓"。虽然即使是传统批评家也肯定和称赞真正的娼妓诗人的文学才能和成就，但是

---

① Birrel, "Women in Literature," p. 209 ; Idema and Grant, *The Red Brush*, p. 195.

② 梁超然：《鱼玄机》，傅璇琮主编：《唐才子传校笺》卷八，第 3 册，第 452 页。

③ 傅璇琮编撰：《唐人选唐诗新编》，第 672～682、946～963 页。

由于对鱼玄机及其他唐代女道士诗人身份的重新界定往往伴随着"淫荡"等道德谴责，此种重新界定带有明显的偏见。此类偏见的产生可以归纳为四种主要的原因。其一，如前所述，一些学者误读原始资料，将鱼玄机在成为李亿之妾前的早期生涯说成是娼妓。其二，一些学者遵循传统礼法，反对女性追求和表达她们自己的爱情和欲望。例如，陈振孙云："妇女从释入道，有司不禁，乱礼法败风俗之尤者。"[1] 其三，可能是由于宋代以降对于包括女道士和尼姑在内的女性的伦理要求更为严峻，许多学者未注意到唐代特殊的社会历史和宗教文化背景，而这一背景为女道士及其社会活动和性别关系提供了相对自由和"合法"的环境。其四，一些学者忽略鱼玄机被其丈夫（可能还有其他情人）抛弃的事实，对她赠送情诗给多于一位男性的情况严厉加以批评。这四个理由皆被本章的传记研究和诗歌解读所驳斥。分析研究表明，鱼玄机一生中从未当过娼妓；她的爱情诗绝大部分是赠送给丈夫李亿；她与数名士人的交往和情事皆发生于她成为女道士之后，而此类交往和情事由于道教传统的性实践、新的性别模式及女神崇拜的传统而"合法化"。通过消除至今仍然延续的"淫荡娼妓"等评判话语，我们就有可能对鱼玄机的诗歌成就及其在文学史上的地位做出较为公允的、合理的、全面的评价。

事实上，当传统的批评家抛去其男性中心的偏见时，他们就能够真诚地称赏鱼玄机对"情"的执着追求及其诗歌成就，如前引皇甫枚、辛文房、陆时雍、钟惺、黄周星、胡应麟等人的评语。钟惺甚至高度地称赞她："盖才媛中之诗圣也。"[2]"诗圣"是赋予中国最伟大的诗人之一杜甫的专称。

---

① 陈振孙：《直斋书录解题》卷一九，第 29 页 b。
② 钟惺：《名媛诗归》卷一一，第 3 页。

钟惺将这一称号赋予鱼玄机，已经隐含着认为她是中国最杰出的女诗人的意思。这一高度评价可能与十六、十七世纪盛行的对于"情"的崇拜相关联，由此而强调鱼玄机在表达女性的性别化的"情"方面的杰出成就。[①]

鱼玄机的诗歌的确代表女性之"情"真诚的、激情的表达。她的爱情诗将男性诗人所构造的作为欲求客体的女性形象改造为欲求的主体。虽然她在诗篇中也交织忧愁、焦虑和孤独，但这些情感不再是无助的、依从性的哭泣，而是成为独立的、自强的对于爱和欲望的主动追求。阅读她的诗篇，我们可以感受到她的痛苦经历及女道士身份所激发的自尊自重意识。她充分意识到这一身份所带来的自由，并以性感女神的特性加强自己的力量。她为自己的美丽和诗歌才能而自豪，高度肯定自己存在的价值，并公开表达对于父权社会强加于妇女的不平等地位和机会的不满。她的精巧描写和真诚感情超过绝大多数男性诗人对于女性生活和情感的描述。同时代的男性诗人李商隐（约813~858）还不得不在"朦胧诗"中隐藏其真实情感和欲望；而在清代女性诗歌创作达到高潮时，直接表达女性爱情和欲望的诗篇仍然十分稀少，其时女性诗人的代表者还不得不强调所选诗篇"性情各正"，"无惭女史之箴"。[②] 相比之下，鱼玄机对于自己的爱情、欲望及意志的公开、激烈抒写的确是不同凡响的。

鱼玄机的戏剧性一生充分地反映在她的诗篇中。除了前面述及的旅行诗、爱情诗、抒情诗、赠答诗、闲适诗、诗体信、咏物诗等，她还撰有其他题材的社交应酬诗、赠送女道

---

① 关于明代情崇拜的讨论，参见 Kang-I Sun Chang, *The Late-Ming Poet Ch'en Tzu-lung: Crises of Love and Loyalism* (New Haven: Yale University Press, 1991), p. 11; Dorothy Ko, *Teachers of the Inner Chambers: Women and Culture in Seventeenth-Century China*, pp. 18, 68-112。

② 完颜恽珠（1771~1833）：《国朝闺秀正始集》，1831年红香馆刻本，第2页a。

士和女性朋友的诗①、哀挽诗等。她熟练掌握各种古近诗体，特别擅长七言律诗，往往善于在自然风格与严密格律之间寻求平衡。她擅长将习见的隐喻、象征、典故、意象翻新出奇，使她的诗篇呈现一种既典雅又自然的风貌。她自如地根据诗歌题材和情感内容而转换风格，虽然一般来说，她的诗歌风格如同山涧流水般自然、清新、动人。

学者已经指出，在中唐之前，中国女诗人仅有少量诗篇传世，而且她们大多出自宫廷或上层家庭。② 从李季兰、元淳、崔仲容、薛涛及其他可能收于《瑶池集》的中晚唐女诗人开始，我们看见来自社会各阶层的女诗人，包括宫廷女性、上层和普通家庭的妻子和女儿、女道士、娼妓等。③ 鱼玄机对女性"情"的真诚表达及对诗歌技巧的娴熟掌握，使她从唐代女诗人群中脱颖而出，成为最杰出的代表，并与她们一道将中国女性诗歌的发展推向一个新的阶段。

---

① 鱼玄机撰有一首酬三位姐妹光、威、裒的诗，此诗是对她们的一首联句诗的次韵（陈文华校注：《唐女诗人集三种》，第 134～137 页；《全唐诗》卷八〇四，第 9055～9056 页）。从诗题及诗句可知，她从一位客人那里获得此诗，但尚未见过她们；根据她们的诗，她想象地描绘出三姐妹的美貌、情感及才华。柯素芝将此诗解释为表达鱼玄机的"同性恋"情感，见其"Material Culture and the Dao: Textiles, Boats, and Zithers in the Poetry of Yu Xuanji (844 – 868)," in Livia Kohn and Harold D. Roth, eds., *Taoist Identity in Practice*, pp. 102 – 26。这一解说是不恰当的。中晚唐时，女性诗人之间（或女诗人与女读者之间）出现了较多诗歌酬赠。与鱼玄机此诗一样，这些酬唱诗篇超越了家庭的范围，表现了女性作家和朋友之间的友谊和情感，并往往赞美对方的美丽和才能。此类酬唱皆与同性恋毫无关系。

② 主要可参见 Chang and Saussy, *Women Writers of Traditional China*, pp. 15 – 85; Birrell, "Women in Literature," pp. 205 – 207; Idema and Grant, *The Red Brush*, pp. 1 – 198。

③ 参见 Jia, "*Yaochi ji*," pp. 205 – 43。

结　论

　　唐代女道士作为一个宗教和社会群体的崛起，在中国道教史和妇女史上都是独一无二的。在唐代之前，道教仍然还处在整合其各种社会的、经典的、仪式的派系的过程中，还未发展成为高度成熟的宗教传统。在唐代之后，获得朝廷支持的、整合的、制度化和等级化的道教系统分崩离析，代之而起的是各种植根于地方群体的新信仰、仪式、实践和宗派的潮流。① 只有在唐代的特殊历史背景下，特别是皇室对道教的尊崇赞助，道教传统的统一和宫观制度的完善，加上灵

---

① 主要见 Edward Davis, "Arms and the Tao: Hero Cult and Empire in Traditional China," 宋代史研究会编：《宋代の社会と宗教》第 2 册，汲古书院，1985，第 1~56 页；John Lagerway, *Taoist Ritual in Society and History* (New York: Macmillan, 1987); Kenneth Dean, *Taoist Ritual and Popular Cults of Southeast China* (Princeton: Princeton University Press, 1993); Terry Kleeman, *A God's Own Tale: The "Book of Transformations" of Wenchang, the Divine Lord of Zitong* (Albany: State University of New York Press, 1994); Skar Lowell, "Ritual Movements, Deity Cults and the Transformation of Daoism in Song and Yuan Times," in Livia Kohn, ed., *Daoism Handbook*, pp. 412 - 63; Matsumoto Kōichi, "Daoism and Popular Religion in the Song," in John Lagerway and Pierre Marsone, eds., *Modern Chinese Religion I. Song-Liao-Jin-Yuan* (*960 - 1368 AD*) (Leiden: Brill, 2014), pp. 285 - 327; Xun Liu and Vincent Goossaert, eds., *Quanzhen Daoists in Chinese Society and Culture, 1500 - 2010* (Berkeley, CA: Institute of East Asian Studies, 2013); Xun Liu, "Daoism from the Late Qing to Early Republican Periods," in Vincent Goossaert, Jan Kiely, and John Lagerwey, eds., *Modern Chinese religion. Ⅱ, 1850 - 2015* (Leiden: Brill, 2016), pp. 806 - 37。

活变化的性别模式下，女道士才得以形成其独具特色的宗教和社会力量。

在唐代，出自社会各阶层的女性，从皇家公主到平民女子，都可以选择受度入道的人生道路，获得标志她们身份的女道士或女冠的名称，穿着专门为她们而设计的女性化的道服，甚至有专门的音乐曲调被创造出来颂扬她们。绝大多数女道士走出传统上所限制的家庭空间，在女道观中过着群体的生活，尽管她们并未真正切断家庭联系和摆脱责任。她们以独立的经济、道教的义理信仰、相当程度的教育、多样的才能、女神的特性等强化自己的力量。她们与现成的规章制度协商周旋，在追求自己的事业和发挥自己的才华方面比同时代的女性获得更多的独立、自由和尊严。她们是自信的宗教主体，自豪地宣称能够掌握自己的人生和命运："阴阳为我所制"（柳默然），"造物者翻为我所制"（胡愔）。她们承担各种角色，包括宗教领袖、导师、布道者、修炼者、仪式表演者以及政治家、诗人、艺术家等，从而成为唐代社会运作的积极参与者，以各种方式为中国宗教和文化传统做出贡献。

本书从《道藏》内外挖掘出大量此前被忽略的资料，在此基础上展开分析研究，由此而获得许多新的发现。根据这些新发现，我们可以大致描绘出如下一幅唐代女道士的总体画像：

（1）她们是能干的、自主的宗教领袖和修炼者，与男道士具备同等的能力和成就；

（2）她们熟谙道教经籍，为道教理论的发展做出一定的贡献；

（3）她们活跃于道观和公共场所，向公众宣法，成为各阶层人物的宗教导师，甚至包括皇帝，并从事一些服务社会民众的工作；

（4）她们体现道教、儒家和佛教在价值观和精神追求等方面的交融；

（5）她们超越宗教的领域，对朝廷的政策及其施行发挥一定的作用；

（6）她们在文学和艺术方面获得高度的成就。

此处我们有必要将这些特性与杜光庭在《集仙录》中所塑造和修正的唐代道教女性的理想形象（详见附录）做一对比。根据杜光庭的描述，理想的道教女性被期待具备以下特性：

（1）美如天仙的容貌和永驻的青春；

（2）表现出神奇的迹象，具有超自然的能力和属性；

（3）与西王母的宗教和祖统的关联；

（4）与上清降神的想象相关联；

（5）运用道教技术进行自我修炼，包括辟谷、服丹、吐纳、诵经等，最终达致飞升成仙；

（6）积累对于他人和动物的阴德和善功，将传统的道德观念与道教和佛教的伦理观念相融合，并突出强调忠孝等儒家价值观念。

通过比较，发现只有两种特性，即道教的自我修炼及融合三教，在两个群组是大致相应的，但也仍有一些分歧，如对动物的慈悲行为和儒家的忠君观念只见于杜光庭的圣传。在所有其他相异的特性中，本书的研究所呈现的女道士整体画像，是宗教、文化和社会关系及活动的活跃参与者，以及社会运作和文化发展的积极贡献者；而杜光庭的叙事所提供的是一幅个体拯救、解脱、精神追求和神仙世界的画面。本书描绘的画像是历史的、实际的、复杂的和多样化的，而杜光庭的画面是理想的、神圣的、简单的和一致的。

不过还应看到，《集仙录》的圣传虽然未能提供有用的研究唐代道教女性的原始资料，但仍然具有历史价值，因为它们传达出杜光庭对于女性在道教和社会中的角色和位置的反思，以及他对道教女性的理想角色典范的设计。这一典范综合道教的自我修炼、儒家的价值观和佛教的伦理观。《集仙录》圣传所描绘的自我修炼、自我完善和圣女般的形象，也可能隐含杜光庭对唐代女道士的其他角色特别是公众角色的无言批评。

此外，杜光庭的反思和设计并不仅是其个人的关注，而且也代表道教传统本身的变化。从唐末到明初，道教传统发生了巨大的变化，而杜光庭正是处于这一重塑时期开端的关键人物。他重新整理道教科仪、修炼、信仰和传统，并突出强调对三教的综合运用，由此开创道教在其后几个世纪的新发展方向。[1] 他在《集仙录》圣传中所建构的角色典范，在相当程度上为宋代以降的道教女性所沿袭，例如孙不二（1119~1182）及其他许多全真和女丹系女道士的自我修炼和自我完善。在明清时期，儒家和佛教的伦理道德观念，诸如忠孝、慈悲和无私等，确实被写入各种女丹手册。[2]

---

[1] 主要见 Livia Kohn and Russell Kirkland, "Daoism in the Tang (618 – 907)," in *Daoism Handbook*, pp. 340 – 50; Lowell Skar, "Ritual Movements, Deity Cults and the Transformation of Daoism in Song and Yuan Times," in *Daoism Handbook*, pp. 413 – 29, 452 – 58。

[2] 有关宋代以降女道士的讨论，主要见 Judith M. Boltz, *A Survey of Taoist Literature: Tenth to Seventeenth Centuries* (Berkeley: University of California, 1987), pp. 64 – 68; Thomas Cleary, *Immortal Sisters: Secrets of Taoist Women* (Boston: Shambhala, 1989); Catherine Despeux, *Immortelles de la Chine ancienne: Taoïsme et alchimie féminine*; 詹石窗：《道教与女性》，上海古籍出版社，1990，第85~99页; Vincent Goossaert, "The Invention of an Order: Collective Identity in Thirteenth-Century （转下页注）

部分地由于宗教场景和道教女性形象在后世的变化，不但唐代女道士的杰出成就被几乎遗忘，而且从宋代至现代的一些学者在其批评话语中将她们重新定义为"娼妓"，贬斥她们为"淫荡"，与那些对初唐女性统治者的性别跨界的批评话语相似。① 这种重新定义是偏颇的，因为唐代女道士的公共活动和爱情诗并未呈现任何色情的、淫荡的性质。除了道教传统和女性角色在后世的变化外，这些学者的重新定义还可能出于以下两种原因：其一是沿袭传统的性别模式，禁止女性跨越家庭的或其他私人的空间界限，实现她们的事业和发挥才华，表达她们的爱情和欲望；其二是缺乏有关唐代的特殊历史背景的充分知识。

本书的研究表明，此类从传统到现代的偏颇批评，可以从四个维度进行彻底的批驳。首先，唐代女道士生活于其中的特殊宗教和社会背景，为她们的宗教、社会和公众活动提供了必要的灵活性和相对自由。其次，有唐一代变化中的新性别模式使得她们的情感经历和性别关系合法化。再次，女道士以女神的特性及她们自己的教育程度和出色才华强化自身的力量。最后，独立的经济地位将她们与女妓明确地区别开来。虽然即使是女妓也不能简单地被冠以"淫荡"的标志，女妓的一个主要特点是她们提供职业的服务，以此作为她们的生活依凭，而且大部分收入为青楼鸨母所占有。因

（接上页注②）Quanzhen Taoism," *Journal of Chinese Religion* 29 （2001）：111 – 38；Despeux and Kohn, *Women in Daoism*, pp. 129 – 74；Shin-yi Chao, "Good Career Moves: Life Stories of Daoist Nuns of the Twelfth and Thirteenth Centuries," *Nan Nü* 10, No. 1 （2008）：121 – 51；夏当英：《女性视觉下的全真道修道观》，《安徽大学学报》2011 年第 35 期，第 22 ~ 28 页；Louis Komjathy, "Sun Buer: Early Quanzhen Matriarch and the Beginnings of Female Alchemy," *Nan Nü* 16, No. 2 （2014）：171 – 238；Elena Valussi, "Female Alchemy: Transformation of a Gendered Body," in Jia, Kang, and Yao, eds., *Gendering Chinese Religion*, pp. 225 – 52。

① 见 Rebecca Doran, *Transgressive Typologies*, pp. 186 – 226。

此，她们在身体和经济两方面都无法独立。①

此外，由于女道士在经济上的独立，她们与男性交往者的恋情主要是追求个体情感和欲望的结果，如同她们在诗歌中所真诚表达的，而不是职业服务和经济需求的结果。唐代女妓也与士大夫有密切的交往，有时也与他们发生恋爱事件。② 然而，女妓基本上没有选择的自由，通常处于卑微顺从的地位，被虐待的事件时常发生，许多女妓都有过悲剧的遭遇，这些在《北里志》中有真实的记录。③ 女妓中的官妓和营妓通常被召唤参加官方宴席，在此种场合她们是娱乐者，其地位与其他参与者是不平等的。例如，身为官妓、著名诗人及书法家的薛涛在社交场合十分活跃，与许多男性诗人和官员唱酬交往，但她在 789 年仅因为小事得罪节度使韦皋，就被放逐到边界的松州（今四川松潘）。她在那里写了一组十首的《十离诗》呈献韦皋，请求他的谅解和宽恕。④ 这一组诗运用

---

① 更多详细讨论见 Robert des Rotours, *Courtisanes chinoises à la fin des T'ang, entre circa 789 et le 8 Janvier 881: Pei-Li Tche（Anecdotes du quartier du nord）*（Paris: Presses Universitaires de France, 1968）; Victor Xiong, "Ji-Entertainers in Tang Chang'an," in Sherry J. Mou, ed., *Presence and Presentation: Women in the Chinese Literati Tradition*（New York: St. Martin's Press, 1999）, pp. 149 –69。唐代有不同类型的官妓和私妓，有关此方面的详细讨论，见高世瑜:《唐代妇女》，第 56～80 页；郑志敏:《戏说唐妓》，文津出版公司，1997，第 27～32 页。学者对"妓"一词的英译各异，包括"courtesan""prostitute""whore""geisha""entertainer"等。对这些不同译法的综述，见 Ping Yao, "The Status of Pleasure: Courtesan and Literati Connections in T'ang China（618 –907）," *Journal of Women's History* 14, No. 2（2002）: 44 –45。

② 见 Ping Yao, "The Status of Pleasure," pp. 37 –43。

③ 孙棨:《北里志》，古典文学出版社，1957，第 25 页。参见 Victor Xiong, "Ji-Entertainersin in Tang Chang'an," pp. 154, 157 –59。

④ 见陈文华校注:《唐女诗人集三种》，第 74～76 页；吴企明:《薛涛》，傅璇琮主编:《唐才子传校笺》卷六，第 3 册，第 102～113 页；Wilt Idema and Beata Grant, *The Red Brush*, pp. 182 –89。关于《十离诗》的作者和背景有多种不同的说法，但根据薛涛《罚赴边有怀上韦令公二首》诗（陈文华校注:《唐女诗人集三种》，第 30 页），（转下页注）

十个比喻乞求"主人"原谅她的小错误，包括离开主人的犬，离开拥有者之手的笔，离开圈厩的马，离开笼子的鹦鹉，离开窝巢的燕子，离开主人手掌的珠宝，离开水池的鱼，离开君王臂鞲的鹰，离开亭堂的竹，离开台座的镜。这些诗篇典型地表现女妓依赖、无助和顺从的社会地位和情感。薛涛在832年逝世后，节度使李德裕撰写一首题为《伤孔雀及薛涛》的诗，诗人刘禹锡也撰写一首《和西川李尚书伤孔雀及薛涛之什》与之唱和。[1] 这些表面看似对薛涛去世表示伤悼的诗篇，典型地代表唐代士大夫对待女妓的普遍态度：尽管薛涛才华横溢、诗名卓著，但他们仍然视她为所拥有的一件物品，与那只死去的孔雀相提并论。[2] 在一般情况下，女妓的社会地位是无法与女道士相比的。

通过对唐代女道士的全面考察，本书致力于将这一被忘记和贬斥的女性群体再现于历史场景中，展示她们实际的、性别化的身份和活动。本书的研究再次表明，虽然中国社会的传统结构对女性不利，但她们并不是牺牲品，而是有可能成为生机勃勃的力量，在不同的历史背景和社会条件下参与性别关系的重组、权力构成的交涉及社会发展的运作。由于在特定历史和文化背景下宗教信仰和实践经常成为鼓励和强化女性力量的资源，与她们同时代的女性相比，唐代女道士成为社会舞台上更为活跃的表演者，并获得了更大的成就。

（接上页注④）何光远（938～964）《鉴戒录》所记（《四库全书》本，卷一〇，第12页b），以及《十离诗》中有一首收入《又玄集》并署名薛涛，《十离诗》应是薛涛被韦皋流放松州时所作。参见张蓬舟笺：《薛涛诗笺》，第14～18页。

[1]　李德裕的原诗已不存；刘禹锡此诗收《全唐诗》卷三六五，第4121页。

[2]　刘宁已指出此点，见其《试析唐代娼妓诗与女冠诗的差异》，《中国典籍与文化》2003年第4期，第49～57页。

附录
杜光庭与唐代道教女性圣传[*]

在十世纪初，道教大师杜光庭（850～933）编纂一部
《墉城集仙录》（以下简称《集仙录》）。墉城是传说中西王
母的领域。西王母是道教传统中权力最高的女神，管辖所有
的女神和女仙。《集仙录》原有 10 卷，包含 109 位女神、女
仙和女道士的圣传。^① 尽管这部著作没有完整地流传下来，
但根据《道藏》和宋代类书所保存的篇章，我们至少可以重
构此书的 84 则圣传，其中约有 18 则的传主是唐代女道士或
信仰道教的女性。^②

学者已经从不同角度对这些圣传展开讨论。一些学者认

---

* 本附录基于 Jinhua Jia, "Du Guangting and the Hagiographies of Tang Fe-
  male Daoists," *Taiwan Journal of Religious Studies* 1 (2011): 81–121.
① 杜光庭：《〈墉城集仙录〉叙》，张君房编：《云笈七签》卷一一四，第
  2527 页；《全唐文》卷九三二，第 4 页 a；郑樵：《通志二十略》卷六
  七，第 1613 页。参见 Piet van der Loon, *Taoist Books in the Libraries of
  the Sung Period: A Critical Study and Index*, p. 144。
② 《道藏》第 783 号，存 6 卷；张君房编《云笈七签》，存 3 卷，卷一一
  四至卷一一六；李剑国：《唐五代志怪传奇叙录》，第 1061～1074 页；
  Catherine Despeux, "Women in Daoism," in *Daoism Handbook*, p. 394；
  罗争鸣：《杜光庭道教小说研究》，巴蜀书社，2005，第 101～165 页；
  Suzanne Cahill, *Divine Traces of the Daoist Sisterhood*, p. 14；以及下文的
  讨论。有一些圣传或多或少被后来的编纂者修改过。

为它们是"类似文学小故事的圣传",本质上是虚构的产物。① 而另一些学者则将之视为重构唐代女道士的真实生平经历和宗教实践的传记材料。② 一如既往,我们在这里遇到"圣传与人物传记的冲突"的古老困境。在包括中国在内的所有时代和所有文化的宗教传统中,有关宗教人物的圣传中都普遍具有真实性的传记叙述和陈规性的形象描绘共存的现象。不过,在圣传中此两种要素的比例因具体情况而有所不同。在一些圣传中,如果辨别区分其陈规的层面,就有可能揭示其真实叙述的、符合历史事件的内核。但另有一些圣传,虽然不是完全没有真实传记的要素,但其基本写作目的倾向于呈现理想化、典范化的宗教人物形象。③

---

① Edward Schafer, "Tu Kuang-t'ing," in William H. Nienhauser, Jr. , ed. , *The Indiana Companion to Traditional Chinese Literature*, p. 822. 罗争鸣亦视此文本为道教小说,见其《杜光庭道教小说研究》,第 101 ~ 165 页。

② 虽然柯素芝承认杜光庭编撰《集仙录》时怀有自己的目的,在其中"编织了奇迹和奇观",她依然将之视作"丰富性无与伦比的研究中世纪中国女性的社会宗教历史的主要资料",并认为杜光庭的这些传记"为我们提供了可能得到的有关女性身体修炼的最可靠资料"。见其 "Practice Makes Perfect: Paths to Transcendence for Women in Medieval China," *Taoist Resources* 2 , No. 2 (1993): 23 – 42; "Biography of the Daoist Saint Wang Fengxian by Du Guangting (850 – 933)," in Susan Mann and Yu – yin Cheng, eds. , *Under Confucian Eyes*: *Writings on Gender in Chinese History* (Berkeley: University of California Press, 2001), pp. 16 – 28; *Divine Traces of the Daoist Sisterhood* (Magdalena: Three Pines Press, 2006), pp. 13 – 20。

③ 主要见 Hippolyte Delehaye, *The Legends of the Saints* (New York: Fordham University Press, 1962); Peter Brown, "The Saint as Exemplar in Late Antiquity," *Representations* 1 , No. 2 (1983): 1 – 25; John Kieschnick, *The Eminent Monk*: *Buddhist Ideals in Medieval Chinese Hagiography* (Honolulu: University of Hawaii Press, 1997), pp. 1 – 2; Robert F. Campany, *To Live as Long as Heaven and Earth*: *A Translation and Study of Ge Hong's Traditions of Divine Transcendents* (Berkeley: University of California Press, 2002), pp. 98 – 217; Jinhua Chen, *Philosopher, Practitioner, Politician*: *The Many Lives of Fazang (643 – 712)* (Leiden: Brill, 2007), pp. 2 – 5。

通过仔细的考察，我发现杜光庭所撰写的唐代道教女性的圣传中，陈规性的成分远远超过真实性的叙述，从而使得运用这些圣传来重构唐代女道士的实际生平事迹和宗教经历的研究方法显得不可靠。与此同时，这些圣传也不应仅仅被视为虚构的小说，因为它们依旧承载着历史意义，呈现出处于唐末五代变迁时期的杜光庭在其心目中所构想的道教女性的理想形象。

在当代学者中，柯锐思曾对《集仙录》中唐代女道士黄灵微的圣传进行研究，并独具眼光地将此记载与颜真卿所撰的墓志铭比较异同。傅飞岚（Franciscus Verellen）和柯素芝对杜光庭编纂《集仙录》及其他异事集的动机做过深入的分析。① 尽管这些研究具有重要的启示意义，但全面细致地考察这些圣传，区分其中有关唐代道教女性的圣传形象和实际传记，以及讨论杜光庭所描述的女道士的新理想形象等任务，依旧远未完成。

通过搜集利用《道藏》内外众多相关资料，本附录对杜光庭编纂《集仙录》的目的以及此书现存的 18 位唐代道教女性的圣传展开全面研究，考察这些圣传的基本特点，说明杜光庭如何从自己的政治和宗教目标出发，改造或修订较早的资料以重构道教女性的理想形象。

一 《墉城集仙录》的编纂时间及目的

杜光庭是唐代道教传统中最重要的人物之一。在晚唐和五代初期的乱局中，杜光庭在李唐和前蜀政权中担任高官。

---

① Kirkland, "Huang Ling-wei: A Taoist Priestess in T'ang China," *Journal of Chinese Religions* 19 (1991): 47 – 73; Kristofer Schipper and Franciscus Verellen, *Taoist Canon*, p. 421; Cahill, *Divine Traces of the Daoist Sisterhood*, p. 13.

在经历长期被忽视的状况后，杜光庭在最近几十年里成为学界关注的焦点，他的生平、著作和思想已得到深入的研究。因此，我们现在对他在道教传统和唐五代文化发展中的贡献已经有了较为完整的了解，其中包括他所编纂的《集仙录》。[①]

杜光庭在其生涯的早期是一位儒士和诗人，曾努力研究经典，磨砺文学技艺。他在咸通（860～873）末参加明经科考试落第，于是受度入道，入天台山跟从道教大师应夷节（810～894）学习。很快，凭借在道教方面的声誉和文学才能，杜光庭成为著名道士，获得统治者的恩宠，被唐僖宗（873～888年在位）授予高级官职，其后前蜀的两位统治者王建（847～918）和王衍（919～925年在位）也都授予他高官。[②] 这一宗教和政治的双重身份极大地影响他对道教传统的女性角色的反思。

[①] 主要见严一萍：《道教研究资料》第 1 辑；Edward Schafer, "Three Divine Women of South China," *Chinese Literature: Essays, Articles, Reviews* 1 (1979): 31 - 42; Schafer, "Tu Kuang-t'ing," pp. 821 - 824; 砂山稔：《杜光庭の思想について》，《集刊东洋学》第 54 期，1985 年，第 297～316 页；Franciscus Verellen, *Du Guangting (850～933): taoïste de cour à la fin de la Chine médiévale*; Verellen, *Social History in Taoist Perspective: Du Guangting (850～933) on Contemporary Society* (Hong Kong: Xianggang Zhongwen daxue Chongji xueyuan Zongjiao yu Zhongguo shehui yanjiu zhongxin, 2001); 卿希泰主编：《中国道教史》第二卷，第 421～476 页；Barrett, *Taoism under the T'ang*, pp. 94 - 98; Livia Kohn, "Taoist Scholasticism: A Preliminary Inquiry," *Scholasticism: Cross-cultural and Comparative Perspectives*, pp. 115 - 140; 杨莉：《道教女仙传记〈墉城集仙录〉研究》，博士学位论文，香港中文大学，2000；周西波：《杜光庭道教仪范之研究》，新文丰出版公司，2003；金兑勇：《杜光庭〈道德真经广圣义〉的道教哲学研究》，巴蜀书社，2005；孙亦平：《杜光庭评传》，南京大学出版社，2005；Cahill, *Divine Traces of the Daoist Sisterhood*。

[②] 关于杜光庭的生平，主要见严一萍：《仙传拾遗序》，《道教研究资料》第 1 辑；Verellen, *Du Guangting*；贾晋华、傅璇琮：《唐五代文学编年史·五代卷》，辽海出版社，1999，第 50～51、69、109、113、132、138、145～146、163～164、171、201、216、258～259 页；孙亦平：《杜光庭评传》，第 56～111 页。

杜光庭在《集仙录》序文末尾题署的是广成先生，此号
是王建在 913 年赐予他的尊称。① 一些学者据此而推断此书
编纂于 913 年后不久。② 这一时间可根据杜光庭编纂的另一
部圣传文献《缑氏岭会真王氏神仙传》（以下简称《王氏神
仙传》）加以修订。③ 缑氏山位于嵩山以西 30 公里处，传说
周灵王（前 571～前 545 年在位）太子王子晋在这座山的山
顶骑白鹤升仙。④ 降至唐代，王子晋的传说发展成为地方信
仰。⑤ 尽管"王"不是这位王子的姓氏（"王子"应该连
读），但杜光庭有意将王作为这位王子的姓、将子晋作为他
的名，以此将他转变为蜀国统治者王氏的祖先。⑥ 晁公武在
十二世纪著录《王氏神仙传》时已经指出此点："（杜）光
庭集王氏男真女仙五十五人，以谄王建。"⑦ 陈振孙、严一

---

① 《资治通鉴》卷二六八，第 8773 页；欧阳修：《新五代史》卷六三，
中华书局，1974，第 789 页。参见 Verellen, *Du Guangting*, p. 164。
② 例如，Cahill, *Divine Traces of the Daoist Sisterhood*, p. 12。
③ 此文本记载于《秘书省续编到四库阙书目》（叶氏观古堂书目丛刻本，
1902）卷二，第 31 页 b；郑樵：《通志二十略》卷六七，第 1615 页。
见 Loon, *Taoist Books*, p. 157；Verellen, *Du Guangting*, p. 208。此文本
现已不存，严一萍重构得 38 条传记，李剑国重构得 39 条。见严一萍：
《王氏神仙传辑校》，《道教研究资料》第 1 辑；李剑国：《唐五代志怪
传奇叙录》，第 1055～1061 页。
④ 归属于刘向（前 77?～前 6）的《列仙传》，《太平广记》卷四，第 24 页。
⑤ 关于王子晋传说及信仰发展的详细讨论，见 Marianne Bujard, "Le culte
de Wangzi Qiao ou la longue carrière d'un immortel," *Etudes Chinois* 19,
No. 1－2 (2000): 115－55。
⑥ 在开元二十七年（739）为其妾王仁淑所作的墓志铭中，张令晖追溯王
氏家族的起源至王子晋："王子宾天之后，得姓于太原。"见张令晖：
《室人太原王氏墓志铭并序》，《唐代墓志汇编续集》，第 568 页。据
此，王子晋至迟在开元（713～741）时就已被改变为以"王"为姓
了，这可能是民俗传说演变的结果。然而，学识渊博的杜光庭应该清
楚王子晋并不姓王，所以我们仍可以说他是故意将王子晋的姓误读为
王的。
⑦ 晁公武撰，孙猛校证：《郡斋读书志校证》卷九，第 389 页。

萍等古今学者持有同样的批评意见。①

这些学者对杜光庭编纂《王氏神仙传》的批评并非毫无根据。王衍是前蜀的第二任统治者，他手握权柄的母亲和姨母笃信道教神仙信仰。② 她们建造的大量宫殿均被冠以带有道教含义的名称，她们和其他宫廷女子经常穿着模仿道士或仙人的衣服，将其宫殿改造成一座道教仙府。

923 年，王衍受杜光庭传度成为道士，作为回报，他赐予杜光庭"传真天师"和"崇真馆大学士"的称号。同年，王衍还建造了一座上清宫，在宫中竖立"王子晋"的像。这座塑像被作为王氏的祖先君王受到崇拜，王衍及其父亲王建的塑像陪侍左右。③ 根据这些记载，傅飞岚和李剑国均合理地推断，杜光庭应是在 923 年将《王氏神仙传》上呈王衍。④

在严一萍和李剑国重辑的《王氏神仙传》39 条传记中，有 5 条也出现在《集仙录》中，包括太真王夫人（王母之女）、王徽佐女、王法进、王奉仙、南极王夫人（王母第四女）。⑤ 由于《王氏神仙传》原本有 55 条传记，因此《集仙录》中其他王姓女仙和女道士也可能被收入《王氏神仙传》，如云华夫人（王母第 23 女）、紫微王夫人（王母第 20

① 陈振孙：《直斋书录解题》卷一二，第 3 页 b；严一萍：《王氏神仙传辑校》，《道教研究资料》第 1 辑，第 2 页。
② 王衍母亲姓徐，其妹是著名的花蕊夫人，两人都是王建最宠爱的妃子。王衍是王建 11 子中最小的一位，由于母亲的阴谋而得以成为皇位继承人。这两姊妹，尤其是妹妹，极为美貌且富有诗词才华。见吴任臣（? ~1689）：《十国春秋》卷三八，中华书局，1983，第 559 ~ 561 页；浦江清：《花蕊夫人宫词考证》，吕叔湘编：《浦江清文录》，人民文学出版社，1958，第 47 ~ 101 页。
③ 《新五代史》卷六三，第 792 页；吴任臣：《十国春秋》卷三七，第 539 页。
④ Verellen, *Du Guangting*, pp. 178 - 180, 196；李剑国：《唐五代志怪传奇叙录》，第 1061 页。
⑤ 严一萍：《王氏神仙传辑校》，《道教研究资料》第 1 辑，第 13 ~ 14 页；李剑国：《唐五代志怪传奇叙录》，第 1056 ~ 1061、1063 ~ 1064 页。

女）、云林右英夫人（王母第 13 女）、王氏等。[1]

更重要的是，这两个文本所呈现的宗谱结构可能存在内在联系。在《王氏神仙传》中，"王子晋"被尊奉为王氏神仙的祖先，此书的文本结构体现的是王氏的父系宗谱。一些线索表明，西王母与这个宗谱之间存在密切的"血缘关系"。首先，在上清传统中，西王母的配偶东王公被认为姓王，故他们的许多女儿也姓王。[2] 因此西王母也可以被认为是王氏家族的母系祖先。她的名字王母原本就既指"太后"，又指"女性祖先"，而《集仙录》中也格外强调她作为母亲的属性。[3] 其次，《集仙录》中的王母传和缑仙姑传皆称王母姓缑，出自河南缑氏地区。西王母曾在缑氏山修道，[4] 而此山就是传说中王子晋升天的地方，被《王氏神仙传》尊奉为王氏族源的圣地。然而，西王母最初与遥远西方的昆仑山相联系；《集仙录》之前没有文献提到缑氏山是王母原本所居的地方，也没有文献记载她姓缑。[5] 因此，有可能是杜光庭发明这一说法，以建立起这位女神与王子晋之间的联系。事实上，虽然出于不同的目的，但在初唐时武后及其近臣就曾经

---

[1] 李剑国：《唐五代志怪传奇叙录》，第 1063～1075 页。

[2] 关于西王母与其众多女儿的谱系的形成，见李丰楙：《西王母五女传说的形成其演变》，《误入与谪降：六朝隋唐道教文学论集》，第 215～245 页。至于东王公的姓氏，另有不同记叙，例如晚唐士大夫段成式记其姓为"倪"，见《酉阳杂俎》卷一四，第 128 页。

[3] 见 Cahill, *Transcendence and Divine Passion*, p. 18；杨莉：《道教女仙传记〈墉城集仙录〉研究》，第 133～134 页。

[4] 西王母的传记说："金母生于神洲［州］伊川，厥姓缑氏。"缑仙姑的传记则叙述如下故事：东岳夫人托蓝鸟为信使告知缑仙姑，"西王母姓缑，乃姑之圣祖也；河南缑氏乃王母修道之处，故乡之山也"。见张君房编：《云笈七签》卷一一四，第 2528 页；卷一一五，第 2554 页。

[5] 段成式记西王母姓"杨"，见《酉阳杂俎》卷一四，第 128 页。其他见于记载的西王母姓氏还有"焉""何""马"等，见《氏族大全》（《四库全书》本）卷七，第 48 页 a；胡应麟：《少室山房笔丛》卷四三，中华书局，1958，第 587 页；董斯张（1586～1628）：《广博物志》（《四库全书》本）卷一三，第 2 页 a。

试图将西王母与王子晋相关联。① 无论如何，在杜光庭的描述中，王母成为王氏的母系祖先，以及《王氏神仙传》所建构的王氏神圣谱系的先祖。

在《集仙录》中，王母被尊为女仙之族的祖先和首领。虽然此书的结构明确地表现神圣女性的谱系，② 但它也含蓄地暗示了神圣的王氏家族的母系宗谱。有关这一推测的最明显证据是王母的女儿们被同时纳入此书和《王氏神仙传》的两个谱系之中。现存《王氏神仙传》的传记大多以节略或概要的形态保存在较晚的类书中，但与《集仙录》中相应的圣传相比较，可以推知二者在最初应是相同的。这两个文本实际上相互呼应，将前蜀男性和女性统治者的两个神圣谱系交织成一个神圣的家族网络。因此，这两个文本可能同时编纂于 923 年前后，编纂目的相同，皆为了迎合前蜀统治者的兴趣，论证其统治和皇室血统的合法性。

初看之下，这一政治目的显得庸俗，因此引来传统和现代学者的许多批评。然而，杜光庭与前蜀统治者之间的关系相当复杂，不能仅从表面来进行判断。尽管杜光庭接受前蜀统治者的赐号和官位，但他并非毫无保留地满足他们的欲望和要求。相反，杜光庭有意地利用王氏的宗教虔诚，向朝廷提出建议，以此推动道教发展及其重整道教文献、实践、信仰和传统的伟业。例如，杜光庭另编有一部题为《录异记》的圣传和异事集，约与《王氏神仙传》和《集仙录》在同

① 尽管武后以弘扬佛教而著称，但她亦积极利用西王母来证明其统治的合法性，将其作为与自己对应的天神。正是在武后的统治时期，西王母与位于武后的政权中心洛阳附近的中岳嵩山紧密地联系起来，而邻近崇拜王子晋的缑氏山也顺便被推尊。武后被奉为西王母，而其男宠张昌宗则被奉为王子晋的化身。见 Norman H. Rothschild, "Empress Wu and the Queen Mother of the West," *Journal of Daoist Studies* 3 (2010): 29 – 57。

② Cahill, *Divine Traces of the Daoist Sisterhood*, p. 13.

一时间编纂。① 傅飞岚在对此书的研究中称，杜光庭"不仅强化蜀地文化一体的认同感，而且为蜀国的政治独立指明历史上的先例，断言现在的统治者接续唐朝是具有宇宙论根据的"。② 同样，杜光庭编纂《集仙录》也出于严肃的目的和主题。柯锐思指出，"杜光庭此著所赞颂的最常见的女性宗教活动，是出于慈悲心的无私奉献和慈善行为"。③ 柯素芝将杜光庭的意图总结如下：阐明道教教义，辩论道教优于佛教，整合道教组织，将他自己所属的上清系提升至其他派系之上，鼓励朝廷和士人支持道教，推尊道教信仰为危难时期的救赎方式，促使道教组织与帝国官僚体制及儒家价值观念相结合，等等。④ 受这些学者的启发，我在后文将进一步探索杜光庭重塑女道士形象的动机。

二 《墉城集仙录》中唐代道教女性圣传考述

《集仙录》在《道藏》中保存有两个不完整的版本。一本收于《云笈七签》，共 3 卷 27 则；另一本独立收于《道藏》（第 783 号），共 6 卷 37 则。除两则重合外，两本合起来共有 62 则，其中 11 则为唐代女道士及其他信道女性的圣

---

① 《录异记》原有十卷，今仅存八卷（《道藏》第 591 号），包括三卷关于仙人、异人及鬼神的记述。李剑国从各种资料额外收集 28 条记述。现存的最迟记述为 921 年，而杜光庭在署名时签署自己在 921 年担任的五个官衔，分别是光禄大夫、户部侍郎、广成先生、上柱国和蔡国公，但没有 923 年被授予的传真天师。因此，我推断这一文本是在 921 ~ 923 年完成的。见 Loon, *Taoist Books*, p. 160；Verellen, *Du Guangting*, p. 206；Verellen, "Shu as a Hallowed Land：Du Guangting's Record of Marvels," *Cahiers d'Extrême-Asie* 10 (1998)：213 – 54；李剑国：《唐五代志怪传奇叙录》，第 1052 ~ 1054 页。

② Verellen, "*Luyi ji*," in *Taoist Canon*, p. 421.

③ Kirkland, "Huang Ling-wei," 67.

④ Cahill, *Divine Traces of the Daoist Sisterhood*, p. 13.

传，均保存在《云笈七签》的本子中。李剑国从宋代类书如
《太平广记》《太平御览》等及其他文献中增辑 22 则，其中
5 则为唐代女道士圣传。① 此外，我进一步新辑两则圣传，
系出自《仙传拾遗》的"韦蒙妻"和"杨敬真"。② 《仙传
拾遗》也是杜光庭编纂的一部圣传集，可能在《集仙录》
稍后几年成书。③《太平广记》中的"杨敬真"引自李复言
的《续玄怪录》，但根据胡应麟《少室山房笔丛》所述，杜
光庭曾将此则收入其《仙传拾遗》。④《仙传拾遗》中包含的
女仙和女道士圣传，往往与收入《集仙录》的相同。例如，
录入《太平广记》的"王法进""阳平谪仙"出自《仙传拾
遗》，二者与《集仙录》中的圣传基本相同。⑤ 因此，我推

---

① 李剑国：《唐五代志怪传奇叙录》，第 1061～1074 页。陈尚君比较了
《太平广记》与原始文本，说明《太平广记》的编纂者在汇集 400 多
部早期文本时是相当严谨认真的。虽然他们做过一些小的改动，但大
体保存故事原貌、主题和结构。而《太平御览》则通常大幅度删节原
文。见陈尚君：《隋唐五代文学的基本典籍》，傅璇琮、蒋寅编：《中
国古代文学通论》卷三，辽宁人民出版社，2005，第 515～516 页。
② 收《太平广记》卷六六，第 431 页；卷六八，第 421～424 页。
③ 《仙传拾遗》原有 40 卷 429 则，但此书久佚。严一萍重构为 5 卷 99
则，李剑国增至 128 则。见王尧臣等编：《崇文总目》卷九，第 5 页
b；王应麟（1223～1296）：《玉海》卷五八，江苏古籍出版社，1990，
第 8 页 b；Loon, *Taoist Books*, p.95；Verellen, *Du Guangting*, p.208；
严一萍：《仙传拾遗》，《道教研究资料》第 1 辑；李剑国：《唐五代志
怪传奇叙录》，第 1025～1040 页。比较这些重辑的圣传，发现此集与
杜光庭所编的其他圣传和志异集有大量相同的故事，包括《录异记》、
《王氏神仙传》、《集仙录》和《神仙感遇传》（《道藏》第 592 号）
等。参见 Stephen Bokenkamp, "Taoist Literature," in *The Indiana Com-
panion to Traditional Chinese Literature*, p.146；李剑国：《唐五代志怪传
奇叙录》，第 1013～1024 页；Schipper and Verellen, *Taoist Canon*,
p.430。根据其庞大的数量（40 卷 429 则），我推断，《仙传拾遗》可
能是杜光庭这些有关圣传、志异和神仙记述的集大成者，并可能编成
于 923 年后的几年。
④ 此条题为"五真记"，见胡应麟：《少室山房笔丛》卷四三，第 595 页。
⑤ 《太平广记》卷五三，第 327 页；卷三七，第 235 页。

测"韦蒙妻"和"杨敬真"应该同样收于《集仙录》。[1] 合起来，我们共有 18 则现存唐代道教女性圣传（见附表 1）。[2]

附表 1　《集仙录》现存唐代道教女性圣传

名称	故事	主要资料*
王法进	传授灵宝忏仪，天宝（742~756）中升天	《云笈七签》卷 115，第 2547~2549 页；《太平广记》卷 53，第 327 页引《仙传拾遗》
王氏	官员谢良弼之妻，信奉道教，于代宗（762~779）时尸解	《云笈七签》卷 115，第 2549~2450 页
花姑（黄灵微）	重修魏华存祠坛，于玄宗初尸解	《云笈七签》卷 115，第 2550~2552 页
徐仙姑	至少活了 250 岁，以道教法术游化四方	《云笈七签》卷 115，第 2552~2553 页；《太平广记》卷 70，第 435 页引《集仙录》
緱仙姑	活动于晚唐时期，修习苦行，曾战胜佛教僧人	《云笈七签》卷 115，第 2553~2555 页；《太平广记》卷 70，第 435~436 页征引《集仙录》
边洞玄	救济民众和动物，于玄宗朝升天	《云笈七签》卷 116，第 2559~2562 页

[1] 杨莉已指出，《集仙录》包含有"韦蒙妻"一则，但未提供详细的考证，见其《〈墉城集仙录〉版本之考证与辑佚》，《中国文化研究所学报》第 44 期，2004 年，第 317 页。

[2] 杨莉添加"裴玄静"和"戚逍遥"两则，皆出自沈汾所编《续仙传》，见其《〈墉城集仙录〉版本之考证与辑佚》，《中国文化研究所学报》第 44 期，2004 年，第 314 页。在《集仙录》序中，杜光庭的确提到《续神仙传》是其所采用文本之一。然而沈汾是与杜光庭同时代而活跃于长江下游区域的文士，《续仙传》中最迟的记述可考证为 920 年前后（李剑国：《唐五代志怪传奇叙录》，第 998~999 页），几乎与《集仙录》的编撰同时。即使完成时间为 920 年，在五代初期混乱和分裂的局势下，《续仙传》也不太可能如此迅速地从长江下游地区传播至蜀中，并被杜光庭吸收入其集子。另一方面，道士改常约在大历年间（766~779）编纂了一部《续仙传》（陶宗仪编：《说郛三种》卷三四，上海古籍出版社，1988，第 20 页；罗争鸣：《杜光庭道教小说研究》，第 81 页）。杜光庭所采用的《续神仙传》，更可能指的是此部较早的文本。

续表

名称	故事	主要资料*
黄观福	贬谪女仙，在修行道教后，于高宗朝（649~683）重返天界	《云笈七签》卷116，第2559~2563页
阳平治	贬谪女仙，并成为另一位谪仙的妻子，在阳平治当采茶女，后双双返回阳平洞	《云笈七签》卷116，第2563~2564页；《太平广记》卷37，第235页引《仙传拾遗》
神姑（卢眉娘）	顺宗至宪宗朝（805~820）宫女，擅长刺绣，受度为女道士并登仙	《云笈七签》卷116，第2565~2566页；《杜阳杂编》（《四库全书》本）卷二，第2页a~3页a；《太平广记》卷66，第413页引《杜阳杂编》
王奉仙	活动于晚唐时期，修行道教，帮助民众，最终成仙	《云笈七签》卷116，第2566~2569页
薛玄同	活动于晚唐时期，冯徽的妻子，修道成仙	《云笈七签》卷116，第2569~2571页；《太平广记》卷70，第437~438页引《集仙录》
杨正见	慈悯于物，开元（713~741）中登天	《太平广记》卷64，第397~398页引《集仙录》
董上仙	开元中登天	《太平广记》卷64，第398页引《集仙录》
谢自然	修行道教，德宗时（779~804）登天	《太平广记》卷66，第408~413页引《集仙录》
戚玄符	宣宗时（846~859）登天	《太平广记》卷70，第434~435页引《集仙录》
王氏女	王徽的侄女，僖宗时（873~888）登天	《太平广记》卷70，第436~437页引《集仙录》
韦蒙妻许氏	与女儿、女仆于穆宗时（820~824）一同登天	《太平广记》卷69，第431页引《仙传拾遗》
杨敬真	与其他四位女子同日登天，但其后返家以照顾父亲	《太平广记》卷68，第421~424页引《续玄怪录》；《少室山房笔丛》卷27，第16页b引《仙传拾遗》

　　*这些圣传中有不少以删节或摘要的形式收入以下文本：王松年编：《仙苑编珠》（《续修四库全书》本）；陈葆光（活跃于1154年）编：《三洞群仙录》，《道藏》第1248号；赵道一：《历世真仙体道通鉴》，《道藏》第296号；曾慥编：《类说》，文学古籍出版社，1955；《说郛三种》；等等。相关的详细讨论，见李剑国：《唐五代志怪传奇叙录》，第1061~1075页。

三 杜光庭对道教女性形象的重塑

在《集仙录》的序中，杜光庭列举记载古代至当代成仙者故事的各种文献，自称其目标为"纂彼众说，集为一家"。[①] 但他并非单纯地从其他文献复制抄录有关的人物叙述，而是以自己的道教思想和理想中的道教女性形象为依据，对这些文献进行重要的修订甚至重新创作。罗争鸣和柯素芝已经指出杜光庭整合和修改唐以前人物叙述的一些方式，柯锐思对黄灵微的故事也做过出色的比较研究。本节进一步展开考察，将杜光庭修订或重写唐代道教女性叙事的方法概括为四种。

第一种方法是创造全新的形象。例如，在《集仙录》中，王奉仙被描述为道教的圣女。她出身于农民家庭，美若天仙，聪慧明辩。仙女常常自天而降，与她玩耍，不久她也能迅走飞行。在咸通（860～873）中，杜审权任润州刺史，令狐绹（830年进士）任扬州长史，[②] 二人均崇奉王奉仙，邀请她到他们的治所居住。杜审权甚至想要将她举荐给朝廷，但王奉仙剪掉头发进入佛寺，以躲避推荐。她因此而被江南一带的民众称为观音。在一次与高士主父怀杲的争论中，王奉仙将道教比作家庭中的父亲，儒教比作兄长，佛教比作母亲。叛军首领秦彦（？～887）、毕师铎（？～887）等人占领扬州时，强迫王奉仙就范不遂，其后尊奉她为师。在咸通至光启年间（860～888），王奉仙教导民众，"常以忠孝贞正之道、清净俭约之言、修身密行之要"。最终，王奉

---

① 张君房编：《云笈七签》卷一一四，第 2524～2527 页。
② 杜审权在 863 年至 869 年任浙西节度使兼润州刺史，令狐绹在 862 年至 868 年任淮南节度使、扬州长史。见郁贤皓：《唐刺史考全编》卷一三七，第 1868 页；卷一二三，第 1686 页。

仙受度为女道士，居住于洞庭山。光启元年（885），她迁居杭州千顷山，一年之后升仙，年48岁。①

　　然而，杜光庭所描绘的这一幅圣女肖像，却与历史记载大相径庭。在光启三年（887）五月，淮南节度使高骈（？~887）为手下将领毕师铎因禁。毕师铎接着引诱宣州观察使秦彦夺取淮南节度使的职位。九月，唐军包围并攻打扬州。《新唐书》高骈传记载：

　　　　（毕）师铎既败，虑骈内应。有女巫王奉仙谓师铎曰："扬州灾，有大人死，可以厌。"彦曰："非高公邪？"命左右陈赏等往杀之……（秦）彦屡败，军气摧衰，与师铎抱膝相视无它略，更问奉仙，赏罚轻重皆自出。②

《资治通鉴》所载相同：

　　　　（秦）彦与毕师铎出师屡败，疑骈为厌胜，外围益急，恐骈党有为内应者。有妖尼王奉仙言于彦曰："扬州分野极灾，必有一大人死，自此喜矣。"甲戌，命其将刘匡时杀骈，并其子弟甥侄无少长皆死，同坎瘗之……先是，彦、师铎信重尼奉仙，虽战陈日时，赏罚轻重，皆取决焉。至是复咨于奉仙曰："何以取济？"奉仙曰："走为上策！"乃自开化门出奔东塘。③

类似的记载亦见于《册府元龟》《白孔六帖》《十国春秋》

---

① 张君房编：《云笈七签》卷一一六，第2566~2569页。
② 《新唐书》卷二二四，第6402~6403页。
③ 《资治通鉴》卷二五七，第8362~8364页。

等书。① 这些一致的历史记载告诉我们，在扬州叛乱期间，王奉仙就在城中，并为叛军将领毕师铎、秦彦所尊奉；她教唆二人杀死前节度使高骈（"大人"指高骈，因为他是前任节度使，城中的最高长官）及其全家。

这些材料中记载的王奉仙是否有可能为另一位同名之人？答案是否定的，因为两位主人公在时间、地点和经历上有太多一致的地方：都生活在懿宗和僖宗时期，活跃于长江下游地区，在887年都在扬州且为叛军将领秦彦和毕师铎尊奉为师。在《集仙录》的记载中，王奉仙是个游方的修道者，曾在佛寺居住；至晚年时（887年之后的某个时间）才受度为女道士。这就解释了为何史书记载有时称她为"妖尼"，有时称她为"女巫"。

通过与众多史书记载的比较，可以清楚地观察杜光庭对王奉仙形象的重塑。杜光庭将与叛军将领沆瀣一气、冷血地教唆杀人的王奉仙，改造成圣女的形象，表现出道教和儒家理想的人格特征——如同女神一样美丽聪慧，融合道、儒、释三教，宣传和实践儒家的道德标准和道教的完美典范，并借用了上清道的神灵降示故事。此处杜光庭的目的非常清楚：一方面，他通过这一新形象表达融合三教的观念；另一方面，由于此则圣传同时收入《王氏神仙传》，② 杜光庭的重塑为王氏家族增添了一位善良高尚的女道士仙人，并为前蜀的女性统治者树立了一个良好的榜样。

杨正见的形象也是杜光庭的重新创造。在《集仙录》的叙事中，杨正见聪慧而慈悲，孩童时就接受道教清静无为的观念。15岁时，杨正见嫁入王家。一次，她在为客人准备晚

---

① 王钦若等编：《册府元龟》卷九四二，中华书局，1960，第16页b；白居易、孔传：《白孔六帖》卷三三，第16页a；吴任臣：《十国春秋》卷一，第4页。

② 收《三洞群仙录》卷四，《道藏》第1248号，第403页b～404页a。

饭时不忍心杀鱼，因为害怕被公婆责罚而离开家庭。她去到蒲江地区的一座山上，跟随一位女道士学习。后来杨正见发现并服食一株人形灵芝，于是变得非常美丽。仙人常常降临她的房间，与她讨论天界的事情。一年后，在开元二十一年（733），杨正见白日升仙。①

然而，宋代的《临邛图经》却记载了一则完全不同的故事：

> 杨正见，乡民杨宠之女，年三十无家。开元时入蒲江长秋山修炼，垦田艰水，忽见白牛语曰："我伏地下，有神水，可穿丈余得水。"正见如其言，果有涌泉。后得道上升。羽士赵仙甫以事闻进。②

在这一记载中，杨正见从未婚配，而是开垦荒地，并在一头神奇的牛的帮助下挖掘出一口水井浇灌土地，为她在山中的修道生活提供支持。故事发生在同一时期（开元年间）、同一地点（四川蒲江地区），结局也相同（升天），因此故事的主人公应是同一人。尽管这一记载保存在较晚的文献中，但如同在地方志中经常看到的那样，它很可能基于较早的记载，而且其简单的情节也显示出这应是较原始的故事。而《集仙录》叙事中那些熟悉而复杂的主题，诸如慈悲悯物、幼年信道、神灵降示、美丽的仙姿等，告知我们这个故事应该也是杜光庭的重新创作。

杜光庭修改道教女性形象的第二种方法，是凭借增加大段故事内容和赋予她们新的美德，从而将她们理想化。一个典型的例子是他对边洞玄故事的踵事增华。《太平广记》引

---

① 《太平广记》卷六四，第 397 ~ 398 页。
② 曹学佺：《蜀中广记》卷七四，第 21 页 a 引。

戴孚（757 年进士）所编《广异记》的"边洞玄"条，称
边洞玄是冀州枣强县（今河北枣强）的女道士，修习辟谷和
服食丹药等达 40 年之久，至开元末已届 84 岁高龄。在吞服
一位老人赐予的丹药后，她身体变轻。与弟子们最终告别
后，边洞玄在冀州刺史源复及其手下官员和地方民众的见证
下，白日升天。①

　　根据历史文献，源复在开元二十七年（739）担任冀州
刺史，②并确曾上表玄宗报告边洞玄飞升之事。其后玄宗下
了一道《敕冀州刺史源复边仙观修斋诏》，诏书中称：

　　　　彼之女道，丹台真人，白日上升，五云在御。不图
　　好道，遂有明征，深为喜慰。卿为旧相之子，家上元
　　［玄］元，能叶心志。自兹目视，果成朕愿……今因奏
　　使回，便付少物。卿可于观所，宜修斋行道，以达朕
　　意也。③

玄宗表扬源复，并命他在边洞玄曾经居住的道观修设道教斋
仪。后来，这份诏书被刻在观中竖立的一块石碑上。④

　　从玄宗的诏书中可以推测，源复的上表应以边洞玄的升

---

① 《太平广记》卷六三，第 392 页。参见 Glen Dudbridge, *Religious Experi-
　 ence and Lay Society in T'ang China: A Reading of Tai Fu's Kuang-i chi*
　 (Cambridge: Cambridge University Press, 1995), p.178。
② 郁贤皓：《唐刺史考全编》卷一〇七，第 1498 页。
③ 《全唐文》卷三二，第 363 页 a～363 页 b。宋代的《宝刻类编》（卷
　 一，第 5 页）和朱长文的《墨池编》（《四库全书》本，卷六，第 66 页
　 b）都记载了这一当时依然可见到的诏令的铭文。
④ 孙承泽（1592～1676）在《春明梦余录》中记载："唐紫阳观碑，玄
　 宗御制，在涿州，道士边洞玄修真成仙于此。"（卷六七，第 1287 页）
　 《畿辅通志》亦有相似记载："唐边洞玄，枣强人，自幼于紫云观出家
　 修行，后得道，白日上升。唐玄宗御制词褒扬之，碑刻尚存于观。"见
　 田易等：《畿辅通志》卷八五，第 14 页 b。

天为中心。此外，宋代书目《秘书省续编到四库阙书目》记载了一个题为《边洞玄升天记》的文本，① 根据题目可知其主要内容应是叙述边洞玄升天的故事。《广异记》的编者戴孚在 757 年登进士第，与边洞玄升天故事的发生时间相近，他对边洞玄的记述，可能即以源复的上表、玄宗的碑铭以及《边洞玄升天记》等文献为基础。②

边洞玄服食仙丹而升天的简单故事，后来被杜光庭极大地加以丰富。在《集仙录》中，边洞玄成为一个仁慈善良的人，"幼而高洁敏慧，仁慈好善"。她总是救助生命垂危的小动物，喂养饥饿的禽鸟，履行儒家倡导的孝顺的家庭伦理，并作为技术熟练的织女而努力工作。父母过世后，边洞玄进入道观，但仍继续纺织劳作，用自己的手工制品换取食物，然后在饥荒发生时用这些食物救济小动物和民众。边洞玄对丹药的热爱和最终成仙等情况依旧保存在新的叙事中，但杜光庭再次增添了一些曲折的情节：在离世升天之前，边洞玄没有忘记飞去京城，向玄宗告别，尽管玄宗自己在诏书中完全没有提及这一奇迹。③ 于是在杜光庭的笔下，边洞玄成为一位道教圣女，她修养自己的道教信仰、儒家道德及佛教慈悲，具有忠诚、孝顺、慈悯、高洁等品行。柯锐思和柯素芝指出，阴德是杜光庭最喜欢的主题之一。④ 于是我们看到杨正见救鱼、边洞玄救小动物，对动物的慈悲之心是道教对佛教伦理的借鉴。

---

① 《秘书省续编到四库阙书目》卷二，第 31、34 页；Loon, *Taoist Books*, p. 165。

② 此文本或由王端所撰，因为杜光庭在传末云："仍敕校书郎王端敬之为碑以纪其神仙之盛事者也。"张君房编：《云笈七签》卷一一六，第 2562 页。

③ 张君房编：《云笈七签》卷一一六，第 2562 页。

④ Kirkland, "Huang Ling-wei," 67；Cahill, *Divine Traces of the Daoist Sisterhood*, pp. 150 – 51.

　　谢自然的圣传是杜光庭第二种修改方法的又一个例子。
这个故事的原始资料可能是士大夫李坚（741～799）的《东
极真人传》。[①] 李坚在 793 年至 795 年担任果州刺史，并自称
在 794 年目睹谢自然升仙。他上表德宗报告此事，德宗回复
两封信，一封给李坚，另一封给当地民众。这些信件被镂刻
碑铭，保存至今。[②] 信件中只提到谢自然的白日升仙，并没
有一字谈及她是如何从事道教修炼的。

　　李坚还撰写一篇《东极真人传》，为谢自然作传。[③] 此
传虽已不存，但有几首唐代文人的诗篇可能就是以之为基础
而撰写的。例如，韩愈的著名诗篇《谢自然诗》，细致地描
述谢自然的升仙，但未提及她的道教修炼。[④] 李翔可能生活
于晚唐时期，他的诗篇《题金泉山谢自然传后》，[⑤] 可能指
的就是李坚所撰的圣传。这首诗再次生动地描述出谢自然的
升天故事，但同样未提及她的道教修炼。这两首诗很可能揭
示出李坚所述谢自然故事的主要内容。

　　另一方面，杜光庭《集仙录》中的谢自然圣传非常冗长，
极其详细地描述她在升仙前的道教修炼过程。谢自然出身于
士人家庭，孩童时母亲曾两次送她跟从佛教尼师学习，但她
皆请求返回。她接着请求母亲让她住到大方山山顶，那里有

---

① 此文本著录于《新唐书》卷五九《艺文志》，第 1524 页；郑樵：《通
志二十略》卷六七，第 1615 页。

② 龙显昭、黄海德编：《巴蜀道教碑文集成》，第 34～35 页。王象之
（1196 年进士）在其《舆地碑记目》（《丛书集成初编》本，卷四，第
98 页）中记载这一碑文。

③ 《舆地碑记目》记载鹤栖山上的一方碑文："其大略云，唐贞元十年，
岁在甲戌，果州女子谢自然白日升仙，刺史李坚以状闻，又为之传。"

④ 魏仲举编：《五百家注昌黎文集》（《四库全书》本）卷一，第 40 页 b～
41 页 b。

⑤ 敦煌写本，伯 3866；亦收于陈尚君辑校：《全唐诗补编》，第 58～59
页。参见深泽一幸：《仙女谢自然的诞生》，兴膳教授退官纪念中国文
学论集编集委员会编：《兴膳教授退官纪念中国文学论集》，汲古书
院，2000，第 424～425 页。

一尊老子像。她经常诵读《道德经》和《黄庭经》，并在 14 岁时开始修习辟谷实践，在当年停止吃谷物，转而每日仅服食柏叶。七年之后，她停止服食柏叶，在接下来的两年中甚至停止喝水。787 年，道士程太虚为之受度。然而，刺史韩佾和谢自然的父亲不相信她的辟谷是真的，两次将她长时间关起来，但她最终以自己健康而美丽的外貌和举止让他们信服。

在谢自然飞升前一年，动物、神灵、仙人、天界使者的灵应现象开始出现。794 年，也就是她飞升那一年，西王母三次降见于她，赐予丹药、桃子和符箓，为她最后的飞升制定日程。升天之前，谢自然向李坚长篇宣道，教给他非常全面而"专业"的道教修炼方法，包括如何礼拜尊像、诵读经书、行善、演奏道教音乐、传播道教艺术、辟谷、服食丹药、练习吐纳之法等。最后，到了谢自然升仙之际，《集仙录》仅用一两句话进行描述。

在将《集仙录》的圣传与有关谢自然故事的唐人诗篇进行对比后，深泽一幸指出，李坚所撰谢自然传中，谢自然的升仙部分可能比道教修炼部分要更为详细，而杜光庭的记述则正好相反。[①] 这个观察很有见地。西王母三次降临以及制定谢自然的升仙日程，尤其符合《集仙录》中王母为所有女仙的先祖和宗族首领的中心主题和结构。有关道教修炼的全面而"专业"的长篇演讲，也更像是出自杜光庭这样的道教理论家之手。

此外，在杜光庭的另一部著作《历代崇道记》中，西王

---

① 深泽一幸：《仙女谢自然の诞生》，《兴膳教授退官纪念中国文学论集》，第 411～429 页。沈汾的《续仙传》有一则关于谢自然的记述，讲述了一个大不相同的故事，其中谢自然成为道教上清宗师司马承祯的弟子（《道藏》第 295 号，卷一，第 16～19 页）。由于司马承祯在谢自然之前很久已逝世，因此这一故事显然是另一种再创造。见深泽一幸：《仙女谢自然の展开》，《言语文化研究》第 27 期，2001 年，第 233～254 页。

母与谢自然相见以及谢自然的最终成仙，被描述为是受老君（即老子）之命，而老君正是唐代皇室所宣称的始祖。[1] 这部较早的作品在 885 年进呈唐僖宗，其目的为"宣布在李氏祖先老君的庇佑之下，大唐皇室获得神圣的复兴"。[2] 然而，由于《集仙录》是献给唐代覆灭后的前蜀王氏家族的，因此杜光庭删去了老君的命令，转而宣称"上界王母最尊"。此次杜光庭不仅回避前朝的神圣始祖，而且还大力鼓吹王氏家族神圣的母系祖先。在这里，杜光庭依据自己的目的而改编谢自然故事的做法分外明显。

杜光庭在《集仙录》中改变圣传的第三种方法，是收录唐代文人所写的故事和文本，但对之进行细微而重要的改写。例如，柯锐思指出，题为《华姑》的黄灵微圣传以颜真卿的《南岳夫人魏夫人仙坛碑铭》为基础。[3] 而颜真卿的碑文则是根据道士蔡玮所撰的圣传而写成。蔡玮所作圣传原本收入其受玄宗之命而编纂的《后仙传》中。[4] 因此，颜真卿的碑文实际上也是一篇圣传，并非真正的碑志和人物传记。由于颜真卿的碑文是黄灵微圣传的源头，因此杜光庭基本上沿用此碑，但仍然忍不住增加几个段落，例如下面这一段：

> 不知何许人也。自唐初往来江浙湖岭间，名山灵洞，无所不造。经涉之处，或宿于林野，即有神灵卫之。人或有不正之念，欲凌侮者，立致颠沛。远近畏而

① 杜光庭：《历代崇道记》，《全唐文》卷九三三，第 9718 页 b；《道藏》第 593 号，第 20 页 b。

② Franciscus Verellen, "A Forgotten T'ang Restoration: The Taoist Dispensation after Huang Ch'ao," *Asia Major* (Third Series) 7, No. 1 (1994): 107 – 53.

③ 颜真卿：《颜鲁公集》卷九，第 1 页 a～7 页 a。颜真卿撰有另一篇有关黄灵微的碑文，题为《抚州临川县井山华姑仙坛碑铭》（《颜鲁公集》卷九，第 7 页 a～9 页 b），但杜光庭未引此篇。

④ 《全唐文》卷三四〇，第 21 页 b。见 Kirkland, "Huang Ling-wei," 60。

敬之，奉事之如神明矣。①

正如柯锐思所指出，杜光庭"似乎隐藏黄灵微的地理背景，以使她变得更加神秘而令人敬畏"。② 这一增添强化黄灵微精神的、超自然的方面。另一个新段落插入于黄灵微嘱咐弟子关于自己的葬事安排之前，自称："吾仙程所促，不可久住。"③ 这一预示用来说明她知道自己的死亡时间，这是成仙的一个陈套标志。

　　第三种方法的另一个例子是卢眉娘的故事。此故事抄自苏鹗的《杜阳杂编》，④ 但《杜阳杂编》的故事又基于罗浮山文士李象先所撰《庐逍遥传》，因此其本源也是一篇圣传。⑤ 在《集仙录》中，杜光庭删去原传中有关眉娘刺绣技艺的详细描写，但增添一些她成为女道士之后发生的奇异事件："数年不食，常有神人降会。"⑥ 此处杜光庭又一次增添他最喜爱的两个主题：道教辟谷实践和上清降神故事。

　　最后，杜光庭甚至用改变传主性别的第四种方法来修改圣传，以此增加女仙的数量。例如，在《太平广记》中，王法进的故事被收录于男性仙人的篇章中。这则故事引自杜光庭的另一部著作《仙传拾遗》，但整个故事几乎与《集仙录》的记述一模一样。《三洞群仙录》则从同是杜光庭著作的《王氏神仙传》中引录王法进的故事，但有较大删节。⑦ 三个版本均未明确点出王法进的性别，唯一有可能相关的证

---

① 张君房编：《云笈七签》卷一一五，第 2550 页。
② Kirkland, "Huang Ling-wei," 66.
③ 张君房编：《云笈七签》卷一一五，第 2551 页。
④ 苏鹗：《杜阳杂编》（《丛书集成初编》本）卷二，第 11 页；亦见《太平广记》卷六六，第 413 页所引。
⑤ 苏鹗《杜阳杂编》的故事末尾注明这一出处。
⑥ 张君房编：《云笈七签》卷一一六，第 2565 页。
⑦ 《三洞群仙录》卷四，第 403 页 b ~ 404 页 a，见李剑国：《唐五代志怪传奇叙录》，第 1059 页。

据是王法进年幼时，其父母请一位女道士加以保护。但在此
故事中，也有证据显示王法进可能是男性。如记王法进初入
天界时，上帝预言王法进"当为无上侍童，入侍天府"。①
尽管"童"也可以意指"孩童""少年"，可以用在女孩身
上，但当话及上帝侍从时，类似的记述往往清楚地区分为
"侍童"和"侍女"。例如，《集仙录》的黄观福传中，黄观
福自称"上清侍女"，称呼另外两位女仙为"玉皇侍女"和
"大帝侍晨女"。② 因此，王法进传中的"侍童"指示其应为
男性。一个可能的解释是，杜光庭吸收较早的记载，并在故
事开头增加一位女道士作为王法进的师父，以此暗示王法进
是女性，但后来却忘记修改故事中的"侍童"一词。无论如
何，由于这一记载也包含在《王氏神仙传》里，杜光庭有可
能刻意改变王法进的性别，以此为王氏家族增加一位善良慈
爱的女道士仙人。

四　结语

大约在923年前后，杜光庭编撰《集仙录》，并将之与
《王氏神仙传》一起呈献前蜀统治者。《王氏神仙传》的结
构展示出作为前蜀统治家族的王氏的神圣父系祖先谱系，而
《集仙录》的结构则可作为王氏的神圣女性谱系和母系祖先
谱系。这两部著作共同构成一个神圣的血统网络，将前蜀的
男性和女性统治者与两个神圣谱系交织在一起。尽管这一政
治意图可能是编纂《集仙录》的最初动力，但杜光庭完成此
书时心中还怀有其他宗教动机。

对《集仙录》中现存18篇唐代道教女性圣传的考察表

---

① 《太平广记》卷五三，第327页；张君房编：《云笈七签》卷一一五，
第2548页。
② 张君房编：《云笈七签》卷一一六，第2563页。

明，杜光庭整合较早的唐代道教女性的历史传记和圣传资料，并根据自己有关道教女性的理想形象的观念，以多种方法重塑或改写她们的形象。杜光庭为原始资料所添加的最常见主题和要素包括：

（1）美如天仙的容貌和永驻的青春；

（2）表现出神奇的迹象，具有超自然的能力和属性；

（3）与西王母的宗教和祖统的关联；

（4）与上清降神的想象相关联；

（5）运用道教技术进行自我修炼，包括辟谷、服丹、吐纳、诵经等，最终达致飞升成仙；

（6）积累对于他人和动物的阴德和善功，将传统的道德观念与道教和佛教的伦理观念相融合，并突出强调忠孝等儒家价值观念。

这些主题与杜光庭重整道教的仪式、实践、信仰和传统，以及融合道、儒、佛三教的宏伟工程是一致的。[①]

因此，对于《集仙录》中的唐代道教女性圣传，使用时需要格外谨慎，不能将它们作为有关传主的生平事迹和宗教实践的实际历史记录。这部著作的真正价值不在于为研究中古道教女性提供原始资料，而在于体现杜光庭对她们在道教传统和社会中的角色和位置的反思，展示他融合道教自我修炼、儒家价值观及佛教伦理观以塑造女道士的理想角色典范的工程。

---

① 作为首部女道士圣传，《集仙录》的编撰可能受到梁代释宝唱所撰首部女佛教徒圣传《比丘尼传》的启发。见释宝唱撰，王孺童校注：《比丘尼传校注》，中华书局，2006；Kathryn Ann Tsai, *Lives of the Nuns: Biographies of Chinese Buddhist Nuns from the Fourth to Sixth Centuries* (Honolulu: University of Hawaii Press, 1994)。

参考文献

一　碑文

《白云先生坐忘论》，缪荃荪（1844～1919）编：《艺风堂拓片》，《道家金石略》，北京大学图书馆，第 176 页。

蔡玮：《唐东京道门威仪使圣真玄元两观主清虚洞府灵都仙台贞玄先生张尊师遗烈碑铭》，《道家金石略》，第 136～137 页。

_____：《玉真公主朝谒谯郡真源宫受道王屋山仙人坛祥应记》，《道家金石略》，第 139～140 页。

_____：《玉真公主受道灵坛祥应记》，《道家金石略》，第 139～140 页。

岑文本（595～645）：《唐京师至德观法主孟法师碑铭》，陆耀遹编：《金石续编》卷四，第 16 页 a～19 页 b。

崔格：《故东都安国观大洞王炼师墓铭并序》，乔栋、李献奇、史家珍编：《洛阳新获墓志续编》，第 252 页。

《大唐故婕妤上官氏墓志铭并序》，李明、耿庆刚：《大唐故婕妤上官氏墓志笺释》，《考古与文物》2013 年第 6 期，第 111～144 页。

《大唐麟趾观三洞大张法师墓志》，《唐代墓志汇编》，第 1165～1166 页。

《大唐王屋山仙人［阙七字］玉真公主［阙字］碑铭并序》，

《道家金石略》，第 144～145 页。

《大唐云居寺石经堂碑》，《房山石经题记汇编》，第 9 页。

戴璇、刘同升：《大唐圣祖玄元皇帝灵应颂》，朱象山编：
　　《古楼观紫云衍庆集》，《道藏》第 19 号。

戴黄：《唐故颖川陈府君夫人上谷侯氏墓志铭并序》，《唐代
　　墓志汇编续集》，第 1055～1056 页。

丁居主：《唐故鄂州司士参军支府君墓志铭并序》，罗振玉
　　编：《芒洛冢墓遗文续编》卷一九，第 14085 页。

独孤及（725～777）：《唐故扬州庆云寺律师一公塔铭》，
　　《全唐文》卷三九〇，第 1 页 b。

冯铖：《唐女真长乐冯氏墓志铭》，齐运通编：《洛阳新获七
　　朝墓志》，第 365 页。

符载（活跃于 780～820 年）：《庐山故女道士梁洞微石碣
　　铭》，《全唐文》卷六九一，第 1 页 b～2 页 a。

《故上都至德观主女道士元尊师墓志文》，《唐代墓志汇编续
　　集》，第 729～730 页。

李德裕（787～850）：《唐茅山燕洞宫大洞炼师彭城刘氏墓志
　　铭并序》，《唐代墓志汇编》，第 2303～2304 页。

———：《滑州瑶台观女真徐氏墓志铭并序》，《唐代墓志
　　汇编》，第 2114 页。

———：《三圣记碑》，《道家金石略》，第 175 页。

李敬彝：《大唐王屋山上清大洞三景女道士柳尊师真宫志
　　铭》，《唐代墓志汇编》，第 2201～2012 页；《道家金石
　　略》，第 176～177 页。

李隆基（唐玄宗，685～702 年在位）：《敕冀州刺史原复边
　　仙观修斋诏》，《全唐文》卷三二，第 363 页 a～b。

———：《开元圣文神武皇帝注道德经敕》，《道家金石
　　略》，第 118 页。

李茂升：《唐故炼师钱氏墓志铭并序》，胡戟、荣新江主编：

《大唐西市博物馆藏墓志》，北京大学出版社，2012，第
1018～1019页。

李商隐（813？～858？）：《梓州道兴观碑铭并序》，《全唐
文》卷七七九，第22页b～27页b。

李史鱼（706～761）：《大燕圣武观故女道士马凌虚墓志
铭》，《唐代墓志汇编》，第1724页。

李适（唐德宗，779～805年在位）：《敕果州女道士谢自然
白日飞升书》，龙显昭、黄海德编：《巴蜀道教碑文集
成》，第34页。

————：《敕果州刺史手书》，龙显昭、黄海德编：《巴蜀
道教碑文集成》，第34～35页。

李邕（678～747）：《五台山清凉寺碑》，《全唐文》卷二六
四，第6页a～8页a。

令狐楚（766？～837）：《大唐回元观钟楼铭并序》，存于西
安碑林博物馆；樊光春：《陕西新发现的道教金石》，
《世界宗教研究》1993年第2期，第103～104页。

刘从政：《大唐故道冲观主三洞女真吕仙师志铭并序》，乔栋、
李献奇、史家珍编：《洛阳新获墓志续编》，第219页。

柳默然：《薛元君升仙铭》，《道家金石略》，第176～177页。

锐灿：《大唐荷恩寺故大德法津禅师铭并序》，赵力光编：
《西安碑林博物馆新藏墓志汇编》，第616～618页。

上海书画出版社编：《灵飞经小楷墨迹》，上海书画出版社，
2000。

师学：《龙鹤山成炼师植松柏碑》，陈尚君辑校：《全唐文补
编》卷三六，第442页。

《松柏山碑记》，曹学佺：《蜀中广记》卷一二，第28页a。

宋若宪（？～835）：《唐大明宫玉晨观故上清太洞三景弟子
东岳青帝真人田法师玄室铭并序》，《唐代墓志汇编续
集》，第893页。

宋申锡（760~834）：《大唐内学士广平宋氏墓志铭并序》，
赵力光、王庆卫：《新见唐代内学士尚宫宋若昭墓志考
释》，《考古与文物》2014年第5期，第102~108页。

《唐故清河张氏女殇墓志铭》，《道家金石略》，第169~170页。

《唐故太原郡帝喾之苗曳阎嵩之后阎府君讳力皇朝赠朝散大
夫忠王友故太夫人王氏开元廿八年八月五日恩制内度太
平观女道士讳紫虚墓志铭并序》，《唐代墓志汇编续
集》，第656页。

《唐故银青光禄大夫国子祭酒上柱国魏郡开国公驸马都尉裴公
墓志铭并序》，刘连香：《唐中宗睿宗驸马裴巽墓志考
略》，《洛阳师范学院学报》2004年第3期，第9~12页。

王衮：《唐故太中大夫殿中少监致仕骑都尉琅耶王公故夫人
乐安郡太君蒋氏玄堂志》，《唐代墓志汇编续集》，第
879~880页。

王颜：《中条山靖院道堂铭并序》，《道家金石略》，第169页。

徐峤：《大唐故金仙长公主志石铭并序》，《唐代墓志汇编》，
第552~553页。

_____：《大唐故金仙长公主神道碑铭并序》，王昶
（1725~1807）编：《金石萃编》，《石刻史料新编》本，
第1337页b~1340页a；《道家金石略》，第118~120
页；《全唐文》卷二六七，第9页b~11页a。

严轲：《唐故女道士前永穆观主能师铭志并序》，陈尚君辑
校：《全唐文补编》卷六七，第815页。

杨杰：《昭德观记》，陈霖编：《南康府志》卷八，第42页a~
43页b。

杨行进等编：《南竺观记》，龙显昭、黄海德编：《巴蜀道教
碑文集成》，第30~31页。

姚骥：《大唐荷恩寺故大德敕谥号法津禅师墓志铭并序》，赵
力光编：《西安碑林博物馆新藏墓志汇编》，第524~

528 页。

叶法善（616～720）：《玉真公主朝谒谯郡真源宫》，《道家金石略》，第 139～140 页。

翟约：《大唐五通观威仪兼观主冯仙师墓志铭并序》，《唐代墓志汇编续集》，第 814 页。

张安时：《清河张氏女殇墓志铭并序》，《道家金石略》，第 169～170 页。

张鼎：《大唐故梁国夫人贺氏墓志铭并序》，胡戟、荣新江主编：《大唐西市博物馆藏墓志》，第 487～489 页。

张渐：《皇第五孙女墓志铭并序》，《唐代墓志汇编》，第 21～22 页。

张冏：《唐故九华观书□师藏形记》，《唐代墓志汇编续集》，第 795 页。

张令晖：《室人太原王氏墓志铭并序》，《唐代墓志汇编续集》，第 568 页。

赵承亮：《唐故内玉晨观上清大洞三景法师赐紫大德仙宫铭并序》，《唐代墓志汇编续集》，第 906 页。

赵璘：《唐故处州刺史赵府君墓志》，《唐代墓志汇编》，第 2394 页。

赵迁：《大唐故大德赠司空大辨正广智不空三藏行状》，《大正新修大藏经》第 2056 号，第 292 页 a～294 页 c。

郑履谦：《唐故许州扶沟县主簿荣阳郑道妻李夫人墓志文》，《唐代墓志汇编》，第 1078～1079 页。

郑畋：《唐故上都龙兴观三洞经箓赐紫法师邓先生墓志铭》，《全唐文》卷七六七，第 7981 页。

支谟：《唐鸿胪卿致仕赠工部尚书琅耶支公长女炼师墓志铭并序》，《唐代墓志汇编》，第 2393 页。

《坐忘论》，刻于"有唐贞一先生庙碣"的石碑阴面，存于河南济源济渎庙。

二 其他原始资料

白居易（772～846）:《上元日叹道文》，朱金城笺校:《白居易集笺校》卷五七，第 3284～3285 页;《全唐文》卷六七七，第 12 页 b。

_____ :《与元九书》，朱金城笺校:《白居易集笺校》卷四五，第 2789～2806 页;《全唐文》卷六七五，第 1 页 a～9 页 a。

_____ :《买花》，朱金城笺校:《白居易集笺校》卷二，第 96 页;《全唐诗》卷四二五，第 4676 页。

_____ 撰，朱金城笺校:《白居易集笺校》，上海古籍出版社，1988。

白居易、孔传（活跃于 1131～1162 年）:《白孔六帖》，《四库全书》本。

白履忠（号梁丘子，活跃于 722～729 年）:《黄庭内景玉经注》，《道藏》第 402 号。

宝唱撰，王孺童校注:《比丘尼传校注》，中华书局，2006。

《宝刻类编》，《丛书集成初编》本。

北京图书馆编:《北京图书馆藏历代石刻拓本汇编》，郑州古籍出版社，1989。

北京图书馆金石组、中国佛教图书文物馆石经组编:《房山石经题记汇编》，书目文献出版社，1987。

Bibliothèque nationale（France），Département des manuscrits. *Catalogue des manuscrits chinois de Touen-Houang，Fonds Pelliot chinois de la Bibliothèque nationale*. Paris: Bibliothéque nationale，1970－2001.

曹学佺（1574～1647）编:《蜀中广记》，《四库全书》本。

曹晔:《老圃堂》，《全唐诗》卷五九三，第 6881 页（亦归属于薛能，《全唐诗》卷五六一，第 6511 页）。

晁公武撰，孙猛校证：《郡斋读书志校证》，上海古籍出版社，1990。

陈葆光（活跃于 1154 年）：《三洞群仙录》，《道藏》第1248 号。

陈霖编：《南康府志》，正德（1506~1521）本。

陈尚君辑校：《全唐诗补编》，中华书局，1992。

陈尚君辑校：《全唐文补编》，中华书局，2005。

陈思：《宝刻丛编》，《四库全书》本。

陈田夫：《南岳总胜集》，《大正新修大藏经》第 2097 号。

陈文华校注：《唐女诗人集三种》，上海古籍出版社，1984。

陈耀文（1550 年进士）：《花草粹编》，《四库全书》本。

————：《天中记》，《四库全书》本。

陈应行：《吟窗杂录》，中华书局，1997。

陈垣编纂：《道家金石略》，文物出版社，1985。

陈振孙（？~1261?）：《直斋书录解题》，武英殿聚珍本。

陈直、邹铉编：《寿亲养老新书》，《四库全书》本。

储光羲（706?~763）：《玉真公主山居》，《全唐诗》卷一三九，第 1418 页。

《存神炼气铭》，《道藏》第 834 号。

戴孚（757 年进士）：《边洞玄》，《广异记》，《太平广记》卷六三，第 392 页。

戴叔伦（732?~789?）：《赠康老人洽》，《全唐诗》卷二七四，第 3112 页。

丹波康赖（912~995）撰，槙佐知子注：《医心方》，筑摩书房，1993。

道安（312~385）：《二教论》，道宣编：《广弘明集》，《大正新修大藏经》第 2103 号，第 136 页 b~143 页 c。

《道门经法相承次序》，《道藏》第 1128 号。

道宣（596~667）：《集古今佛道论衡》，《大正新修大藏经》

第 2104 号。

_____：《广弘明集》，《大正新修大藏经》第 2103 号。

《道藏》，文物出版社、上海书店出版社、天津古籍出版社，1988。

丁光迪主编：《诸病源候论校注》，人民卫生出版社，1991。

丁汝明编：《开元天宝遗事十种》，上海古籍出版社，1985。

董诰（1740～1818）等编：《全唐文》，中华书局，1983。

董斯张（1586～1628）：《广博物志》，《四库全书》本。

《洞玄灵宝定观经注》，《道藏》第 400 号。

独孤霖（活跃于 859 年）：《九月一日玉晨观别修功德叹道文》，《全唐文》卷八〇二，第 3 页 b～4 页 a。

_____：《七月十一日玉晨观别修功德叹道文》，《全唐文》卷八〇二，第 3 页 b。

_____：《玉晨观祈雨叹道文》，《全唐文》卷八〇二，第 5 页 a～b、5 页 b～6 页 a。

杜光庭（850～933）：《墉城集仙录》，《道藏》第 783 号；《云笈七签》卷一一四至卷一一六。

_____：《历代崇道记》，《全唐文》卷九三三，第 9718 页 b；《道藏》第 593 号。

_____：《道德真经广圣义》，《道藏》第 725 号。

_____：《天坛王屋山圣迹记》，《全唐文》卷九三四，第 3 页 b～9 页 a。

段成式（803～863）：《酉阳杂俎》，中华书局，1981。

俄罗斯科学院东方研究所圣彼得堡分所、俄罗斯科学出版社东方文学部、上海古籍出版社编：《俄罗斯科学院东方研究所圣彼得堡分所藏敦煌文献》，上海古籍出版社，1992。

范晔（398～445）：《后汉书》，中华书局，1965。

房千里（活跃于 840 年）：《杨娼传》，《太平广记》卷四九一，第 4032 页。

房玄龄（579~648）等编：《晋书》，中华书局，1974。

封敖（815 年进士）：《立春日玉晨观叹道文》，《全唐文》
　　卷七二八，第 16 页 a~b。

————：《庆阳节玉晨观叹道文》，《全唐文》卷七二八，
　　第 15 页 a~b。

————：《宪宗忌日玉晨观叹道文》，《全唐文》卷七二八，
　　第 15 页 b~16 页 a。

冯梦龙（1574~1646）撰，魏同贤编：《冯梦龙全集》，江
　　苏古籍出版社，1993。

傅璇琮、陈尚君、徐俊编：《唐人选唐诗新编》（增订本），
　　中华书局，2014。

阜阳汉简整理组：《阜阳汉简万物》，《文物》1988 年第 4 期，
　　第 36~47、54 页。

高濂（活跃于 1573~1620 年）：《遵生八笺》，人民卫生出
　　版社，2007。

高楠顺次郎、渡边海旭编：《大正新修大藏经》，大正一切经
　　刊行会，1924~1932；重印，新文丰出版公司，1983~
　　1985。

高适（704?~765?）：《玉真公主歌》，《全唐诗》卷二一四，
　　第 2242~2243 页。

高彦休（854~?）：《阙史》，《四库全书》本。

高仲武编：《中兴间气集》，傅璇琮、陈尚君、徐俊编：《唐
　　人选唐诗新编》（增订本）。

郭霭春编著：《黄帝内经素问校注语译》，天津科学技术出版
　　社，1981。

郭茂倩（活跃于 1084 年）编：《乐府诗集》，中华书局，1979。

郭庆藩（活跃于 1894 年）编：《庄子集释》，中华书局，1961。

韩愈（768~825）：《谢自然诗》，《五百家注昌黎文集》卷一，

第 40 页 b~41 页 b。

_____：《华山女》，《全唐诗》卷三四一，第 3823 ~ 3824 页。

何光远（活跃于 938~964 年）：《鉴戒录》，《四库全书》本。

何宁：《淮南子集释》，中华书局，1998。

胡戟、荣新江主编：《大唐西市博物馆藏墓志》，北京大学出版社，2012。

胡守为校释：《神仙传校释》，中华书局，2010。

胡愔：《黄庭内景五脏六腑补泻图》，《道藏》第 432 号。

_____：《黄庭内景五脏六腑图》，《修真十书》，《道藏》第 263 号。

胡应麟（1551~1602）：《少室山房笔丛》，中华书局，1958。

_____：《诗薮》，上海古籍出版社，1979。

胡震亨编：《唐音统签》，《续修四库全书》本。

胡震亨（1569~1645）：《唐音癸签》，上海古籍出版社，1981。

《淮南万毕术》，《丛书集成初编》本。

黄奭（1809~1853）编：《礼斗威仪》，《黄氏遗书考》第 55 册，江苏广陵古籍刻印社，1984。

黄永武编：《敦煌宝藏》，新文丰出版公司，1981~1986。

黄周星：《唐诗快》，1687 年刊本。

《黄庭遁甲缘身经》，《道藏》第 873 号。

《黄庭外景玉经注》，《修真十书》，《道藏》第 263 号。

皇甫枚：《三水小牍》，《续修四库全书》本。

计有功（活跃于 1126 年）辑撰：《唐诗纪事》，上海古籍出版社，1987。

纪昀编：《四库全书总目》，中华书局，1965。

蒋慎修（唐代）：《黄庭内外玉景经解》，《道藏》第 403 号。

皎然（720? ~793?）：《与王录事会张征君姊妹炼师院玩雪

兼怀清会上人》,《全唐诗》卷八一七,第 9206 页。

_____:《昼上人集》,《四部丛刊》本。

金明七真:《洞玄灵宝三洞奉道科戒营始》,《道藏》第 1125 号。

_____:《三洞奉道科诫仪范》,《中华道藏》本。

京里(亦称京黑)先生:《神仙食气金匮妙录》,《道藏》第
    836 号。

康骈(1724~1805):《剧谈录》,《四库全书》本。

寇谦之(365~448):《老君音诵诫经》,《道藏》第 785 号。

《老子说五厨经注》,《道藏》第 17 号。

黎翔凤撰,梁运华整理:《管子校注》,中华书局,2004。

李白(701~762):《赠嵩山焦炼师》,《李太白全集校注》卷
    七,第 1183~1190 页;《全唐诗》卷一六八,第 1739~
    1740 页。

_____:《送内寻庐山女道士李腾空二首》,《李太白全集
    校注》卷二三,第 3364~3368 页;《全唐诗》卷一八
    四,第 1884 页。

李渤(773~831):《真系》,《全唐文》卷七一二,第 28 页
    a~b。

李冲昭(活跃于 902 年):《南岳小录》,《丛书集成初编》本。

李端(743~782):《赠康洽》,《全唐诗》卷二八四,第
    3238~3239 页。

李昉(925~996)等编:《太平广记》,中华书局,1961。

_____:《文苑英华》,中华书局,1966。

李吉甫(758~814):《元和郡县图志》,中华书局,1983。

李季兰(?~784):《李冶诗集》,《四库全书》本;又远碧
    楼刊本,藏于上海图书馆。

李林甫(683~753)等:《唐六典》,陈仲夫点校,中华书
    局,1992。

李千乘(活跃于晚唐)注:《太上黄庭中景经》,《道藏》第

1401 号。

李群玉（808～862）：《玉真公主观》，《全唐诗》卷五六九，
　　第 6596 页。

李远（831 年进士）：《观廉女真葬》，《全唐诗》卷五一九，
　　第 5930～5931 页。

李肇（活跃于 785～829 年）：《唐国史补》，上海古籍出版
　　社，1979。

李治（唐高宗，649～683 年在位）：《停敕僧道犯罪同俗法
　　推勘敕》，《全唐文》卷一四，第 1 页 b～2 页 a。

——————：《一切道经序》，黄永武编：《敦煌宝藏》，斯
　　1513，散 0689。

梁克家（1128～1187）：《淳熙三山志》，《四库全书》本。

林宝（活跃于 806～820 年）：《元和姓纂》，中华书局，1994。

《灵宝无量度人上品妙经》，《道藏》第 1 号。

《灵飞经册》，《翁万戈先生珍藏书画专辑》，《艺苑掇英》1987
　　年第 34 期，第 43～46 页。

刘鼎：《四气摄生图》，《道藏》第 766 号。

刘若拙（活跃于 882～972 年）、孙夷中：《三洞修道仪》，
　　《道藏》第 1237 号。

刘肃（活跃于 820 年）：《大唐新语》，中华书局，2004。

刘昫（888～947）：《旧唐书》，中华书局，1975。

刘义庆（403～444）：《幽明录》，文化艺术出版社，1988。

刘于义（？～1748）、沈青崖（活跃于 1735 年）编：《陕西
　　通志》，《四库全书》本。

刘禹锡（772～842）：《经东都安国观九仙公主旧院作》，
　　《全唐诗》卷三五七，第 4016 页。

柳宗元（773～819）：《柳宗元集》，中华书局，1979。

龙显昭、黄海德编：《巴蜀道教碑文集成》，四川大学出版
　　社，2004。

卢纶（739~799）：《题安国观》，《全唐诗》卷七八三，第
　　8843页；卷二七九，第3169页。

鹿虔扆（活跃于901~903年）：《女冠子》，《全唐诗》卷八
　　九四，第10105页。

逯钦立编：《先秦汉魏晋南北朝诗》，中华书局，1983。

陆时雍（1633年举人）：《唐诗镜》，《四库全书》本。

陆耀遹（1771~1836）：《金石续编》，《续修四库全书》本。

吕夏卿（1015~1068）：《唐书直笔》，《四库全书》本。

罗振玉（1866~1940）编：《芒洛冢墓遗文续编》，《石刻史
　　料新编》本。

_____：《贞松堂藏西陲秘籍丛残》，甘肃文化出版社，
　　1999。

骆宾王（638？~684）：《代女道士王灵妃赠道士李荣》，
　　《全唐诗》卷七七，第838~839页。

马端临（1254~1323）：《文献通考》，中华书局，1986。

马继兴编：《神农本草经辑注》，人民卫生出版社，1995。

马继兴等编：《敦煌医药文献辑校》，江苏古籍出版社，1998。

马王堆汉墓帛书整理小组编：《马王堆汉墓帛书导引图》，文
　　物出版社，1979。

《秘书省续编到四库阙书目》，叶氏观古堂书目丛刻本，1902。

《穆天子传》，《四库全书》本。

仁井田陞、池田温：《唐令拾遗补：附唐日两令对照一览》，
　　东京大学出版会，1997。

欧阳修（1007~1072）：《新五代史》，中华书局，1974。

_____：《新唐书》，中华书局，1975。

欧阳询（557~641）等编：《艺文类聚》，上海古籍出版社，
　　1982。

欧阳詹（755~800）：《玩月诗》，《全唐诗》卷三四九，第
　　3899页。

彭定求 （1645～1719）等编：《全唐诗》，中华书局，1960。

彭志宪、张燚：《唐代女诗人鱼玄机诗编年译注》，新疆大学出版社，2006。

齐运通编：《洛阳新获七朝墓志》，中华书局，2012。

气贺泽保规：《则天武后》，白帝社，1995。

钱谦益、季振宜 （1630～1674）：《全唐诗稿本》，联经出版公司，1979。

钱谦益 （1582～1664）：《绛云楼书目》，《丛书集成初编》本。

钱易 （968～1026）：《南部新书》，中华书局，1958。

乔栋、李献奇、史家珍等编：《洛阳新获墓志续编》，科学出版社，2008。

乔知之 （?～697）：《哭故人》，《全唐诗》卷八一，第878页。

秦系 （724～808）：《题女道士居》，《全唐诗》卷二六〇，第2895页。

屈守元、常思春编：《韩愈全集校注》，四川大学出版社，1996。

权德舆 （759～818）：《上巳日贡院考杂文不遂，赴九华观观祓禊之会，以二绝句申赠》，《全唐诗》卷三二九，第3678页。

————：《唐故中岳宗玄先生吴尊师集序》，《全唐文》卷四八九，第19页a～21页a。

荣新江、徐俊：《新见俄藏敦煌唐诗写本三种考证及校录》，《唐研究》第5卷，北京大学出版社，1999，第59～80页。

————：《唐蔡省风〈瑶池新咏〉重研》，《唐研究》第7卷，北京大学出版社，2001，第125～144页。

上海古籍出版社、法国国家图书馆编：《法国国家图书馆藏敦煌西域文献》，上海古籍出版社，1994。

《上清大洞真经》，《道藏》第6号。

《上清黄庭五脏六府真人玉轴经》，《道藏》第 1402 号。

《上清黄庭养神经》，《道藏》第 1400 号。

尚志钧校注：《神农本草经校注》，学苑出版社，2008。

《十三经注疏（整理本）》，北京大学出版社，2000。

史崇玄（？~731）等编：《一切道经音义妙门由起》，《道藏》第 1123 号。

《氏族大全》，《四库全书》本。

《受箓次第法信仪》，《道藏》第 1244 号。

司空曙（720？~790？）：《题玉真公主山池院》，《全唐诗》卷二九二，第 3309 页。

司马承祯（647~735）：《服气精义论》，《云笈七签》卷五七，第 1243~1278 页。

_____ 撰，吴受琚、俞震、曾敏编：《司马承祯集》，社会科学文献出版社，2013。

司马光（1019~1086）：《资治通鉴》，中华书局，1971。

宋敏求（1019~1079）：《长安志》，《四库全书》本。

宋玉（活跃于公元前四世纪）：《高唐赋》，萧统编：《文选》卷一九，第 1 页 b~6 页 b。

_____：《登徒子好色赋》，萧统编：《文选》卷一九，第 9 页 b~11 页 b。

苏鹗（886 年进士）：《杜阳杂编》，《丛书集成初编》本。

孙承泽（1592~1676）：《春明梦余录》，北京古籍出版社，1992。

孙光宪（？~968）：《北梦琐言》，上海古籍出版社，1981。

孙棨（活跃于 884 年）：《北里志》，《丛书集成初编》本；古典文学出版社，1957。

孙思邈（581~682）：《备急千金要方》，《道藏》第 1163 号。

_____ 撰，高文柱、沈澍农校注：《备急千金要方》，华夏出版社，2008。

孙逖（695~761）：《为宰相贺合炼院产芝草表》，《全唐文》
　　卷三一一，第 8 页 a~b。

《太清道林摄生论》，《道藏》第 1427 号。

《太清道引养生经》，《道藏》第 818 号。

《太上黄庭内景玉经》，《道藏》第 341 号。

《太上黄庭外景玉经》，《道藏》第 342 号。

《太上灵宝威仪洞玄真一自然经诀》，敦煌写本，伯 2403；
　　《中华道藏》本，第 98 页 a~b。

《太上灵宝五符序》，《道藏》第 388 号。

《唐大诏令集》，商务印书馆，1959。

唐慎微（1056~1136）：《证类本草》，上海古籍出版社，
　　1991。

陶弘景（456~536）：《真诰》，《道藏》第 1016 号。

_____：《养性延命录》，《道藏》第 838 号。

陶宗仪（1329~1412？）编：《说郛三种》，上海古籍出版
　　社，1988。

天一阁博物馆、中国社会科学院历史研究所天圣令整理课题
　　组校证：《天一阁藏明钞本天圣令校证》，中华书局，
　　2006。

《天隐子》，《道藏》第 1026 号。

田易等编：《畿辅通志》，《四库全书》本。

脱脱（1314~1355）等：《宋史》，中华书局，1977。

完颜恽珠（1771~1833）编：《国朝闺秀正始集》，红香馆
　　藏本。

王冰（710~805）、林亿编：《黄帝内经素问补注释文》，
　　《道藏》第 1018 号。

王昶（1725~1807）编：《金石萃编》，《石刻史料新编》本。

王建：《九仙公主旧庄》，《全唐诗》卷三〇〇，第 3403 页。

_____：《唐昌观玉蕊花》，《全唐诗》卷三〇一，第

3437 页。

王卡编：《老子道德经河上公章句》，中华书局，1997。

王明编：《太平经合校》，中华书局，1960。

————：《抱朴子内篇校释》，中华书局，2010。

王溥（922~982）：《唐会要》，中华书局，1955。

王钦若（962~1025）等编，周勋初等校：《册府元龟》，中华书局，1960；凤凰出版社，2009。

王仁裕（880~956）：《玉堂闲话》，《太平广记》。

王叔珉编：《列仙传校笺》，中华书局，2007。

王松年编：《仙苑编珠》，《续修四库全书》本。

王维（701？~761）著，陈铁民校注：《王维集校注》，中华书局，1997。

王象之（1196 年进士）：《舆地碑记目》，《丛书集成初编》本。

王先谦（1842~1917）编：《庄子集解》，中华书局，1987。

王尧臣（1003~1058）等编：《崇文总目》，《粤雅堂丛书》本。

王应麟（1223~1296）：《玉海》，江苏古籍出版社，1990。

王仲周：《奏姚季立妻充女道士状》，《全唐文》卷五三一，第 23 页 b~24 页 a。

《维摩诘所说经》，《大正新修大藏经》第 475 号。

韦縠编：《才调集》，傅璇琮、陈尚君、徐俊编：《唐人选唐诗新编》（增订本），第 1194~1220 页。

魏启鹏、胡翔骅：《马王堆汉墓医书校释》，成都出版社，1992。

魏仲举编：《五百家注昌黎文集》，《四库全书》本。

温庭筠（812？~866？）：《送李亿东归》，《全唐诗》卷五七八，第 6716 页。

吴任臣（？~1689）：《十国春秋》，中华书局，1983。

吴受琚：《司马承桢集辑校》，硕士学位论文，中国社会科学院研究生院，1981。

武元衡（758～815）：《题故蔡国公主九华观上池院》，《全唐诗》卷三一七，第3558页。

吴筠（?～778）：《宗玄先生文集》，《道藏》第1051号。

吴兆宜（活跃于1672年）、程琰编：《玉台新咏笺注》，中华书局，1985。

吴兆宜注，程琰删补：《玉台新咏笺注》，穆克宏点校，中华书局，1985。

务成子：《太上黄庭外景经注》，《云笈七签》卷一二，第282～317页。

《西山群仙会真记》，归属于施肩吾，《道藏》第246号。

萧天石编：《道藏精华》，自由出版社，1980。

萧统（501～531）编，李善注：《文选》，中华书局，1977。

萧衍（梁武帝，502～549年在位）：《河中之水歌》，郭茂倩编：《乐府诗集》卷八五，第1204页。

萧子显（489～537）：《南齐书》，中华书局，1972。

辛文房（活跃于1304～1324年）：《唐才子传》，《四库全书》本。

徐俊纂辑：《敦煌诗集残卷辑考》，中华书局，2000。

徐松（1781～1848）：《唐两京城坊考》，中华书局，1985。

许棐（?～1249）：《梅屋集》，《四库全书》本。

许浑（791?～858?）：《赠萧炼师并序》，《全唐诗》卷五三七，第6128～6129页。

许维遹撰，梁运华整理：《吕氏春秋集释》，中华书局，2009。

《宣和画谱》，《丛书集成初编》本。

薛用弱：《集异记》，《太平广记》。

薛昭纬（活跃于896年）：《女冠子》，《全唐诗》卷八九四，第10095页。

严休复（?～830）：《唐昌观玉蕊花折，有仙人游，怅然成二绝》，《全唐诗》卷四六三，第 5267～5268 页。

严一萍：《王氏神仙传辑校》，《道教研究资料》第 1 辑。

————：《洞仙传》，《道教研究资料》第 1 辑。

————：《道教研究资料》第 1 辑，艺文印书馆，1976。

颜真卿（709～784）：《颜鲁公集》，《四部丛刊》本。

扬雄撰，司马光集注，刘绍军点校：《太玄集注》，中华书局，1998。

杨明照：《抱朴子外篇校笺》，中华书局，2008。

叶宪祖（1566～1641）：《鸾镜记》，汲古阁本。

尤袤（1127～1194）：《遂初堂书目》，《海山仙馆丛书》本。

鱼玄机（844?～871?）：《唐女郎鱼玄机集》，《四部备要》本；又《续修四库全书》本。

郁贤皓校注：《李太白全集校注》，凤凰出版社，2015。

《元始五老赤书玉篇真文天书经》，《道藏》第 22 号。

元稹（779～831）：《元稹集》，中华书局，1982。

曾慥（1091～1155）编：《类说》，文学古籍出版社，1955。

————编：《道枢》，《道藏》第 1037 号。

张伯端（983～1082）：《金丹四百字》，《道藏》第 1081 号。

————撰，翁葆光注：《悟真篇注释》，《道藏》第 145 号。

张华（232～300）撰，范宁（339?～401?）校证：《博物志校证》，中华书局，1980。

张籍：《不食仙姑山房》，《全唐诗》卷三八四，第 4324 页。

————：《不食姑》，《全唐诗》卷三八四，第 4306 页。

————：《玉真观》，《全唐诗》卷三八六，第 4361 页。

张继禹编：《中华道藏》，华夏出版社，2004。

张家山汉简整理组：《张家山汉简引书释文》，《文物》1990 年第 10 期，第 82～86 页。

张君房（1004～1007 年进士）编，李永晟校对：《云笈七签》，中华书局，2003。

张万福:《传授三洞经戒法箓略说》,《道藏》第 1241 号。

_____:《三洞众戒文》,《道藏》第 178 号。

_____:《三洞法服科戒文》,《道藏》第 788 号。

_____:《洞玄灵宝三师名讳形状居观方所文》,《道藏》第 445 号。

张鹭(658~730):《朝野佥载》,中华书局,1979。

长孙无忌(597?~659)等编:《唐律疏议》,中华书局,1983。

赵道一编:《历世真仙体道通鉴》,《道藏》第 296 号。

赵力光编:《西安碑林博物馆新藏墓志汇编》,线装书局,2007。

赵璘:《因话录》,上海古籍出版社,1979。

赵明诚(1081~1129)著,金文明校证:《金石录校证》,广西师范大学出版社,2005。

赵志坚:《道德真经疏义》,《道藏》第 719 号。

_____:《坐忘论》,《云笈七签》卷九四,第 2043~2061 页;《全唐文》(归属于司马承祯)卷九二四,第 1 页 a~15 页 a。

甄鸾(535~566):《笑道论》,道宣编:《广弘明集》卷九,第 143 页 c~152 页 c。

郑樵(1104~1162):《通志二十略》,中华书局,1995。

郑玄(127~200)注,贾公彦(活跃于 650~655 年)疏:《周礼注疏》,《十三经注疏(整理本)》。

《正一法文修真旨要》,《道藏》第 1270 号。

智顗(531~597)、灌顶(561~632):《摩诃止观》,《续修四库全书》本。

《钟吕传道集》,《道藏》第 263 号。

钟惺(1574~1624):《名媛诗归》,《四库全书存目丛书》本,齐鲁书社,1997。

中国佛教协会编:《房山云居寺石经》,文物出版社,1978。

中国社会科学院历史研究所等编：《英藏敦煌文献（汉文佛经以外部分)》，四川人民出版社，1990。

中国唐代学会编辑委员会编：《第三届中国唐代文化学术研讨会论文集》，乐学书局，1997。

周履靖（1549~1640）编集：《赤凤髓》，上海古籍出版社，1989。

周绍良主编：《唐代墓志汇编》，上海古籍出版社，1992。

周绍良、赵超主编：《唐代墓志汇编续集》，上海古籍出版社，2001。

周勋初编：《唐语林校证》，中华书局，1987。

朱长文（1039~1098）：《墨池编》，《四库全书》本。

朱法满：《要修科仪戒律钞》，《道藏》第463号。

朱景玄（活跃于806~846年）：《唐朝名画录》，四川美术出版社，1985。

朱权（又号涵虚子）：《臞仙活人方》，存北京大学图书馆。

朱熹（1130~1200）：《昌黎先生集考异》，上海古籍出版社，1985。

_____撰，黎靖德编：《朱子语类》，中华书局，1988。

朱象山编：《古楼观紫云衍庆集》，《道藏》第19号。

三　研究论著

Adamek, Wendy. "A Niche of Their Own: The Power of Convention in Two Inscriptions for Medieval Buddhist Nuns. " *History of Religions* 49. 1 (2009): 15 – 18.

Akahori, Akira. "Drug Taking and Immortality. " In Livia Kohn, ed. , *Taoist Meditation and Longevity Techniques*, pp. 73 – 95.

艾兰（Sarah Allan）、汪涛编：《阴阳五行探源》，江苏古籍出版社，1998。

Ames, Roger T. "Taoism and the Androgynous Ideal. " In Richard W. Guisso and Stanley Johannesen, eds., *Women in China: Current Directions in Historical Scholarship*, pp. 21 – 45.

_____. *Sun-tzu: The Art of Warfare*. New York: Ballantine Books, 1993.

Andersen, Paul. "The Practice of Bugang." *Cahiers d'Extrême-Asie* 5 (1989 – 90): 15 – 55.

Arthur, Shawn. *Early Daoist Dietary Practices: Examining Ways to Health and Longevity*. Lanham, Maryland: Lexington Books, 2013.

Assandri, Friederike. *Beyond the Daode Jing: Twofold Mystery in Tang Daoism*. Magdalena: Three Pines Press, 2009.

白文固:《唐代僧尼道士受田问题的辨析》,《社会科学》1982 年第 3 期,第 54 ~ 58 页。

白照杰:《整合及制度化:唐前期道教研究》,格致出版社,2018。

Baldrian-Hussein, Farzeen. "Inner Alchemy: Notes on the Origin and Use of the Term Neidan." *Cahiers d'Extréme-Asie* 5 (1990): 163 – 90.

Barrett, Timthy H. "On the Transmission of the *Shen tzu* and of the *Yang-sheng yao-chi*." *Journal of the Royal Asiatic Society* 2 (1980): 168 – 76.

_____. "Taoist and Buddhist Mysteries in the Interpretation of the *Tao-te ching*." *Journal of the Royal Asiatic Society* 1 (1982): 35 – 43.

_____. "The Emergence of the Taoist Papacy in the T'ang Dynasty." *Asia Major* 7 (1994): 89 – 106.

_____. *Taoism under the T'ang: Religion and Empire during the Golden Age of Chinese History*. London: Wellsweep, 1996.

_____. "The Feng-tao k'o and Printing on Paper in Seventh-century China. " *Bulletin of the School of Oriental and African Studies* 60. 3 (1997): 538 – 40.

Benn, Charles D. "Taoism as Ideology in the Reign of Emperor Hsuan-tsung (712 – 755). " PhD diss. , University of Michigan, 1977.

_____. "Religious Aspects of Emperor Hsüan-tsung's Taoist Ideology. " In David W. Chappell, ed. , *Buddhist and Taoist Pracitce in Medieval Chinese Society*, pp. 127 – 46.

_____. *The Cavern-Mystery Transmission: A Daoist Ordination Rite of A. D. 711.* Honolulu: University of Hawaii, 1991.

_____. "Daoist Ordination and Zhai Rituals. " In Livia Kohn, ed. , *Daoism Handbook*, pp. 309 – 38.

Bernos, Marcel. *Sexualité et religion.* Paris: Editions du Cerf, 1988.

Beurdeley, Michel, Kristofer Schipper, Chang Fu – jui, and Jacques Pimpaneau. *Chinese Erotic Art.* Secaucus, NJ: Chartwell Books, 1989.

Birge, Bettine. "Chu Hsi and Women's Education. " In Wm. Theodore de Bary and John W. Chaffee, eds. , *Neo-Confucian Education: The Formative Stage*, pp. 325 – 67.

Birrell, Anne. "Women in Literature. " In Victor H. Mair, ed. , *Columbia History of Chinese Literature*, pp. 194 – 220.

_____. *Games Poets Play: Readings in Medieval Chinese Poetry.* Cambridge: McGuinness China Monographs, 2004.

Bokenkamp, Stephen R. "Taoist Literature. " *The Indiana Companion to Traditional Chinese Literature*, pp. 138 – 52.

_____. "Time after Time: Taoist Apocalyptic History and the Founding of the T'ang Dynasty. " *Asia Major* 7 (1994): 59 – 88.

_____. *Early Daoist Scriptures*. Berkeley: University of California Press, 1997.

_____:《天师道婚姻仪式"合气"在上清、灵宝学派的演变》,《道家文化研究》第 16 辑,三联书店,1999,第 241 ~ 248 页。

_____. "Lu Xiujing, Buddhism, and the First Daoist Canon." In Scott Pearce, Audrey Spiro, and Patrica Ebrey, eds., *Culture and Power in the Reconstruction of the Chinese Realm 200 – 600*, pp. 191 – 99.

_____. *Ancestors and Anxiety: Daoism and the Birth of Rebirth in China*. Berkeley: University of California Press, 2007.

_____. "Transmissions of a Female Daoist: Xie Ziran (767 – 795)." In Florian C. Reiter, ed., *Affiliation and Transmission in Daoism: A Berlin Symposium*, pp. 109 – 22.

_____. "Sisters of the Blood: The Lives behind the Xie Ziran Biography." *Daoism: Religion, History and Society* 8 (2016): 7 – 33.

Bol, Peter K. *"This Culture of Ours": Intellectual Transitions in T'ang and Sung China*. Stanford, Calif.: Stanford University Press, 1992.

Boltz, Judith M. *A Survey of Taoist Literature: Tenth to Seventeenth Centuries*. Berkeley: University of California, 1987.

Bossler, Beverly J. *Powerful Relations: Kinship, Status, and the State in Sung China (960 – 1279)*. Cambridge, MA: Harvard University Press, 1998.

Brandauer, Frederick P. and Chun-chieh Huang, eds. *Imperial Rulership and Cultural Change in Traditional China*. Seattle: University of Washington Press, 1994.

Brown, Peter. "The Saint as Exemplar in Late Antiquity. " *Representations* 1. 2 (1983): 1 – 25.

Bumbacher, Stephan P. *The Fragments of the Daoxue zhuan*: *Critical Edition*, *Translation*, *and Analysis of a Medieval Collection of Daoist Biographies*. Frankfurt: Peter Lang, 2000.

Burik, Steven. *The End of Comparative Philosophy and the Task of Comparative Thinking*: *Heidegger*, *Derrida*, *and Daoism*. Albany: State University of New York Press, 2009.

Butler, Judith. *Excitable Speech*: *A Politics of the Performative*. New York: Routledge, 1997.

Bynum, Caroline Walker, Stevan Harrell, and Paula Richman. *Gender and Religion*: *On the Complexity of Symbols*, Boston: Beacon Press, 1986.

Cabezón, José Ignacio. *Scholasticism*: *Cross-Cultural and Comparative Perspectives*. Albany: State University of New York Press, 1998.

Cahill, Suzanne E. "Sex and the Supernatural in Medieval China: Cantos on the Transcendent Who Presides Over the River. " *Journal of American Oriental Society* 105. 2 (1985): 197 – 220.

_____. "Practice Makes Perfect: Paths to Transcendence for Women in Medieval China. " *Taoist Resources* 2. 2 (1993): 23 – 42.

_____. *Transcendence and Divine Passion*: *The Queen Mother of the West in Medieval China*. Stanford, CA: Stanford University Press, 1993.

_____. "Smell Good and Get a Job: How Daoist Women Saints Were Verified and Legitimatized during the Tang Dynasty." In Sherry J. Mou, ed., *Presence and Presentation: Women in the Chinese Literati Tradition*, pp. 171 – 86.

_____. "Pien Tung-hsüan: A Taoist Woman Saint of the T'ang Dynasty (618 – 907)." In Arvind Sharma, ed., *Women Saints in World Religions*, pp. 205 – 20.

_____. "Biography of the Daoist Saint Wang Fengxian by Du Guangting (850 – 933)." In Susan Mann and Yu-yin Cheng, eds., *Under Confucian Eyes: Writings on Gender in Chinese History*, pp. 16 – 28.

_____. "Discipline and Transformation: Body and Practice in the Lives of Daoist Holy Women of Tang China." In Dorothy Ko, ed., *Women and Confucian Cultures in Premodern China, Korea, and Japan*, pp. 251 – 78.

_____. "Material Culture and the Dao: Textiles, Boats, and Zithers in the Poetry of Yu Xuanji (844 – 868)." In Livia Kohn and Harold D. Roth, eds., *Taoist Identity*, pp. 102 – 26.

_____. "Resenting the Silk Robes that Hide Their Poems: Female Voices in the Poetry of Tang Dynasty Taoist Nuns." 邓小南主编:《唐宋女性与社会》, 第 519 ~ 566 页。

_____. *Divine Traces of the Daoist Sisterhood: Records of the Assembled Transcendents of the Fortified Walled City by Du Guangting (850 – 933)*. Magdalena: Three Pines Press, 2006.

Calef, Susan. "Charting New Territory: Religion and 'the Gender-Critical Turn.'" *Journal of Religion & Society* 5 (2009): 1 – 5.

Campany, Robert F. *To Live as Long as Heaven and Earth: A Translation and Study of Ge Hong's Traditions of Divine Tran-*

scendents. Berkeley: University of California Press, 2002.

Cass, Victoria B. "Female Healers in the Ming and the Lodge of Ritual and Ceremony." *Journal of the American Oriental Society* 106. 1 (1986): 233 –40.

_____. *Dangerous Women: Warriors, Grannies and Geishas of the Ming.* Lanham, MD: Rowman and Littlefield, 1999.

岑仲勉:《隋唐五代史》,上海古籍出版社,1984。

Chan, Alan K. L. "Goddesses in Chinese Religion." In Larry W. Hurtado, ed., *Goddesses in Religions and Modern Debate*, pp. 9 –25.

常春:《唐代公主书法艺术管窥》,《陕西师范大学学报》2013 年第 3 期,第 91 ~96 页。

Chang, Kang-i Sun. *The Late-Ming Poet Ch'en Tzu – lung: Crises of Love and Loyalism.* New Haven: Yale University Press, 1991.

Chang, Kang-I Sun, and Haun Saussy, eds. *Women Writers of Traditional China: An Anthology of Poetry and Criticism.* Stanford: Stanford University Press, 1999.

Chappell, David W. , ed. *Buddhist and Taoist Pracitce in Medieval Chinese Society.* Honolulu: University of Hawaii Press, 1987.

Chao, Shin-yi. "Good Career Moves: Life Stories of Daoist Nuns of the Twelfth and Thirteenth Centuries." *Nan Nü* 10. 1 (2008): 121 –51.

陈兵:《金丹派南宗浅谈》,《世界宗教研究》1985 年第 4 期,第 35 ~49 页。

高世瑜:《中国妇女通史·隋唐五代卷》,杭州出版社,2010。

陈国符:《道藏源流考》,中华书局,1963。

Chen, Jinhua. "Family Ties and Buddhist Nuns in Tang China:

Two Studies." *Asia Major*, 3rd series, 15. 2 （2002）: 51 –
58.

_____. "The Tang Palace Buddhist Chapels." *Journal of Chinese Religions* 32 （2004）: 81 – 82.

_____. "A Daoist Princess and a Buddhist Temple: A New Theory on the Causes of the Canon-delivering Mission Originally Proposed by Princess Jinxian in 730. " *Bulletin of School of Oriental and African Studies* 69. 2 （2006）: 267 – 92.

_____. *Philosopher, Practitioner, Politician: The Many Lives of Fazang （643 – 712）.* Leiden: Brill, 2007.

Chen, Kenneth. *The Chinese Transformation of Buddhism.* Princeton, NJ: Princeton University Press, 1973.

Chen, Jo-shui （陈弱水）. "Empress Wu and Proto-Feminist Sentiments in T'ang China. " In Brandauer and Huang, eds. , *Imperial Rulership and Cultural Change in Traditional China*, pp. 77 – 116.

_____:《唐代的妇女文化与家庭生活》，允晨文化，2007。

陈尚君:《〈新唐书·艺文志补〉——集部别集类》，《唐研究》第 1 卷，北京大学出版社，1995，第 169 ~ 194 页。

_____:《唐代文学丛考》，中国社会科学出版社，1997。

_____:《隋唐五代文学的基本典籍》，傅璇琮、蒋寅编:《中国古代文学通论》卷三，第 515 ~ 516 页。

_____:《唐女诗人甄辨》，《文献》2010 年第 2 期，第 10 ~ 25 页。

_____:《唐女诗人甄辨》，海豚出版社，2014。

陈文华:《唐代女冠诗人李冶身世及作品考论》，《南京大学学报》2002 年第 5 期，第 119 ~ 125 页。

_____:《梦为蝴蝶也寻花:李冶、薛涛、鱼玄机诗注评》，上海古籍出版社，2007。

陈寅恪（1890～1969）:《金明馆丛稿初编》，上海古籍出版社，1980。

———:《寒柳堂集》，上海古籍出版社，1980。

陈撄宁（1880～1969）:《黄庭经讲义》,《道协会刊》1980年第1期，第24～38页。

陈祚龙:《敦煌道经后记汇录》，杨曾文、杜斗城编:《中国敦煌学百年文库·宗教卷》，第2～9页。

Chiu – Duke, Josephine. "The Role of Confucian Revivalists in the Confucianization of T'ang Women." *Asia Major* 8. 1 (1995): 51 – 93.

Chow, Bannie and Thomas Cleary, trans. *Autumn Willows: Poetry by Women of China's Golden Age.* Ashland, OR: Story Line Press, 2003.

Cleary, Thomas. *Immortal Sisters: Secrets of Taoist Women.* Boston: Shambhala, 1989.

戴建国:《唐〈开元二十五年令·田令〉研究》,《历史研究》2000年第2期，第36～50页。

Davis, Edward L. "Arms and the Tao: Hero Cult and Empire in Traditional China." 宋代史研究会编:《宋代の社会と宗教》第2辑，汲古书院，1985，第1～56页。

De Bary, Wm. Theodore and John W. Chaffee, eds. *Neo-Confucian Education: The Formative Stage.* Berkeley and Los Angeles: University of California Press, 1989.

DeMeyer, Jan. *Wu Yun's Way: Life and Works of an Eighth-Century Daoist Master.* Leiden: Brill, 2006.

Dean, Kenneth. *Taoist Ritual and Popular Cults of Southeast China.* Princeton: Princeton University Press, 1993.

Delehaye, Hippolyte. *The Legends of the Saints.* New York: Fordham

University Press, 1962.

Deng Xiaonan（邓小南）. "Women in Turfan during the Sixth to Eighth Centuries: A Look at Their Activities outside the Home." *Journal of Asian Studies* 58. 1 (1999): 85 – 103.

_____ 主编：《唐宋女性与社会》，上海辞书出版社，2003。

des Rotours, Robert. *Courtisanes chinoises à la fin des T'ang, entre circa 789 et le 8 Janvier 881: Pei-Li Tche (Anecdotes du quartier du nord)*. Paris: Presses Universitaires de France, 1968.

Despeux, Catherine. "L'ordination des femmes Taoïstes sous les T'ang." *Études Chinoises* 5. 1 – 2 (1986): 53 – 100.

_____. *Prescriptions d'acuponcture valant mille onces d'or: traité d'acuponcture de Sun Simiao du VIIe siècle*. Paris: Trédaniel, 1987.

_____. *Immortelles de la Chine ancienne. Taoïsme et alchimie feminine*. Paris: Pardès, 1990.

_____. "Gymnastics: The Ancient Tradition." In Livia Kohn, ed., *Taoist Meditation and Longevity Techniques*, pp. 228 – 237.

_____. *Taoïsme et corps humain: le Xiuzhentu*. Paris: Guy Tredaniel Editeur, 1994.

_____. "The Six Healing Breaths." In Livia Kohn, ed., *Daoist Body Cultivation: Traditional Models and Contemporary Practices*, pp. 37 – 63.

Despeux, Catherine, and Livia Kohn. *Women in Daoism*. Cambridge: Three Pines, 2003.

丁放：《玉真公主、李白与盛唐道教关系考论》，《复旦学报》2016 年第 4 期，第 18 ~ 27 页。

丁放、袁行霈：《玉真公主考论——以其与盛唐诗坛的关系为归结》，《北京大学学报》2004 年第 2 期，第 41～52 页。

丁煌：《唐代道教太清宫制度考》，《历史学报》第 6 期，1979 年，第 275～314 页；第 7 期，1980 年，第 177～220 页。

_____：《汉唐道教论集》，中华书局，2009。

Dissanayake, Wimal. *Narratives of Agency: Self-Making in China, India, and Japan.* Minneapolis: University of Minnesota Press, 1996.

Doran, Rebecca. *Transgressive Typologies: Constructions of Gender and Power in Early Tang China.* Cambridge, MA: Harvard University Press, 2017.

Drompp, Michael R. *Tang China and the Collapse of the Uighur Empire: A Documentary History.* Leiden: Brill, 2005.

Dudbridge, Glen. *Religious Experience and Lay Society in T'ang China: A Reading of Tai Fu's Kuang-i chi.* Cambridge: Cambridge University Press, 1995.

段塔丽：《唐代妇女地位研究》，人民出版社，2000。

Ebrey, Patricia B. *The Aristocratic Families of Early Imperial China: A Case Study of the Po-ling Tsui Family.* Cambridge: Cambridge University Press, 1978.

_____. "The Women in Liu Kezhuang's Life." *Modern China* 10.4 (1984): 415-40.

_____. *The Inner Quarters: Marriage and the Lives of Chinese Women in the Sung Period.* Berkeley, CA: University of California Press, 1993.

Egan, Ronald. "Preface to ShangguanWan'er, *Shangguan Zhaorong wenji.*" In Sun Chang and Saussy, eds., *Women Writ-*

ers of Traditional China, pp. 723 – 2.

_____. *The Burden of Female Talent: The Poet Li Qingzhao and Her History in China*. Cambridge: Harvard University Asia Center, 2013.

Engelhardt, Ute. *Die klassische Tradition der Qi-Übungen, Eine Darstellung anhand des Tang-zeitlichen Textes Fuqi jingyi lun von Sima Chengzhen*. Wiesbaden: Franz Steiner, 1987.

_____. "*Qi* for Life: Longevity in the Tang." In Livia Kohn, ed., *Taoist Meditation and Longevity Techniques*, pp. 263 – 296.

_____. "Daoyintu und Yinshu: Neue Erkenntnisse über die Übungen zur Lebenspflege in der frühen Han-Zeit." *Monumenta Serica* 49 (2001): 213 – 226.

_____. "Dietetics in Tang China and the First Extant Works of Materia Dietetica." In Elisabeth Hsu, ed., *Innovation in Chinese Medicine*, pp. 176 – 84.

Eskildsen, Stephen. *Daoism, Meditation, and the Wonders of Serenity: From the Latter Han Dynasty (25 – 220) to the Tang Dynasty (618 – 907)*. Albany: State University of New York Press, 2015.

樊波:《唐大明宫玉晨观考》,严耀中编:《唐代国家与地域社会研究》,第 417 ~ 424 页。

樊光春:《长安道教与道观》,西安出版社,2002。

范家伟:《六朝隋唐医学之传承与整合》,香港中文大学出版社,2004。

Faure, Bernard. *The Red Thread: Buddhist Approaches to Sexuality*. Princeton: Princeton University Press, 1998.

_____. *The Power of Denial: Buddhism, Purity, and Gender*. Princeton: Princeton University Press, 2003.

冯时:《中国天文考古学》,中国社会科学出版社,2007。

Ford, Carplyn. "Note on a Portrait of Li Jilan (d. 784)." *T'ang Studies* 20 – 21 (2002 – 2003): 151 – 61.

Forte, Antonello. *Political Propaganda and Ideology in China at the End of the Seventh Century.* Neaples: Italian School of East Asian Studies, 2005.

Foucault, Michel. "An Aesthetics of Existence." In Lawrence D. Kritzman, ed., *Politics, Philosophy, Culture: Interviews and Other Writings, 1977 – 1984*, pp. 47 – 53.

Franke, Herbert. "Remarks on the Interpretation of Chinese Dynastic Histories." *Oriens* 3 (1950): 113 – 22.

傅璇琮主编:《唐才子传校笺》,中华书局,1987～1995。

傅璇琮、蒋寅编:《中国古代文学通论》,辽宁人民出版社,2005。

深泽一幸:《仙女谢自然の诞生》,《兴膳教授退官纪念中国文学论集》,汲古书院,2000,第424～425页。

_____:《仙女谢自然の展开》,《言语文化研究》第27期,2001年,第233～254页。

福井康顺等编:《道教》,朱越利译,上海古籍出版社,1990。

Fuller, Michael A. *The Road to East Slope: The Development of Su Shi's Poetic Voice.* Stanford, CA: Stanford University Press, 1990.

Furth, Charlotte. "Bibliography of Secondary Sources on Medicine and Gender: Early Imperial China." *Nan Nü* 8.2 (2006): 309 – 16.

高大伦:《张家山汉简引书研究》,巴蜀书社,1995。

高世瑜 (Gao Shiyu):《唐代妇女》,三秦出版社,1988。

_____. "A Fixed State of Affairs and Mis-Positioned Status:

Gender Relations during the Sui, Tang, Five Dynasties, and Song Dynasty." In Min Jiayin, ed., *The Chalice and the Blade in Chinese Culture*, pp. 270 – 314.

————:《唐律：性别制度的法典化》,《唐研究》第 10 卷, 北京大学出版社, 2004, 第 329~360 页。

盖建民:《唐代女道医胡愔及其道教医学思想》,《中国道教》1999 年第 1 期, 第 22~24 页。

————:《道教医学》, 宗教文化出版社, 2001。

葛兆光:《黄书合气与其他：道教过度仪的思想史研究》,《古今论衡》1999 年第 2 期, 第 62~76 页。

————:《屈服史及其他：六朝隋唐道教的思想史研究》, 三联书店, 2003。

Gernet, Jacques. *Buddhism in Chinese Society: An Economic History from the Fifth to the Tenth Centuries*, trans. Franciscus Verellen. New York: Columbia University Press, 1995.

Goldberg, Stephen J. "Court Calligraphy of the Early T'ang Dynasty." *Artibus Asiae* 49 (1988 – 89): 189 – 237.

Goldin, Paul R. "The Cultural and Religious Background of Sexual Vampirism in Ancient China." *Theology & Sexuality* 12. 3 (2006): 285 – 308.

龚鹏程:《黄庭经论要（一）》,《中国书目季刊》1997 年第 1 期, 第 66~81 页。

————:《道教新论》, 北京大学出版社, 2009。

Goossaert, Vincent. "The Invention of an Order: Collective Indentity in Thirteenth-Century Quanzhen Taoism." *Journal of Chinese Religion* 29 (2001): 111 – 38.

Goossaert, Vincent and David A. Palmer. *The Religious Question in Modern China*. Chicago: University of Chicago Press, 2011.

Goossaert, Vincent, Jan Kiely, and John Lagerwey, eds. *Modern Chinese Religion II, 1850 – 2015.* Leiden: Brill, 2016.

苟波:《道教与"女仙降临"的故事》,《宗教学研究》2003 年第 3 期, 第 40 ~ 48 页。

Grant, Beata. *Daughters of Emptiness: Poems of Chinese Buddhist Nuns.* Somerville, MA: Wisdom Publications, 2003.

_____. "Women, Gender and Religion in Premodern China: A Brief Introduction." *Nan Nü* 10. 1 (2008): 2 – 21.

_____. *Eminent Nuns: Women Chan Masters of Seventeenth-century China.* Honolulu: University of Hawaii Press, 2009.

Guisso, Richard W. *Wu Tse-t'ien and the Politics of Legitimation in T'ang China.* Washington: Western Washington University, 1978.

Guisso, Richard W. and Stanley Johannesen. *Women in China: Current Directions in Historical Scholarship.* New York: Philosophy Press, 1981.

Hamburger, F. and Susan Marti, eds. *Crown and Veil: Female Monasticism from the Fifth to the Fifteenth Centuries.* New York: Columbia University Press, 2008.

韩国磐:《北朝隋唐的均田制度》, 上海人民出版社, 1984。

Hansen, Valerie. "Inscriptions: Historical Sources for the Song." *Bulletin of Sung-Yuan Studies* 19 (1987): 17 – 25.

郝春文:《再论北朝至隋唐五代宋初的女人结社》,《敦煌研究》2006 年第 6 期, 第 103 ~ 108 页。

Harper, Donald. "Gastronomy in Ancient China." *Parabola* 9 (1984): 39 – 47.

_____. *Early Chinese Medical Manuscripts: The Mawangdui Medical Manuscripts.* London: Wellcome Asian Medical Monographs, 1998.

Hawkes, David. *The Songs of the South: An Ancient Chinese Anthology of Poems by Qu Yuan and Other Poets.* London: Penguin Books, 1985.

Hegel, Robert E. and Richard C. Hessney. *Expressions of Self in Chinese Literature.* New York: Columbia University Press, 1985.

Hendrischke, Barbara, trans. *The Scripture on Great Peace: The Taiping jing and the Beginnings of Daoism.* Berkeley: University of California Press, 2006.

Hinsch, Bret. "Confucian Filial Piety and the Construction of Ideal Chinese Buddhist Women." *Journal of Chinese Religions* 30 (2002): 49 – 75.

Hong, Yue. "The Discourse of Romantic Love in Ninth Century Tang China." PhD diss., Harvard University, 2010.

————. "Divorce Practice in Late Medieval Dunhuang: Reading 'Documents on Setting the Wife Free'." *T'ang Studies* 34.1 (2016): 12 – 39.

堀池信夫、砂山稔编:《道教研究の最先端:第一九回国际宗教学宗教史会议世界大会道教パネル論集》,大河书房,2006。

Hsu, Elisabeth. *Innovation in Chinese Medicine.* Cambridge: Cambridge University Press, 2001.

徐复观:《阴阳五行观念之演变及若干有关文献的成立时代与解释的问题》,民主评论社,1961。

胡孚琛:《道教史上的内丹学》,《世界宗教研究》1989年第2期,第1~22页。

————:《魏晋神仙道教:抱朴子内篇研究》,人民出版社,1989。

胡戟等:《二十世纪唐研究》,中国社会科学出版社,2002。

胡蔚:《道教的清修观与文人的白日梦》,《四川大学学报》
　　2006 年第 5 期, 第 112～117 页。

胡文和:《中国道教石刻艺术史》, 高等教育出版社, 2004。

胡文楷:《历代妇女著作考》, 上海古籍出版社, 2008。

Huang, Chun-chieh and Erik Zürcher, eds. *Time and Space in
　　Chinese Culture.* Leiden: E. J. Brill, 1995.

黄世中:《论全唐诗中所反映的女冠半娼式恋情》,《许昌师
　　专学报》1996 年第 2 期, 第 39～43 页。

黄心川:《密教的中国化》,《世界宗教研究》1990 年第 2 期,
　　第 39～42 页。

_____:《道教与密教》,《中华佛学学报》1999 年第 12 期,
　　第 205～218 页。

黄永锋:《道教服食技术研究》, 东方出版社, 2008。

Hurtado, Larry W. , ed. *Goddesses in Religions and Modern De-
　　bate.* Atlanta, GA: Scholars, 1990.

Idema, Wilt and Beata Grant. *The Red Brush: Writing Women in
　　Imperial China.* Cambridge: Harvard University Asia Cen-
　　ter, 2004.

猪饲祥夫:《张家山汉墓汉简引书に见る导と引について》,
　　《医谭》第 79 期, 2003 年, 第 30～32 页。

池田温:《唐史论考: 氏族制と均田制》, 汲古书院, 2014。

石井昌子:《〈真诰〉と〈墉城集仙录〉》,《东洋学术研究》
　　第 15 期, 1976 年, 第 1～3 页。

贾晋华(Jia, Jinhua):《皎然年谱》, 厦门大学出版社, 1992。

_____:"宋若莘","宋若昭","宋若宪", 周祖譔主编:
　　《中国文学家大辞典·唐五代卷》, 中华书局, 1992, 第
　　398～400 页。

_____:《唐诗中有关女道士的恋情诗考辨》,《道家文化
　　研究》第 24 辑, 三联书店, 2009, 第 126～143 页。

————. "*Yaochi ji* and Three Daoist Priestess-Poets in Tang China." *Nan Nü*: *Men*, *Women and Gender in China* 13. 2 (2011): 205 – 43.

————. "Du Guangting and the Hagiographies of Tang Female Daoists." *Taiwan Journal of Religious Studies* 1 (2011): 81 – 121.

————. "The Identity of Tang Daoist Priestesses." In Jia, Kang, and Yao, eds. , *Gendering Chinese Religion*, pp. 103 – 32.

————. "Longevity Technique and Medical Theory: The Legacy of Tang Daoist Priestess-Physician Hu Yin." *Monumenta Serica*: *Journal of Oriental Studies* 63. 1 (2015): 1 – 31.

————:《唐代集会总集与诗人群研究》,北京大学出版社,2001、2015。

————. "Unsold Peony: Life and Poetry of the Daoist Priestess-Poet Yu Xuanji in Tang China (618 – 907)." *Tulsa Studies in Women's Literature* 35. 1 (2016): 25 – 57.

————. "Religious and Other Experiences of Daoist Priestesses in Tang China." *T'oung Pao*: *International Journal of Chinese Studies* 102. 4 – 5 (2016): 321 – 57.

贾晋华、傅璇琮:《唐五代文学编年史·五代卷》,辽海出版社,1999。

Jia, Jinhua, Xiaofei Kang, and Ping Yao, eds. *Gendering Chinese Religion*: *Subject*, *Identity*, *and Body*. Albany: State University of New York Press, 2014.

姜生:《汉魏两晋南北朝道教伦理论稿》,四川大学出版社,1995。

姜生、汤伟侠编:《中国道教科学技术史·汉魏两晋卷》,科学出版社,2002。

_____:《中国道教科学技术史·南北朝隋唐五代卷》，科学出版社，2010。

焦杰：《唐代道教女信徒的宗教活动及其生活——以墓志材料为中心》，《陕西师范大学学报》2013 年第 2 期，第124 ~ 129 页。

_____:《论唐代公主入道原因与道观生活》，《世界宗教研究》2013 年第 12 期，第 72 ~ 81 页。

金兑勇：《杜光庭〈道德真经广圣义〉的道教哲学研究》，巴蜀书社，2005。

京洛：《唐长安城太平公主宅第究竟有几处》，《中国历史地理论丛》1999 年第 1 期，第 181 ~ 183 页。

Johnson, David. "The Last Years of a Great Clan: The Li Family of Chao-chun in the Late T'ang and Early Sung." *Harvard Journal of Asiatic Studies* 37 (1977): 51 – 59.

Johnston, William M., ed. *Encyclopedia of Monasticism.* Chicago: Fitzroy Dearborn, 2000.

Jorgensen, John. "Hagiography: Buddhist Perspectives." In William M. Johnston, ed., *Encyclopedia of Monasticism*, pp. 563 – 64.

Judge, Joan. *The Precious Raft of History: The Past, the West, and the Woman Question in China.* Stanford, CA: Stanford University Press, 2008.

Judge, Joan and Ying Hu. *Beyond Exemplar Tales: Women's Biography in Chinese History.* Berkeley: Global, Area, and International Archive/University of California Press, 2011.

Kalinowski, Marc. "La transmission du dispositive des Neuf Palais sous les Six dynasties." In *Tantric and Taoist Studies* 3: 773 – 811.

辛岛骁：《鱼玄机　薛涛》，集英社，1964。

Karetzky, Patricia E. "The Representation of Women in Medieval China: Recent Archaeological Evidence." *T'ang Studies* 17 (1999): 213 – 271.

气贺泽保规:《金仙公主和房山云居寺石经》, 中国唐代学会编辑委员会编:《第三届中国唐代文化学术研讨会论文集》乐学书局, 1997, 第 292～310 页。

Kieschnick, John. *The Eminent Monk: Buddhist Ideals in Medieval Chinese Hagiography*. Honolulu: University of Hawaii Press, 1997.

King, Ursula, ed. *Religion and Gender*. Oxford: Blackwell, 1995.

————. "General Introduction: Gender-Critical Turns in the Study of Religion." In Ursula King and Tina Beattie, eds., *Gender, Religion and Diversity: Cross-Cultural Perspective*, pp. 1 – 12.

King, Ursula, and T. Beatty, eds. *Gender, Religion and Diversity: Cross-Cultural Perspectives*. London and New York: Continuum, 2005.

Kirkland, J. Russell. "Taoists of the High T'ang: An Inquiry into the Perceived Significance of Eminent Taoists in Medieval Chinese Society." PhD diss., Indiana University, 1986.

————. "The Last Taoist Grand Master at the T'ang Imperial Court: Li Han-kuang and T'ang Hsüan-tsung." *T'ang Studies* 4 (1986): 43 – 67.

————. "Huang Ling-wei: A Taoist Priestess in T'ang China." *Journal of Chinese Religions* 19 (1991): 47 – 73.

————. "Three Entries for a T'ang Biographical Dictionary: Wang Hsi-i, Huang Ling-wei, Ho Chih-chang." *T'ang Studies* 10 – 11 (1992 – 1993): 153 – 65.

————. "Ssu-ma Ch'eng-chen and the Role of Taoism in the

Medieval Chinese Polity. " *Journal of Asian History* 31. 2 (1997) : 105 – 38.

_____ . "Dimensions of Tang Taoism : The State of the Field at the End of the Millennium. " *T'ang Studies* 15 – 16 (1997 – 1998) : 79 – 123.

Kleeman, Terry. *A God's Own Tale : The " Book of Transformations" of Wenchang, the Divine Lord of Zitong.* Albany : State University of New York Press, 1994.

_____ . *Celestial Masters : History and Ritual in Early Daoist Communities.* Cambridge, Mass. : Harvard Asia Center, 2016.

Knechtges, David R. *Wen Xuan, or Selections of Refined Literature.* 3 vols. Princeton : Princeton University Press, 1982 – 1996.

Ko, Dorothy. *Teachers of the Inner Chambers : Women and Culture in Seventeenth-Century China.* Stanford : Stanford University Press, 1994.

_____ . *Cinderella's Sisters : A Revisionist History of Footbinding.* Berkeley : University of California Press, 2005.

Ko, Dorothy, JaHyun Kim Haboush, and Joan R. Piggott, eds. *Women and Confucian Cultures in Premodern China, Korea, and Japan.* Berkeley : University of California Press, 2003.

Ko, Dorothy and Wang Zheng, eds. *Translating Feminisms in China : A Special Issue of Gender & History.* Malden, MA : Blackwell, 2007.

小林正美 :《六朝道教史研究》, 创文社, 1990。

_____ :《唐代の道教と天师道》, 知泉书馆, 2003。

小林彻行 :《鱼玄机の诗の特质》,《东洋文化》第 303 期,

1992 年，第 13 ~ 26 页。

_____编:《中国女性文献研究分类目录: 附江户以降女性诗人文献目录》，汲古书院，2001。

Kohn, Livia. "The Teaching of T'ien-yin-tzu." *Journal of Chinese Religions* 15 (1987): 1 – 28.

_____, ed. *Taoist Meditation and Longevity Techniques*. Ann Arbor: Center for Chinese Studies, University of Michigan, 1989.

_____. *Taoist Mystical Philosophy*: *The Scripture of Western Ascension*. Albany: State University of New York Press, 1991.

_____. *The Taoist Experience*: *An Anthology*. Albany: State University of New York Press, 1993.

_____. "Taoist Scholasticism: A Preliminary Inquiry." *Scholasticism*: *Cross-cultural and Comparative Perspectives*, pp. 115 – 40.

_____, ed. *Daoism Handbook*. 2 vols. Leiden: Brill, 2004.

_____. *Monastic Life in Medieval Daoism*: *A Cross-Cultural Perspective*. Honolulu: University of Hawaii Press, 2003.

_____. *The Daoist Monastic Manual*: *A Translation of the Fengdao Kejie*. Oxford: Oxford University Press, 2004.

_____. *Cosmos and Community*: *The Ethical Dimension of Daoism*. Cambridge, Mass. : Three Pines Press, 2004.

_____. *Health and Long Life*: *The Chinese Way*. In cooperation with Stephen Jackowicz. Cambridge, Mass. : Three Pines Press, 2005.

_____, ed. *Daoist Body Cultivation*: *Traditional Models and Contemporary Practices*. Magdalena, NM: Three Pines Press, 2006.

_____. *Chinese Healing Exercises*: *The Tradition of Daoyin*. Honolulu: University of Hawaii Press, 2008.

_____. "Modes of Mutation: Restructuring the Energy Body." *Inner Alchemy*: *Self, Society, and the Quest for Immortality*, pp. 1 – 26.

_____. *Sitting in Oblivion*: *The Heart of Daoist Meditation*. Dunedin, FL: Three Pines Press, 2010.

_____. *A Source Book in Chinese Longevity*. St. Petersburg, FL: Three Pines Press, 2012.

Kohn, Livia and Russell Kirkland. "Daoism in the Tang (618 – 907)." In *Daoism Handbook*, pp. 339 – 83.

Kohn, Livia and Harold D. Roth, eds. *Daoist Identity*: *History, Lineage, and Ritual*. Honolulu: University of Hawaii Press, 2002.

Kohn, Livia and Robin Wang, eds. *Inner Alchemy*: *Self, Society, and the Quest for Immortality*. Magdalena, NM: Three Pines Press, 2009.

Komjathy, Louis. *Cultivating Perfection*: *Mysticism and Self-Transformation in Early Quanzhen Daoism*. Leiden: Brill, 2007.

_____. *Handbooks for Daoist Practice*. Hong Kong: Yuen Yuen Institute, 2008.

_____. *The Daoist Tradition*: *An Introduction*. New York: Bloomsbury, 2013.

_____. *The Way of Complete Perfection*: *A Quanzhen Daoist Anthology*. Albany: State University of New York Press, 2013.

_____. "Sun Buer: Early Quanzhen Matriarch and the Beginnings of Female Alchemy." *Nan Nü* 16. 2 (2014): 171 –

238.

Kong, Y. C. *The Cultural Fabric of Chinese Medicine*. Hong Kong: The Commercial Press, 2005.

_____ . *Huangdi Neijing: A Synopsis with Commentaries*. Hong Kong: Chinese University Press, 2010.

兴膳教授退官纪念中国文学论集编集委员会编:《兴膳教授退官纪念中国文学论集》, 汲古书院, 2000。

Kritzman, Lawrence D. , ed. *Politics, Philosophy, Culture: Interviews and Other Writings, 1977 - 1984*. New York: Rouledge, 1988.

Kroll, Paul W. "Notes on Three Taoist Figures of the T'ang Dynasty. " *Society for the Study of Chinese Religions Bulletin* 9 (1981): 19 - 41.

_____ . "Verses from on High: The Ascent of T'ai Shan. " *T'oung Pao* 69 (1983): 223 - 60.

_____ . "In the Halls of the Azure Lad. " *Journal of the American Oriental Society* 105 (1985): 75 - 94.

_____ . "Li Po's Transcendent Diction. " *Journal of the American Oriental Society* 106 (1986): 99 - 117.

_____ . "Spreading Open the Barrier of Heaven. " *Asiatische Studien/Etudes Asiatiques* 40 (1986): 22 - 39.

_____ . "Basic Data on Reign-Dates and Local Government. " *T'ang Studies* 5 (1987): 95 - 104.

_____ . "Po Chü-i's 'Song of Lasting Regret': A New Translation. " *T'ang Studies* 8 - 9 (1990 - 1991): 97 - 104.

_____ . "On 'Far Roaming'. " *Journal of the American Oriental Society* 116 (1996): 653 - 69.

_____ . "Li Po's Purple Haze. " *Taoist Resources* 7. 2 (1997): 21 - 37.

_____. "Body Gods and Inner Vision: The Scripture of the Yellow Court. " In Donald S. Lopez, Jr. , ed. , *Religions of China in Practice*, pp. 149 - 55.

_____. "The Light of Heaven in Medieval Taoist Verse. " *Journal of Chinese Religions* 27 (1999): 1 - 12.

_____. *Dharma Bell and Dhāraṇī Pillar.* Kyoto and Rome: Italian School of East Asian Studies, Epigraphical Series, 2001.

_____. "The Divine Songs of the Lady of Purple Tenuity. " In Paul W. Kroll and David Knechtges, eds. , *Studies in Early Medieval Chinese Literature and Cultural History*, pp. 149 - 211.

_____. "Daoist Verse and the Quest of the Divine. " In John Lagerwey and Lü Pengzhi, eds. , *Early Chinese Religion, Part 2: The Period of Division* (*220 - 589 A. D.*), pp. 953 - 87.

_____. "A Poetry Debate of the Perfected of Highest Clarity. " *Journal of the American Oriental Society* 132 (2012): 577 - 86.

_____. *A Student's Dictionary of Classical and Medieval Chinese.* Leiden: Brill, 2015.

Kroll, Paul W. and David Knechtges, eds. *Studies in Early Medieval Chinese Literature and Cultural History.* Provo, Utah: Tang Studies Society, 2003.

Kuhn, Dieter. *Yü Hsüan-chi: die Biographie der T'ang-Dichterin, kurtisane und taoistischen Nonne.* Heidelberg: Conscript, 1985.

Lagerway, John. *Taoist Ritual in Society and History.* New York: Macmillan, 1987.

Lagerwey, John, and Lü Pengzhi, eds. *Early Chinese Religion, Part 2: The Period of Division (220 – 589 A. D.)*. Leiden: Brill, 2010.

Lagerway, John, and Marc Kalinowski, eds. *Early Chinese Religion. Part One: Shang through Han (1250 BC – 220 AD)*. Leiden: Brill, 2011.

Lagerwey, John, and Pierre Marsone, eds. *Modern Chinese religion I, Volume 1, Song-Liao-Jin-Yuan (960 – 1368 AD)*. Leiden: Brill, 2014.

黎志添编:《道教研究与中国宗教文化》, 香港: 中华书局, 2003。

Lau, D. C. , trans. *Lao Tzu Tao Te Ching*. Harmondsworth, UK: Penguin, 1963.

Laughlin, Karen and Eva Wong. "Feminism and/in Taoism." In Arvind Sharma and Katherine K. Young, eds. , *Feminism and World Religions*, pp. 148 – 78.

Ledderose, Lothar. "Carving Sutras into Stone before the Catastrophe." *Proceedings of the British Academy*, vol. 125, Oxford: Oxford University Press, 2004, pp. 381 – 454.

雷闻:《唐代道教与国家礼仪——以高宗封禅活动为中心》,《中华文史论丛》2000 年第 4 期, 第 62 ~ 79 页。

————:《五岳真君祠与唐代国家祭祀》, 荣新江编:《唐代宗教信仰与社会》, 第 35 ~ 83 页。

————:《碑志所见的麻姑山邓氏——一个唐代道教世家的初步考察》,《唐研究》第 17 卷, 北京大学出版社, 2011, 第 39 ~ 69 页。

————:《唐长安太清观与一切道经音义的编纂》,《唐研究》第 15 卷, 北京大学出版社, 2009, 第 199 ~ 226 页。

Leo, Jessieca. *Sex in the Yellow Emperor's Basic Questions: Sex,*

Longevity, *and Medicine in Early China*. Magdalena：Three
Pines Press，2011.

Levering，Miriam L.　"Women Ch'an Masters：The Teacher Mi-
ao-tsung as Saint."　In Arvind Sharma，ed.，*Women in
World Religions*，pp. 180 – 204.

Levy，Howard S.　"T'ang Courtesans，Ladies and Concubines."
Orient/West 8（1962）：49 – 64.

李大华：《隋唐时期的内丹学》，《道教学研究》1994 年第 5
期，第 404～419 页。

李定广、徐可超：《论中国文人的巫山神女情结》，《复旦学
报》2002 年第 5 期，第 112～117 页。

李丰楙：《误入与谪降：六朝隋唐道教文学论集》，台湾学生
书局，1996。

_____：《幽与游：六朝隋唐游仙诗论集》，台湾学生书
局，1996。

李刚：《唐玄宗崇道编年考》，《道教学探索》1992 年第 6 期，
第 323～324 页。

李剑国：《唐五代志怪传奇叙录》，南开大学出版社，1993。

李经纬、张志斌编：《中医学思想史》，湖南教育出版社，
2006。

李举纲、张安兴：《西安碑林新入藏唐韩炼师玄堂铭考释》，
《唐研究》第 12 卷，北京大学出版社，2006，第 479～
486 页。

李零：《东汉魏晋南北朝房中经典流派考》，《中国文化》第
15～16 期，1997 年，第 141～158 页。

_____：《中国方术正考》，中华书局，2006。

_____：《中国方术续考》，中华书局，2006。

李平：《宫观之外的长生与成仙：晚唐五代道教修道变迁研
究》，中央编译出版社，2014。

李学勤：《引书与导引图》，《文物天地》1991 年第 2 期，第 7～9 页。

李志生：《唐人理想女性观念——以容貌、品德、智慧为切入点》，《唐研究》第 11 卷，北京大学出版社，2005，第 159～186 页。

李泽厚：《中国古代思想史论》，人民出版社，1986。

————：《由巫到礼　释礼归仁》，三联书店，2015。

林富士：《略论早期道教与房中术的关系》，《中央研究院历史语言研究所集刊》第 72 卷第 2 期，2001 年，第 223～299 页。

林西朗：《唐代道教管理制度研究》，巴蜀书社，2006。

林雪铃：《唐诗中的女冠》，文津出版社，2002。

Linehan, Peter and Janet L. Nelson. *The Medieval World*. London; New York: Routledge, 2001.

柳存仁：《三洞奉道科诫仪范卷五——二三三七中金明七真一词之推测》，《汉学研究》第 4 卷第 2 期，1986 年，第 49～57 页。

————：《道教史探源》，北京大学出版社，2000。

Liu, Lydia H., Rebecca E. Karl, and Dorothy Ko, eds. *The Birth of Chinese Feminism: Essential Texts in Transnational Theory*. New York: Columbia University Press, 2013.

刘宁：《试析唐代娼妓诗与女冠诗的差异》，《中国典籍与文化》2003 年第 4 期，第 49～57 页。

Liu Shufen. "Art, Ritual, and Society: Buddhist Practice during the Northern Dynasties." *Asia Major*, 3rd series, 8.1 (1995): 19–49.

刘文典：《杜甫年谱》，云南人民出版社，2012。

Liu, Xun. *Daoist Modern: Innovation, Lay Practice, and the Community of Inner Alchemy in Republican Shanghai*. Cambridge: Harvard University Asia Center, Harvard University Press, 2009.

_____. "Daoism from the Late Qing to Early Republican Periods." In Vincent Goossaert, Jan Kiely, and John Lagerwey, eds., *Modern Chinese Religion II, 1850 – 2015*, pp. 806 – 37.

Liu, Xun and Vincent Goossaert, eds. *Quanzhen Daoists in Chinese Society and Culture, 1500 – 2010*. Berkeley, CA: Institute of East Asian Studies, 2013.

刘屹:《敬天与崇道: 中古经教道教形成的思想史背景》, 中华书局, 2005。

_____:《唐代的灵宝五方镇墓石研究——以大唐西市博物馆藏"唐李义珪五方镇墓石"为线索》,《大唐西市博物馆墓志研究》, 第301 ~ 329页。

刘昭瑞:《考古发现与早期道教研究》, 文物出版社, 2007。

刘仲宇:《道教法术》, 上海文化出版社, 2002。

_____:《道教授箓制度研究》, 中国社会科学出版社, 2014。

Loewe, Michael, ed. *Early Chinese Texts: A Bibliographical Guide*. Berkeley: University of California, 1993.

Lopez, Donald S. Jr., ed. *Religions of China in Practice*. Princeton, NJ: Princeton University Press, 1996.

Lowell, Skar. "Ritual Movements, Deity Cults and the Transformation of Daoism in Song and Yuan Times." In Livia Kohn, ed., *Daoism Handbook*, pp. 412 – 63.

卢国龙:《中国重玄学》, 人民出版社, 1993。

_____:《道教哲学》, 华夏出版社, 1997。

Lu, Weijing. *True to Her Word: The Faithful Maiden Cult in Late Imperial China*. Stanford, CA: Stanford University Press, 2008.

吕建福:《中国密教史》, 中国社会科学出版社, 1995。

吕建中、胡戟编:《大唐西市博物馆藏墓志研究》, 陕西师范大学出版社, 2013。

吕鹏志:《唐前道教仪式史纲》, 中华书局, 2009。

Luo, Manling. *Literati Storytelling in Late Medieval China*. Seattle: University of Washington Press, 2015.

罗争鸣:《杜光庭道教小说研究》, 巴蜀书社, 2005。

马伯英:《中国医学文化史》, 上海人民出版社, 2012。

马继兴编:《敦煌医药文献集校》, 江苏古籍出版社, 1998。

Mackerras, Colin. *The Uighur Empire According to the T'ang Dynastic Historis: A Study in Sino-Uighur Relations 744 – 840*. Columbia, South Carolina: University of South Carolina Press, 1973.

————. "Uygur-Tang Relations. " *Central Asian Survey* 19. 2 (2000): 223 – 34.

Mair, Victor H. *T'ang Transformation Texts: A Study of the Buddhist Contribution to the Rise of Vernacular Fiction and Drama in China*. Cambridge, Mass. : Council on East Asian Studies, Harvard University, 1989.

————. ed. *Columbia History of Chinese Literature*. New York: Columbia University Press, 2001.

Major, John. "The Five Phases, Magic Squares, and Schematic Cosmography. " In Henry Rosemont, Jr. , ed. , *Explorations in Early Chinese Cosmology*, pp. 133 – 66.

Mann, Susan. *Precious Records: Women in China's Long Eighteenth Century*. Stanford: Stanford University Press, 1997.

————. *The Talented Women of the Zhang Family*. Berkeley: University of California Press, 2007.

Mann, Susan and Yu-yin Cheng, eds. *Under Confucian Eyes:*

Writings on Gender in Chinese History. Berkeley: University of California Press, 2001.

丸山昌朗:《针灸医学と古典の研究: 丸山昌朗东洋医学论集》, 创元社, 1977。

Maspero, Henri. *Taoism and Chinese Religion*. Trans. Frank Kierman. Amherst: University of Massachusetts Press, 1981.

Matsumoto Kōichi. "Daoism and Popular Religion in the Song." John Lagerway and Pierre Marsone, eds., *Modern Chinese Religion I. Song-Liao-Jin-Yuan* (*960 – 1368 AD*), pp. 285 – 327.

McMullen, David. *State and Scholars in Tang China*. Cambridge: Cambridge University Press, 1988.

蒙文通 (1894 ~ 1968):《古学甄微》, 巴蜀书社, 1987。

Michael, Thomas. *The Pristine Dao: Metaphysics in Early Daoist Discourse*. Albany: State University of New York Press, 2005.

Miller, James. *The Way of Highest Clarity: Nature, Vision and Revelation in Medieval China*, Magdalena. NM: Three Pines Press, 2008.

Min Jiayin, ed. *The Chalice and the Blade in Chinese Culture: Gender Relations and Social Models*. Bejing: China Social Sciences Publishing House, 1995.

Mollier, Christine. "Les cuisines de Laozi et du Buddha." *Cahiers d'ExtrêmeAsie* 11 (2000): 45 – 90.

诸户立雄:《中国佛教制度史の研究》, 平河出版社, 1990。

Mote, Frederick W. *Intellectual foundations of China*. New York: Alfred A. Knopf, 1971.

Mou, Sherry J., ed. *Presence and Presentation: Women in the Chinese Literati Tradition*. New York: St. Martin's Press, 1999.

中嶋隆藏:《〈道枢〉卷二所收〈坐忘篇上、中、下〉小
考》,《集刊东洋学》第 100 期, 2008 年, 第 116 ~
133 页。

————:《〈道枢〉卷二所收〈坐忘篇下〉と王屋山唐碑
文〈坐忘论〉》,《东洋古典学研究》第 27 期, 2009 年,
第 29 ~ 46 页。

中尾万三:《食疗本草の考察》,《上海自然科学研究所汇
报》第 1 期, 1930 年, 第 5 ~ 216 页。

Naquin, Susan. *Peking: Temples and City Life, 1400 - 1900*.
Berkeley: University of California Press, 2000.

Naquin, Susan and Chün-fang Yü, eds. *Pilgrims and Sacred
Sites in China*. Berkeley: University of California Press,
1992.

Naundorf, Gert, Karl-Heinz Pohl, and Hans-Hermann Schmidt,
eds. *Religion und Philosophie in Ostasien: Festschrift für
Hans Steiningerzum 65 Geburtstag*. Würzburg: Königshausen
and Neumann, 1985.

Needham, Joseph et al. *Science and Civilisation in China: Vol-
ume 5, Chemistry and Chemical Technology; Part 5,
Spagyrical Discovery and Invention: Physiological Alchemy*.
Cambridge: Cambridge University Press, 1983.

Needham, Joseph, Lu Gwei-djen, and Nathan Sivin. *Science
and Civilization in China, Volume 6 Biology and Bilogical
Technology, Part VI: Medicine*. Cambridge: Cambridge U-
niversity Press, 2004.

Nienhauser, William H. , Jr. , eds. *The Indiana Companion to
Traditional Chinese Literature*. 2 vols. Bloomington: Indiana
University Press, 1986, 1998.

Nylan, Michael. "Yin-yang, Five Phases, and Qi. " In *China's*

Early Empires: *A Re-appraisal*, pp. 398 – 414.

Nylan, Michael, and Michael Loewe, eds. *China's Early Empires*: *A Re-appraisal*. Cambridge: Cambridge University Press, 2010.

大渊忍尔:《道教とその经典》, 创元社, 1997。

Overmyer, Daniel L. "Women in Chinese Religions: Submission, Struggle, Transcendence." In Koichi Shinohara and Gregory Schopen, eds., *From Benares to Beijing*: *Essays on Buddhism and Chinese Religion in Honour of Prof. Jan Yün-hua*, pp. 91 – 120.

Owen, Stephen. "Transparencies: Reading the T'ang Lyric." *Harvard Journal of Asiatic Studies* 39 (1979): 233 – 234.

————. "What Did Liuzhi Hear? The 'Yan Terrace Poems' and the Culture of Romance." *T'ang Studies* 13 (1995): 81 – 118.

————. *The End of the Chinese "Middle Ages"*: *Essays in Mid-Tang Literary Culture*. Stanford: Stanford University Press, 1996.

————. *The Late Tang*: *Chinese Poetry of the Mid-Ninth Century (827 – 860)*. Cambridge, Mass.: Harvard University Asia Center, Harvard University Press, 2006.

Paper, Jordan D. "The Persistence of Female Deities in Patriarchal China." *Journal of Feminist Studies in Religion* 6 (1990): 25 – 40.

————. "Female Rituals and Female Priestly Roles in Traditional Chinese Religion." *Canadian Woman Studies/Les Cahiers de la Femme* 17. 1 (1997): 96 – 99.

Paul, Diana Y. *Women in Buddhism*: *Images of the Feminine in the Mahayana Tradition*. Berkeley: University of California

Press, 1985.

Pearce, Scott, Audrey Spiro, and Patrica Ebrey, eds. *Culture and Power in the Reconstruction of the Chinese Realm 200 – 600*. Cambridge, Mass: Harvard University Asian Center, 2001.

彭浩:《张家山汉简引书初探》,《文物》1990 年第 10 期, 第 87～91 页。

Penny, Benjamin. "Immortality and Transcendence." In Livia Kohn, ed., *Daoism Handbook*, pp. 109 – 33.

Porkert, Manfred. *The Theoretical Foundations of Chinese Medicine: Systems of Correspondence*. Cambridge, Mass. : MIT Press, 1974.

Pregadio, Fabrizio. *Great Clarity: Daoism and Alchemy in Early Medieval China*. Stanford, Calif. : Stanford University Press, 2006.

Pregadio, Fabrizio and Lowell Skar. "Inner Alchemy (*neidan*)." In Livia Kohn, ed. , *Daoism Handbook*, pp. 464 – 97.

浦江清:《花蕊夫人宫词考证》,《浦江清文录》, 第 47～ 101 页。

———— 撰, 吕叔湘编:《浦江清文录》, 人民文学出版社, 1958。

启功:《记灵飞经四十三行本》,《艺苑掇英》第 34 期, 1987 年, 第 47～48 页。

Qian, Nanxiu. *Spirit and Self in Medieval China: The Shih-shuo hsin-yü and Its Legacy*. Honolulu: University of Hawaii Press, 2001.

————. *Politics, Poetics, and Gender in Late Qing China: Xue Shaohui and the Era of Reform*. Stanford, CA: Stanford University Press, 2015.

卿希泰主编:《中国道教史》,四川人民出版社,1996。

卿希泰、詹石窗编:《中国道教思想史》,人民出版社,
　　2009。

仇鹿鸣:《碑传与史传:上官婉儿的生平与形象》,《学术月
　　刊》2014 年第 5 期,第 157～168 页。

瞿林东:《唐代史学论稿》,北京师范大学出版社,1989。

饶宗颐:《从石刻论武后之宗教信仰》,《中央研究院历史语
　　言研究所集刊》第 45 卷第 5 期,1974 年,第 397～
　　412 页。

Raz, Gil. "The Way of the Yellow and the Red: Re-examining
　　the Sexual Initiation Rite of Celestial Master Daoism." *Nan
　　Nü: Men, Women and Gender in China* 10. 1 (2008): 86 –
　　120.

————. *The Emergence of Daoism: Creation of Tradition*. New
　　York: Routledge, 2012.

Reed, Barbara E. "Taoism." In Arvind Sharma, ed., *Women
　　in World Religions*, pp. 161 – 83.

Reiter, Florian C. *The Aspirations and Standards of the Taoist
　　Priests in the Early T'ang Period*. Harrassowitze Verlag:
　　Wiesbaden, 1998.

————, ed. *Affiliation and Transmission in Daoism: A Berlin
　　Symposium*. Wiesbaden: Harrassowitz Verlag, 2012.

任继愈主编:《中国道教史》,中国社会科学出版社,2001。

任应秋、刘长林:《黄帝内经研究论丛》,湖北人民出版社,
　　1982。

Robertson, Maureen. "Voicing the Feminine: Constructions of
　　the Gendered Subject in Lyric Poetry of Medieval and Late
　　Imperial China." *Late Imperial China* 13. 1 (1992): 63 –
　　110.

Robinet, Isabelle. *La révélation du Shangqing dans l'histoire du taôisme*. Paris: École française d' Extrême-Orient, 1984.

————. "Sexualité et taoïsme." In Marcel Bernos, ed., *Sexualité et religion*, pp. 51 – 71.

————. *Taoist Meditation: The Mao-shan Tradition of Great Purity*. Trans. Julian F. Pas and Norman J. Girardot. Albany: State University of New York, 1993.

————. *Introduction à l'alchimie intérieure taoïste: De l'unité et de la multiplicite*. Paris: Editions du Cerf, 1995.

————. *Taoism: Growth of a Religion*. Stanford: Stanford University Press, 1997.

Robson, James. *Power of Place: The Religious Landscape of the Southern Sacred Peak (Nanyue) in Medieval China*. Cambridge, Mass.: Harvard University Asia Center, 2009.

荣新江编:《唐代宗教信仰与社会》，上海辞书出版社，2003。

————:《隋唐长安的寺观与环境》，《唐研究》第 15 卷，北京大学出版社，2009，第 3 ~ 22 页。

荣新江、徐俊:《新见俄藏敦煌唐诗写本三种考证及校录》，《唐研究》第 5 卷，北京大学出版社，1999，第 59 ~ 80 页。

————:《唐蔡省风编〈瑶池新咏〉重研》，《唐研究》第 7 卷，北京大学出版社，2001，第 125 ~ 144 页。

Rosemont, Henry, Jr., eds. *Explorations in Early Chinese Cosmology*. Chico, CA: Scholars Press, 1984.

Rothschild, Norman Harry. "Beyond Filial Piety: Biographies of Exemplary Women and Wu Zhao's New Paradigm of Political Authority." *T'ang Studies* 23 – 24 (2005): 149 – 68.

————. *Wu Zhao: China's only Women Emperor*. New York: Pearson Longman, 2008.

_____. "Empress Wu and the Queen Mother of the West. " *Journal of Daoist Studies* 3 (2010): 29 – 57.

_____. " 'Her Influence Geat, Her Merit beyond Measure': A Translation and Initial Investigation of the Epitaph of Shan-guan Wan'er. " *Studies in Chinese Religions* 1. 2 (2015): 131 –48.

斋藤茂:《妓女と中国文人》, 东方书店, 2000。

阪出祥伸:《张湛の养生要集佚文とその思想》,《东方宗教》第 68 期, 1986 年, 第 1 ~ 24 页。

Schafer, Edward H. *The Divine Women: Dragon Ladies and Rain Maidens in Tang Literature.* Berkeley: University of California Press, 1973.

_____. *The Vermilion Bird: T'ang Images of the South.* Berkeley: University of California Press, 1967.

_____. *Pacing the Void: T'ang Approaches to the Stars.* Berkeley: University of California Press, 1977.

_____. "The Restoration of the Shrine of Wei Hua-ts'un at Lin-ch'uan in the Eighth Century. " *Journal of Oriental Studies* 15 (1977): 124 – 37.

_____. "The Jade Woman of Greatest Mystery. " *History of Religions* 17 (1978): 387 – 97.

_____. "The Capeline Cantos: Verses on the Divine Loves of Taoist Priestesses. " *Asiatische Studien* 32 (1978): 5 – 65.

_____. "Three Divine Women of South China. " *Chinese Literature: Essays, Articles, Reviews* 1 (1979): 31 – 42.

_____. "Wu Yun's ' Cantos on Pacing the Void. " *Harvard Journal of Asiatic Studies* 41 (1981): 377 – 415.

_____. "Cantos on ' One Bit of Cloud at Shamanka Mountain'." *Asiatische Studien* 36 (1983): 102 – 24.

_____. "The Princess Realised in Jade." *T'ang Studies* 3 (1985): 1 – 23.

_____. "Transcendent Elder Mao." *Cahiers d'Extrême-Asie* 2 (1986): 111 – 22.

_____. "Tu Kuang-t'ing." In William Nienhauser, ed., *The Indiana Companion to Traditional Chinese Literature*, pp. 821 – 24.

_____. "What and How Is Sinology?" *Tang Studies* 20 – 21 (2002 – 2003): 153 – 61.

Schipper, Kristofer. *Concordance du Houang-t'ingching*. Paris: Ecole Franşaise d'Extrême-Orient, 1975.

_____. "Taoist Ordination Ranks in the Tun-huang Manuscripts." In *Religion und Philosophie in Ostasien*, pp. 127 – 43.

_____. *The Taoist Body*. Trans. Karen C. Duva. Berkeley: University of California Press, 1992.

Schipper, Kristofer and Franciscus Verellen, eds. *The Taoist Canon: A Historical Companion to the Daozang*. Chicago: University of Chicago Press, 2004.

Scott, Joan W. "Gender: A Useful Category of Historical Analysis." *The American Historical Review* 91. 5 (Dec. 1986): 1053 – 75.

Seidel, Anna. "Taoism: the Unofficial High Religion of China." *Taoist Resources* 7. 2 (1997): 39 – 72.

妹尾达彦:《才子与佳人:九世纪中国新的男女认识的形成》,邓小南主编:《唐宋女性与社会》,上海辞书出版社,2003,第 695 ~ 722 页。

Sharf, Robert H. *Coming to Terms with Chinese Buddhism: A*

Reading of the Treasure Store Treatise. Honolulu: University of Hawaii Press, 2002.

Sharma, Arvind, ed. *Women Saints in World Religions*, McGill Studies in the History of Religions. Albany: State University of New York Press, 2000.

Sharma, Arvind and Katherine K. Young, eds. *Feminism and World Religions*. Albany: State University of New York Press, 1999.

邵氏电影公司:《唐朝豪放女》, 1984。

Shield, Anna M. "Defining Experience: The 'Poems of Seductive Allure' (*Yanshi*) of the Mid-Tang Poet Yuan Zhen (779 – 831)." *Journal of the American Oriental Society* 122. 1 (2002): 61 –78.

滋野井恬:《唐代の僧道给田制に就いて》,《大谷学报》第 37 卷第 4 期, 1957 年, 第 55 ~ 64 页。

岛邦男:《五行思想と礼记月令の研究》, 汲古书院, 1971。

Shinohara Koichi and Gregory Schopen, eds. *From Benares to Beijing: Essays on Buddhism and Chinese Religion in Honour of Prof. Jan Yün-hua.* Oakville: Mosaic Press, 1991.

Sinor, Denis. *Studies in Medieval Inner Asia.* Brookfield, Vermont: Ashgate, 1997.

Sivin, Nathan. *Chinese Alchemy: Preliminary Studies.* Cambridge: Harvard University Press, 1968.

————. "On the Word 'Taoist' as a Source of Perplexity. With Special Reference to the Relations of Science and Religion in Traditional China. " *History of Religion* 17 (1978): 303 – 30.

————. "Huang ti nei ching. " In Michael Loewe, ed. , *Early Chinese Texts*, pp. 196 –215.

_____. "State, Cosmos, and Body in the Last Three Centuries B. C. " *Harvard Journal of Asiatic Studies* 55. 1 (1995): 5 - 37.

Skar, Lowell. "Ritual Movements, Deity Cults and the Transformation of Daoism in Song and Yuan Times. " In Livia Kohn, ed. , *Daoism Handbook*, pp. 413 - 63.

Smith, Paul. *Discerning the Subject.* Minneapolis: University of Minnesota Press, 1988.

宋代史研究会编:《宋代の社会と宗教》, 汲古书院, 1985。

Southern, R. W. *Western Society and the Church in the Middle Ages.* Harmondsworth, Eng. : Penguin Books, 1970.

Steavu - Balint, Dominic. "Taking Form in Response to Stimulus: Recent Publications in Taoist Studies, a Field in Motion. " *Asiatisches Studien/Études asiatiques* 63. 4 (2013): 1081 - 1101.

Stein, Rolf A. "Remarques sur les mouvements du taoïsme politico-religieux au IIe siècle ap. J. - C " *T'oung Pao* 50 (1963): 1 - 78.

Stein, Stephan. *Zwischen Heil und Heilung: Zurfrühen Tradition des Yangsheng in China.* Uelzen: Medizinisch-Literarische Verlagsgesellschaft, 1999.

Strickmann, Michel. "The Mao Shan Revelations: Taoism and the Aristocracy. " *T'oung Pao* 63 (1977): 1 - 64.

_____. "A Taoist Confirmation of Liang Wu - ti's Suppression of Taoism. " *Journal of the American Oriental Society* 98. 4 (1978): 467 - 75.

_____. *Le Taoïsme du Mao Chan: chroniqued'une revelation.* Paris: Collège de France, Institut des hautes études chinoises, 1981.

_____. *Tantric and Taoist Studies in Honour of R. A. Stein*, Vol. 3. Brussels: Institut Belge des Hauters Etudes Chinoises, 1985.

_____. *Early Daoist Scriptures*. Berkeley: University of California Press, 1997.

_____. "The Early Lingbao Scriptures and the Origins of Daoist Monasticism." In Stephen F. Teiser and Franciscus Verellen, eds. , *Buddhism*, *Daoism*, *and Chinese Religion*, pp. 95 – 126.

孙昌武:《道教与唐代文学》,人民文学出版社,2001。

_____:《诗苑与仙踪》,南开大学出版社,2005。

孙克宽:《唐代道教与政治》,《史记考证:秦汉中古史研究论集》,大陆杂志社,1981,第 491 ~ 527 页。

_____:《寒原道论》,联经出版实业公司,1977。

孙亦平:《杜光庭评传》,南京大学出版社,2005。

孙玉荣:《唐代社会变革时期的婚姻》,浙江大学出版社,2016。

砂山稔:《杜光庭の思想について》,《集刊东洋学》第 54 期,1985 年,第 297 ~ 316 页。

铃木俊等:《唐代均田制研究选译》,姜镇庆等译,甘肃教育出版社,1992。

陶敏:《刘禹锡诗中的九仙公主考》,《唐文学与文献论集》,中华书局,2010,第 264 ~ 273 页。

汤用彤:《汤用彤学术论文集》,中华书局,1983。

Teiser, Stephen F. *The Ghost Festival in Medieval China*. Princeton: Princeton University Press, 1988.

Teiser, Stephen F. and Franciscus Verellen, eds. *Buddhism*, *Daoism*, *and Chinese Religion*. Honolulu: University of Hawaii Press, 2003.

Tsai, Kathryn Ann. "The Chinese Buddhist Monastic Order for Women: The First Two Centuries." In Richard W. Guisso and Stanley Johannesen, eds. , *Women in China: Current Directions in Historical Scholarship*, pp. 1 – 20.

_____. *Lives of the Nuns: Biographies of Chinese Buddhist Nuns from the Fourth to Sixth Centuries*. Honolulu: University of Hawaii Press, 1994.

冢本善隆:《冢本善隆著作集》,大东出版社,1974 ~ 1976。

Tung, Jowen R. *Fables for the Patriarchs: Gender Politics in Tang Discourse*. Lanham: Rowan & Littlefield Publishers, 2000.

Twitchett, Denis C. "Chinese Social History from the Seventh to the Tenth Centuries: The Tunhuang Documents and Their Implications. " *Past & Present* 35 (1966): 28 – 53.

_____, ed. *The Cambridge History of China*, *Volume 3*, *Sui and T'ang China*, *589 – 906*, *Part 1*. Cambridge: Cambridge University Press, 1979.

Unschuld, Paul U. *Medicine in China: A History of Ideas*. Berkeley: University of California Press, 1985.

_____. *Medicine in China: A History of Pharmaceutics*. Berkeley: University of California Press, 1986.

_____. "Der chinesische 'Arzneikönig' Sun Simiao: Geschichte-Legende-ikonographie. " *Monumenta Serica* 42 (1994): 217 – 57.

_____. *Huang di neijing su wen: Nature, Knowledge, Imagery in an Ancient Chinese Medical Text*. Berkeley: University of California Press, 2003.

Valussi, Elena. "Female Alchemy: Transformations of a Gendered Body. " In Jia, Kang, and Yao, eds. , *Gendering*

Chinese Religion: *Subject*, *Identity*, *and Body*, pp. 201 – 24.

van der Loon, Piet. *Taoist Books in the Libraries of the Sung Period*: *A Critical Study and Index*. London: Ithaca Press, 1984.

van Gulik, R. H. *Poets and Murder*. Chicago: University of Chicago Press, 1968.

_____. *Sexual Life in Ancient China*: *A Preliminary Survey of Chinese Sex and Society from ca. 1500 B. C. till 1644 A. D.* Leidon: Brill, 2003.

Verellen, Franciscus. *Du Guangting* (*850 – 933*): *Taoïste de cour à la fin de la Chine médiévale*. Paris: Collegè de France, 1989.

_____. "Evidential Miracles in Support of Taoism: The Inversion of a Buddhist Apologetic Tradition on Late Tang China. " *T'oung Pao* 78 (1992): 217 – 63.

_____. "A Forgotten T'ang Restoration: The Taoist Dispensation after Huang Ch'ao. " *Asia Major* 7 (1994): 107 – 53.

_____. "Shu as a Hallowed Land: Du Guangting's Record of Marvels. " *Cahiers d'Extrême-Asie* 10 (1998): 213 – 54.

_____. *Social History in Taoist Perspective*: *Du Guangting* (*850 – 933*) *on Contemporary Society*. 香港中文大学崇基学院宗教与中国社会研究中心, 2001。

Vishnudevananda, Swami:《瑜伽大全》, 李小青译, 上海中医学院出版社, 1990。

Walls, J. "The Poetry of Yü Hsüan-chi: A Translation, Annotation, Commentary and Critique. " PhD diss. , Indiana University 1972.

_____. "Yü Hsüan-chi. " In William Nienhauser, ed. , *The Indiana Companion to Traditional Chinese Literature*, p. 944.

万玉忠：《丹棱唐代松柏铭碑》，《四川文物》1987 年第 2
　　期，第 67 页。

_____：《丹棱县龙鹄山唐代道教摩崖造像》，《四川文
　　物》1990 年第 1 期，第 62～64 页。

Wang, Aihe. *Cosmology and Political Culture in Early China.*
　　Cambridge：Cambridge University Press，2000.

王承文（Wang Chengwen）：《敦煌古灵宝经与晋唐道教》，
　　中华书局，2002。

_____. "The Revelation and Classification of Daoist Scrip-
　　ture." In John Lagerwey and Lü Pengzhi, eds.，*Early Chi-
　　nese Religion*，pp. 775 – 890.

王洪军：《武则天评传》，山东大学出版社，2010。

王家祐、郝勤：《黄庭碧简　琅嬛奇姝——胡愔及其〈黄庭
　　内景五脏六腑补泻图〉》，《中国道教》1993 年第 1 期，
　　第 28～34 页。

王卡：《黄书考源》，《世界宗教研究》1997 年第 2 期，第 65～
　　73 页。

_____：《唐代道教女冠诗歌的瑰宝——敦煌本〈瑶池新
　　咏集〉校读记》，《中国道教》2002 年第 2 期，第 10～
　　13 页。

_____：《敦煌道教文献研究》，中国社会科学出版社，
　　2004。

_____：《南北朝隋唐道教类书的新发现》，《唐研究》第
　　19 卷，北京大学出版社，2013，第 499～526 页。

王明：《道家和道教思想研究》，中国社会科学出版社，
　　1984。

王沐（Wang Mu）：《悟真篇浅解》，中华书局，1990。

_____. *Foundations of Internal Alchemy：the Daoist Practice
　　of Neidan.* Trans. Fabrizio Pregadio. Mountain View，CA：

Golden Elixir Press，2011.

王瑞芳：《唐徐峤佚篇辑考》，《图书与情报》2010 年第 4 期，第 152～154 页。

王三庆：《也谈蔡省风瑶池新咏》，《北京大学中国古文献研究中心集刊》第 7 辑，北京大学出版社，2008，第 408～430 页。

王寿南：《唐代公主的婚姻》，《历史与中国社会变迁（中国社会史）研讨会论文集》，中研院，1982，第 151～191 页。

王文才：《华山女》，王仲镛编：《韩愈诗文名篇欣赏》，第 158～159 页。

汪晓原：《天地阴阳交欢大乐赋发微》，《汉学研究》第 9 卷第 1 期，1991 年，第 273～285 页。

————：《高罗佩秘戏图考与房内考之得失及有关问题》，《中国文化》1995 年第 11 期，第 272～282 页。

王永平：《论唐代道教内道场的设置》，《首都师范大学学报》1999 年第 2 期，第 13～19 页。

————：《道教与唐代社会》，首都师范大学出版社，2002。

王仲镛编：《韩愈诗文名篇欣赏》，巴蜀书社，1999。

Ward，Jean Elizabeth. *The Beheaded Poetess：Yu Xuanji*. Lulu. com，2009.

闻一多：《神话研究》，巴蜀书社，2002。

翁俊雄：《唐代牡丹》，《唐研究》第 5 卷，北京大学出版社，1999，第 81～92 页。

Whitfield，Susan. *Dunhuang Manuscript Forgeries*. London：British Library，2002.

Wile，Douglas. *Art of the Bedchamber：The Chinese Sexual Yoga Classics Including Women's Solo Meditation Texts*. Albany：State University of New York，1992.

Wimsatt, Genevieve B. *Selling Wilted Peonies: Biography and Songs of Yu Hsuan-Chi*. New York: Columbia University Press, 1936.

Wolf, Arthur P., ed. *Religion and Ritual in Chinese Society*. Stanford: Stanford University Press, 1974.

Wolf, Margery, and Roxane Witke, eds. *Women in Chinese Society*. Stanford: Stanford University Press, 1974.

Wu, Chi-yu. *Pen-tsi king: Livre du terme original*. Paris: Centre National de la Recherche Scientifique, 1960.

Wu, Jie. "Vitality and Cohesiveness in the Poetry of Shangguan Wan'er (664 – 710)." *T'ang Studies* 34. 1 (2016): 40 – 72.

吴丽娱：《论九宫祭祀与道教崇拜》，《唐研究》第 9 卷，北京大学出版社，2003。

夏当英：《女性视觉下的全真道修道观》，《安徽大学学报》2011 年第 6 期，第 22 ~ 28 页。

向淑云：《唐代婚姻法与婚姻实态》，台湾商务印书馆，1991。

萧登福：《周秦两汉早期道教》，文津出版社，1998。

_____：《试论道教内神名讳源起——兼论东晋上清经派存思修炼法门》，《宗教学研究》2004 年第 3 期，第 1 ~ 9、82 页。

谢海洲等编：《食疗本草》，人民卫生出版社，1984。

谢无量 (1884 ~ 1964)：《中国妇女文学史》，1926；重印，上海书店出版社，1990。

Xiong, Victor. "Ritual Innovations and Taoism under T'ang Xuanzong." *T'oung Pao* 82 (1996): 258 – 316.

_____. "Ji-Entertainers in Tang Chang'an." In Sherry J. Mou, ed., *Presence and Presentation: Women in the Chinese Literati Tradition*, pp. 149 – 69.

徐俊：《敦煌诗集残卷辑考》，中华书局，2001。

许思琦、陈瑞杰、耿纪朋：《四川丹棱龙鹄山唐代道教造像调查与研究》，《知识文库》2019 年第 12 期，第 215 ~ 220、224 页。

山田俊：《唐初道教思想史研究—〈太玄眞一本际经〉の成立と思想》，平乐寺书店，1999。

严善炤：《初期道教と黄赤混气房中术》，《东方宗教》第 97 卷，2001 年，第 1 ~ 10 页。

颜廷亮编：《敦煌文学概论》，甘肃人民出版社，1993。

严耀中编：《唐代国家与地域社会研究》，上海古籍出版社，2008。

杨富程：《黄庭内外二景考》，《世界宗教研究》1995 年第 3 期，第 68 ~ 76 页。

杨鸿年：《隋唐两京坊里谱》，上海古籍出版社，1999。

杨际平：《敦煌出土的放妻书琐议》，《厦门大学学报》1999 年第 4 期，第 34 ~ 41 页。

杨际平、郭锋、张和平：《五—十世纪敦煌的家庭与家族关系》，岳麓书社，1997。

杨莉：《道教女仙传记〈墉城集仙录〉研究》，博士学位论文，香港中文大学，2000。

_____：《〈墉城集仙录〉版本之考证与辑佚》，《中国文化研究所学报》第 44 期，2004 年，第 301 ~ 328 页。

_____：《从边缘到中心：唐代护国女仙与皇室本宗情结》，黎志添：《道教研究与中国宗教文化》，第 122 ~ 151 页。

杨联陞：《老君音诵诫经校释——略论南北朝时代的道教清整运动》，《中央研究院历史语言研究所集刊》第 28 卷第 1 期，1956 年，第 17 ~ 54 页。

_____：《杨联陞论文集》，中国社会科学出版社，1992。

杨明照：《抱朴子外篇校笺》，中华书局，2008。

杨曾文、杜斗城编：《中国敦煌学百年文库·宗教卷》，甘肃文化出版社，1999。

Yao, Ping（姚平）. "The Fascination with Qing in Mid-Tang China（763 – 835）: A Study of the Writings of Bo Juyi（772 – 846）." *Chinese Historians* 10（2000）: 93 – 121.

————. "The Status of Pleasure: Courtesan and Literati Connections in T'ang China（618 – 906）." *Journal of Women's History* 14. 2（2002）: 26 – 53.

————.《唐代妇女的生命历程》，上海古籍出版社，2004。

————. "Contested Virtue: The Daoist Investiture of Princesses Jinxian and Yuzhen and the Journey of Tang Imperial Daughters." *T'ang Studies* 22（2007）: 1 – 41.

Yates, Robin D. S. *Women in China from Earliest Times to the Present: A Bibliography of Studies in Western Languages.* Leiden and Boston: Brill, 2009.

横山永三：《鱼玄机について》，《中国关系论说资料》第 10 期，1968 年，第 218～225 页。

吉川忠夫、麦谷邦夫编：《真诰研究》，京都大学人文科学研究所，2000。

吉冈义丰：《道教と佛教》，日本学术振兴会，1959。

————：《道教经典史论》，春秋社，1966。

游鉴明、胡缨、季家珍：《重读中国女性生命故事》，五南图书公司，2011。

Young, David and Jiann I. Lin, trans. *The Clouds Float North: The Complete Poems of Yu Xuanji.* Hanover, NH: Wesleyan University Press, 1998.

余嘉锡：《四库提要辨证》，中华书局，1980。

Yü, Chün-fang. *Kuan-yin: The Chinese Transformation of Avalokiteśvara.* New York: Columbia University Press, 2001.

Yutaka Yokote. "Daoist Internal Alchemy." In John Lagerway and Pierre Marsone, eds., *Modern Chinese Religion*, *Part One*: *Song-Liao-Jin-Yuan*（*960 - 1368*）, pp. 1056 - 75.

虞万里:《黄庭经新证》,《文史》第 29 辑,中华书局,1988,第 385 ~ 408 页。

_____:《黄庭经用韵时代新考》,《榆枋斋学术论集》,江苏古籍出版社,2001。

郁贤皓:《李白两入长安及有关交游考辨》,《南京师范大学学报》1978 年第 4 期,第 62 ~ 71 页。

_____:《吴筠荐李白说辨疑》,《南京师范大学学报》1981 年第 1 期,第 40 ~ 46 页。

_____:《李白与玉真公主过从新探》,《文学遗产》1994 年第 1 期,第 34 ~ 40 页。

_____:《天上谪仙人的秘密:李白考论集》,商务印书馆,1997。

_____:《唐刺史考全编》,安徽大学出版社,2000。

_____:《李太白全集校注》,凤凰出版社,2015。

余英时:《东汉生死观》,上海古籍出版社,2005。

詹石窗:《南宋金元的道教》,上海古籍出版社,1989。

_____:《道教与女性》,上海古籍出版社,1990。

张采田（1862 ~ 1945）:《玉溪生年谱会笺》,上海古籍出版社,1983。

张灿玾:《黄帝内经文献研究》,中医药大学出版社,2005。

张弓:《唐代的内道场与内道场僧团》,《世界宗教研究》1993 年第 3 期,第 81 ~ 89 页。

张广保:《唐宋内丹道教》,上海文化出版社,2001。

张蓬舟笺:《薛涛诗笺》,人民文学出版社,1983。

张勋燎、白彬:《中国道教考古》,线装书局,2006。

赵超:《古代墓志通论》,紫禁城出版社,2002。

赵晶:《唐代〈道僧格〉再探——兼论〈天圣令·狱官令〉"僧道科法"条》,《华东政法大学学报》2013年第6期,第127~149页。

赵益:《六朝隋唐道教文献研究》,凤凰出版社,2012。

赵振华:《唐徐峤墓志与徐峤妻王琳墓志初探》,《唐史论丛》2007年第9期,第239~252页。

郑金生、张同君译注:《食疗本草译注》,上海古籍出版社,1993。

郑显文:《唐代道僧格研究》,《历史研究》2004年第4期,第38~54、190页。

郑雅如:《重探上官婉儿的死亡、平反与当代评价》,《早期中国史研究》第4卷第1期,2012年,第111~145页。

郑志敏:《戏说唐妓》,文津出版公司,1997。

中国唐代学会编辑委员会编:《第三届中国唐代文化学术研讨会论文集》,乐学书局,1997。

周蕾:《〈中兴间气集〉李季兰评语疏证》,《中国诗歌研究》第5辑,中华书局,2008,第220~232页。

周西波:《杜光庭道教仪范之研究》,新文丰出版公司,2003。

周勋初编:《唐诗大辞典》,江苏古籍出版社,1990。

————:《李白评传》,南京大学出版社,2005。

周冶:《南岳夫人魏华存新考》,《世界宗教研究》2006年第2期,第65~71页。

周玉茹:《唐代内尼稽考》,《佛学研究》2008年第1期,第150~54页。

周祖譔主编:《中国文学家大辞典·唐五代卷》,中华书局,1992。

朱金城:《白居易年谱》,文史哲出版社,1991。

朱越利:《养性延命录考》,《世界宗教研究》1986年第1期,第101~115页。

————：《黄书考》，《中国哲学》第 19 辑，1998 年，第 167 ~ 188 页。

————：《六朝上清经的隐书之道》，《宗教学研究》2001 年第 2 期，第 1 ~ 11 页。

————：《道教考信集》，齐鲁书社，2014。

图书在版编目（CIP）数据

唐代女道士的生命之旅 / 贾晋华著译. -- 北京：
社会科学文献出版社，2022.1
（九色鹿. 唐宋）
书名原文：Gender, Power, and Talent：The
Journey of Daoist Priestesses in Tang China
ISBN 978 - 7 - 5201 - 8706 - 0

Ⅰ. ①唐… Ⅱ. ①贾… Ⅲ. ①女性 -道士 -研究 -中
国 -唐代 Ⅳ. ①B957.2

中国版本图书馆 CIP 数据核字（2021）第 147340 号

九色鹿 · 唐宋
唐代女道士的生命之旅

著　译 / 贾晋华

出　版　人 / 王利民
责任编辑 / 郑庆寰　赵　晨
责任印制 / 王京美

出　　版 / 社会科学文献出版社 · 历史学分社（010）59367256
　　　　　地址：北京市北三环中路甲29号院华龙大厦　邮编：100029
　　　　　网址：www. ssap. com. cn
发　　行 / 市场营销中心（010）59367081　59367083
印　　装 / 三河市尚艺印装有限公司

规　　格 / 开　本：787mm × 1092mm　1/16
　　　　　印　张：21.75　字　数：269千字
版　　次 / 2022年1月第1版　2022年1月第1次印刷
书　　号 / ISBN 978 - 7 - 5201 - 8706 - 0
著作权合同
登 记 号 / 图字01 -2020 -2013号
定　　价 / 68.80元

本书如有印装质量问题，请与读者服务中心（010 -59367028）联系